国家自然科学基金资助项目
项目编号：NO.71012008

组织免疫理论

Theory of Organizational Immunity

王以华◎编著

经济管理出版社
ECONOMY & MANAGEMENT PUBLISHING HOUSE

图书在版编目（CIP）数据

组织免疫理论 / 王以华编著. —北京：经济管理出版社，2013.12
ISBN 978-7-5096-2783-9

Ⅰ.①组…　Ⅱ.①王…　Ⅲ.①企业管理—组织管理学—研究　Ⅳ.①F272.9

中国版本图书馆 CIP 数据核字（2013）第 271258 号

组稿编辑：申桂萍
责任编辑：申桂萍　侯春霞　梁植睿
责任印制：黄章平
责任校对：陈　颖

出版发行：经济管理出版社
　　　　　（北京市海淀区北蜂窝 8 号中雅大厦 11 层　100038）
网　　　址：www. E-mp. com. cn
电　　　话：（010）51915602
印　　　刷：三河市延风印装厂
经　　　销：新华书店
开　　　本：720mm×1000mm/16
印　　　张：18.5
字　　　数：331 千字
版　　　次：2014 年 6 月第 1 版　　2014 年 6 月第 1 次印刷
书　　　号：ISBN 978-7-5096-2783-9
定　　　价：58.00 元

序　言

　　"组织免疫"研究，如同许多新研究领域诞生时一样，源于偶然的启示。2003年1月，我的父亲由于患白血病医治无效病逝。一年半痛苦的陪伴使我忽然对人的免疫系统有了痛切的感觉。父亲是一位睿智、健康的老人，却被白血病夺去了生命，这是我万万没有想到的。所谓白血病，就是免疫系统的造血功能出了问题。骨髓不断快速生成无功能的幼稚细胞，挤占且吞噬白细胞的生存空间，最后导致机体因丧失免疫力而死亡。当人的免疫系统弱小或自身发生疾病时，对生命的威胁是无可估量的。

　　那么，企业是否也存在或应该存在"免疫"系统？它是如何运行的？如果有，"免疫"系统失效的后果是什么？"组织免疫"的提出引导我们以新的视角来审视组织理论研究。学界尚未对"组织免疫"这一概念进行系统的阐述和科学的验证。生物免疫系统复杂精妙的运行哲理深深地吸引着我们，从此开始了我们的"组织免疫"探索之旅。

　　我们正借助哲学、医学、管理学、系统科学等理论，建立组织免疫理论的假设框架。首先，以研究组织免疫的定义、功能、结构、运行机制、演化规律为核心。同时，探索组织健康（免疫系统捍卫的客体）、组织异己（免疫系统抵御的内外有害因素）、组织疾病（组织异己侵扰导致的组织异常）等概念与组织免疫的关系。然后，通过案例研究和实证研究，验证和完善所有的假设。

　　战略管理学的核心命题是"认知问题"，即如何在日益动荡复杂的风险环境中，帮助企业规避风险、把握机会，从而增强适应性和竞争力，避免失败与死亡，持续生存与发展。战略管理学形成了卓有成效的若干主流学派。然而，主流理论似乎难以解释严酷的事实：为什么在2008年全球蔓延的美国次贷危机中，有上百年历史的著名投资公司雷曼兄弟等知名公司，超乎想象地脆弱，一夜倒闭，且牵连全球的金融与经济陷入漫长的危机？是由于它们不具备变革与创新能力吗？是由于它们不具备组织学习能力吗？是由于它们不具备充裕的资源、核心能力和动态能力吗？是由于没有风险控制系统吗？似乎都不是。

人是自然界中最复杂完美的系统之一。免疫系统（Immunity）是人体的生理防卫系统，经过数千年进化，能够识别"自己"与"异己"，排除机体内外成千上万种细菌、病毒、病变的威胁，维护机体内部稳定，促进机体健康长寿。但是，免疫系统又是一把"双刃剑"：其自身的紊乱与疾病，会危害人体健康。免疫系统由分工协作关系明确的各种器官、细胞、分子、体液组成，形成了一个对有害"异己"自动反应、自我组织的复杂网络系统。其中枢免疫子系统，包括骨髓、胸腺等，是免疫细胞（吞噬、淋巴、自然杀伤、抗原递呈等）发生、分化、发育、成熟的场所，并对外周免疫子系统的器官发育起主导作用。外周免疫器官包括脾脏、淋巴结和黏膜等，是成熟免疫细胞定居和作战（免疫应答）的场所。其专职免疫子系统，包括 T 细胞、NK 细胞和体液等，专门识别和杀伤特定有害的因素。危害人体健康的因素分为三类：外部有害"异己"、内部有害"异己"和"自身"老化因素。免疫系统承担三大功能：监督抵御外部有害"异己"（医学上称免疫监视）、监督抵御内部有害"异己"（医学上称免疫防御）和识别清除"自身"老化残损因素（医学上称免疫自稳）。

免疫系统有两种应答方式：一是非特异性免疫，是在人类长期进化过程中逐渐形成的，个体与生俱来的，作用范围广，是针对任何有害因素的第一道防线（如皮肤、黏膜、吞噬细胞、巨噬细胞等）。二是特异性免疫，是个体后天形成的，是针对特定有害因素的第二道防线。免疫系统只有接触到特定有害"异己"时，具有特异识别能力的免疫细胞才启动针对性的抵抗或清除。

显然，由于先天的免疫遗传和后天的特异免疫不同，个体免疫会有高低之分，强弱之别。有些人的免疫系统能够识别和抵御病毒，安然无恙；而另外一些人的免疫系统则不能识别或无力抵御，生病死亡。免疫系统的正常应答体现二元机理：

第一，识别—记忆。免疫系统（如 T 细胞和 B 细胞）不仅能识别特定有害因素，而且能记忆其识别排除过程。如果机体再次受到同类抗原的刺激，免疫系统会在短时间内产生比上一次应答更多、更有效的抗体。

第二，激励—抑制。免疫反馈机制既能促进对有害因素的快速应答，同时又能保持免疫系统的相对稳定。

第三，多样分布—克隆选择。健康人体免疫系统抗体的种类远大于外部抗原的种类。遗传和克隆变异，形成了免疫细胞的多样性，以致面对任何抗原的侵入，免疫系统几乎都能选择出适当的免疫细胞，将之激活、克隆后再变异，最终消除抗原。

第四，网络调节—自我维护。根据生物免疫网络假设，免疫系统中的免疫细胞不是孤立的个体，各细胞之间通过相互激励和抑制，形成动态平衡网络。当抗元入侵时，免疫系统通过调节，达到新的免疫平衡；当无抗原入侵时，通过相互促进与抑制，可以维持适当数量的必要抗体，维持免疫平衡。

由于上述机理，每当免疫系统对相同或相似的抗原进行再次应答时，免疫反应时间缩短、免疫效果增强，从而维护机体的健康。

如果说人的最高使命是认识世界、改造世界、在创造物质财富和精神文明的同时实现自身价值的话，当免疫系统出了大问题，人的聪明才智、学习能力、创新能力、整合能力等，都已经无济于事，无从谈起，黯然失色。

医学免疫给了我们以下四点深刻启示：

首先，免疫系统的"必要性"。它对于生命体不是可有可无的，而是绝对必需的。没有或丧失免疫功能的生命体不可能摆脱死亡的命运。免疫是其他生命功能的保障，免疫是可以后天增强的。

其次，免疫功能的"适度性"。只有免疫功能发挥适当，才能捍卫生命的健康，免疫亢奋和免疫低下都会导致疾病。

再次，免疫功能的"极限性"。免疫系统不能在任何条件下、任何环境中拯救生命，如自然死亡，溺水、窒息等。免疫系统在极其恶劣的环境中无能为力，不能挽救自然衰竭的生命。只有在可生存的环境中，免疫系统才有效。

最后，免疫疾病的"致命性"。免疫系统本是健康的卫士，但是源于其自身的重大疾病，如白血病、艾滋病、脾肌炎等，必然导致死亡。

回顾战略学主流学派的研究重点，我们可以发现医学免疫的可能贡献。学习型组织和变革创新学派更强调组织如何破旧立新、推陈出新，而医学免疫更关注分清敌我、除恶卫康的问题。战略管理学派是研究外部威胁的来源，但缺乏威胁的分类与性质研究；研究内部劣势，却没有深入研究导致劣势的内部有害根源。风险控制理论尽管扩大了风险类型的范围，从纯财务风险扩展到全部风险，但是低估损失的有害程度，忽视风险的致命性质。而危机管理侧重危机事件发生前、中、后的管理，缺乏对危机根源的中肯分类和危机应对机制的研究。相比之下，医学免疫的非特异与特异免疫机制应该对组织如何在日益复杂动荡的风险环境中生存，有重要的指导意义。

事实证明，企业面临的现实风险有两类——自然风险和人为风险，其性质又可分为非致命风险和致命风险。美国的次贷危机对负债累累的西方金融机构而言，属于后者——具有系统性、连锁性、难以识别性、难以抵挡性。整个金融体系都严重低估了他们一手造成的"特异风险"和全球危机的严重性，如今幡然省悟，不知所措。然而，他们是否真正认识到危机的根源何在？是否准备清算自己的贪婪欲望、侥幸心理和欺瞒行为？是否存在一种机制，可以清除这种致命的"病毒"？这无疑是理论界和企业界，政府、机构和个人都十分关注的问题。

如果说战略管理主流学派当前更重视内部优势和外部机遇的研究，或具有更显著的W/O导向，那么组织免疫研究更重视对内部弱势和外部风险的控制，或具有更显著的S/T导向。

本书就组织免疫的种种命题展开研究，希望能够回答以上这些问题。本书的各个章节主要来自于团队学生的硕士或者博士毕业论文以及参加国际会议发表的论文。第一部分概念篇选编自清华大学经济管理学院徐波同学2006年的硕士学位论文《企业免疫力研究初探》；第二部分机制篇选自清华大学经济管理学院吕萍同学2008年的博士学位论文《组织免疫行为和机制研究》；第三部分认知篇主要选自清华大学经济管理学院赵剑波同学2011年的博士学位论文《组织认知对免疫行为和组织健康的影响机制研究》；第四部分风险篇和第六部分能力篇主要选自清华大学经济管理学院曹红军同学2010年的博士学位论文《战略性内生风险与组织免疫力研究》；第五部分脆弱篇主要选自清华大学经济管理学院刘雯雯同学2010年的博士学位论文《组织脆弱性研究》；第七部分团队篇主要选自清华大学经济管理学院杜德斌同学2010年的博士学位论文《高层管理团队多样性对组织免疫能力的影响研究》；第八部分效能篇主要选自清华大学经济管理学院苏晓阳同学2007年的硕士学位论文《企业免疫效能探析》。所有的论文都是在本人的指导下完成。

在这些论文的写作过程中，得到了清华大学经济管理学院以及国内外其他学校的老师和同学们的帮助。此外，在诸多案例的写作过程中，还得到很多企业的协助，在此一并表示感谢！

限于作者水平，错误之处在所难免，敬请广大读者批评指正！

王以华

2013 年 12 月 6 日

目　录

第一部分　概念篇

第一章　组织免疫的本质 ……………………………………………… 3

第二章　组织免疫的提出 ……………………………………………… 6

　　第一节　组织免疫现象 …………………………………………… 6

　　第二节　组织免疫力的提出 …………………………………… 10

　　第三节　组织免疫力的定义假设 ……………………………… 15

第三章　组织免疫的特征 …………………………………………… 18

　　第一节　组织免疫的特征 ……………………………………… 18

　　第二节　免疫的特殊性 ………………………………………… 23

第四章　免疫系统的功能 …………………………………………… 26

第五章　企业免疫系统的组成 …………………………………… 32

　　第一节　免疫系统的复杂性 …………………………………… 32

　　第二节　免疫系统组织构成 …………………………………… 34

第二部分　机制篇

第六章　组织免疫机制 ……………………………………………… 41

第七章　生物免疫理论 ……………………………………………… 43

第八章　组织免疫的理论维度和模型 …………………………… 49

第九章　组织免疫机制研究结论和展望 ………………………… 57

第三部分　认知篇

第十章　认知、免疫与健康 ………………………………………… 65

第十一章　组织认知对免疫行为和组织健康的影响 ………… 68

第一节 研究框架 ································· 68
第二节 研究内容 ································· 70

第十二章 认知在免疫系统中的作用 ··········· 84
第一节 组织免疫的系统性 ····················· 84
第二节 价值判断研究 ························· 85
第三节 认知动机和认知多样性 ················· 87
第四节 组织免疫行为 ························· 88
第五节 免疫系统的分布和关系 ················· 89

第十三章 免疫认知研究总结 ················· 92
第一节 组织免疫相关概念的研究和讨论 ·········· 93
第二节 本研究的创新之处 ····················· 96
第三节 本研究的管理启示 ····················· 98

第四部分 风险篇

第十四章 免疫与风险 ······················ 105
第十五章 企业内生战略性风险 ··············· 107
第一节 企业内生战略性风险的内涵 ············· 107
第二节 企业内生战略性风险融发的机制 ·········· 111
第三节 企业内生战略性风险的性质和构成 ········· 119

第五部分 脆弱篇

第十六章 组织的脆弱性 ···················· 129
第一节 问题的提出和基本假设 ················· 129
第二节 组织脆弱性的概念及特征 ··············· 131
第三节 暴露性 ······························ 134
第四节 易感性 ······························ 136
第五节 适应性 ······························ 138

第十七章 组织脆弱性与危机形成机制 ········· 148
第一节 危机内部诱因研究概述 ················· 148
第二节 危机外部诱因研究概述 ················· 149
第三节 危机内外部诱因研究概述 ··············· 150

第四节　组织脆弱性与危机发生可能性 ………………………… 151

第十八章　组织脆弱性与危机后组织恢复机制 ……………… 153

第一节　危机发生的客观必然性 ………………………………… 153

第二节　恢复力研究综述 ………………………………………… 157

第三节　组织恢复力概念界定 …………………………………… 160

第四节　组织脆弱性与恢复力 …………………………………… 161

第十九章　组织脆弱性研究总结与展望 …………………… 164

第一节　研究结论与创新 ………………………………………… 164

第二节　研究的局限与展望 ……………………………………… 168

第六部分　能力篇

第二十章　战略性风险管理的动态机制 …………………… 181

第一节　企业战略性风险管理的动态机制 …………………… 181

第二节　战略性风险管理的能力维度 …………………………… 186

第二十一章　战略性风险管理的模型与假设 ……………… 190

第一节　机制、能力与企业绩效 ………………………………… 190

第二节　机制、能力与企业灵活性 ……………………………… 193

第三节　能力、绩效与企业灵活性 ……………………………… 195

第二十二章　免疫能力研究总结与讨论 …………………… 199

第一节　对管理实践的启示 ……………………………………… 199

第二节　理论研究的拓展 ………………………………………… 204

第七部分　团队篇

第二十三章　高层管理团队与组织免疫 …………………… 213

第一节　问题的提出 ……………………………………………… 213

第二节　研究意义 ………………………………………………… 214

第二十四章　组织免疫能力的理论维度 …………………… 216

第一节　组织免疫能力 …………………………………………… 216

第二节　组织免疫能力与现有企业能力理论的关系 ………… 220

第三节　组织免疫系统的作用客体 …………………………… 223

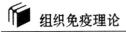
第二十五章　多样性与组织免疫力 ································· 229

第二十六章　组织免疫能力研究的理论贡献和创新 ··············· 236

第八部分　效能篇

第二十七章　组织免疫与免疫效能 ····························· 245

第二十八章　企业免疫效能的概念 ····························· 248

　第一节　企业健康与组织异己 ······························· 248

　第二节　企业免疫状态 ····································· 252

　第三节　企业免疫效能的概念提出与性质假设 ················ 258

第二十九章　企业生存环境与企业免疫效能的关系探析 ········· 263

　第一节　企业生存环境的不确定性特征 ······················ 263

　第二节　组织异己的显著特征与生存环境的不确定性的对应关系 ····· 266

　第三节　企业免疫与生存环境的适应关系 ···················· 268

第三十章　　组织要素、战略选择与免疫效能的关系探析 ········· 273

　第一节　企业的战略选择对企业免疫效能的影响 ·············· 273

　第二节　企业的组织要素对企业免疫效能的影响 ·············· 276

第三十一章　免疫效能研究结论 ······························· 281

　第一节　主要研究结论 ····································· 281

　第二节　研究局限与展望 ··································· 283

后　记 ··· 285

第一部分　概念篇①

① 本篇内容主要选自清华大学经济管理学院徐波同学 2006 年的硕士学位论文《企业免疫力研究初探》，由王以华教授指导完成。

第一章　组织免疫的本质

在当今的知识经济时代，信息技术高速发展，技术开发与应用速度不断加快，经济的日益全球化、日益复杂且不确定的商业环境对企业的生存与发展提出了全新的和严峻的挑战。世界各国和地区的企业都面临相同的问题：众多企业昙花一现，生存寿命和发展状况受到严峻的压力。因此，如何使企业适应环境的复杂与变化，持续健康发展，成为学术界和企业界共同关注的问题。

面对动荡的外部环境，一些学者主张以变应变，提倡企业不断调整和快速创新，认为只要比竞争对手的认知与反应速度快，就能生存；还有一些学者主张组织学习，认为只要积累起别人不能效仿的稀有资源或核心能力，就能持续发展。这些理论和主张不无道理，但是仍然在一些事实面前缺乏解释力和说服力：

第一，企业的变化很难超前于环境的变化，也很难赶上环境的变化。以变应变看似主动和高明，但本质上仍是事后反应，所以从这个观点来看，频繁变动是不是反而增加了企业的不确定性呢？

第二，无论是在连续变化还是突然变化的环境中，企业管理模式的调整往往带有跳跃性（如安索夫风险—组织模型），很难与环境迅速磨合，也就是说组织与环境有一个相互适应期，而且组织的刚性又往往限制了变革的深度、速度与范围，那么变革是不是会增加企业的机会成本呢？

第三，事实表明，不断进行重组与改造的许多企业，其经营业绩并不理想，这除了可能与其经营管理水平有关之外，是不是与其变得太快、太频繁有关呢？

第四，对环境变化反应最快的是中小企业，但是它们仍然由于抗风险能力弱小而大批死亡；而相对来说，较大的企业一般力求平稳经营，但是其破产的比率和速度比小企业来说要低得多，这个问题也很难解释。

这些问题促使我们思考！借助医学理论，从一个新的视角来研究组织的适应性问题——企业的免疫能力。我们认为，理论界长期忽视了这样的事实：任何生命体都需要机体健康，只有机体健康才谈得上持续成长；同样，只有健康运行的企业才可能持续发展，而免疫系统是生命体捍卫自身健康的卫士。

根据系统论的观点我们发现，组织的外部适应性与内部集合性是密切相关的一对矛盾。我们看到大雁和鲑鱼不惜远涉重洋寻找适合生存的栖息地，我们看到冬季的婴儿和老人比青年和成年人更容易患上肺炎，我们看到成年人因局部的肝硬化或脑溢血而衰竭，我们看到艾滋病和白血病患者由于免疫系统遭破坏而在正常环境下死亡……我们发现：生命系统自身的健康——活跃性、协调性、均衡性、统一性、稳定性、安全性是它适应环境、生存发展的不可忽视的必要条件。如同人必有寿终正寝之时，在缺氧、缺水的月球上难以生存一样，任何生命体的适应性都是有极限的，既有寿命周期的时间极限，也有生存条件的空间极限。

其实，战略管理与组织管理理论已经注意到这些问题。例如，战略管理理论近来主张企业规避多元化的风险，使经营领域归核化，选择企业相对熟悉擅长的业务领域，以便持续稳定地成长。著名战略组织学家明茨伯格也指出：战略管理的本质是寻求安全。再如，战略预警理论（防范外部风险）、风险管理理论（管理内外危机）、组织扁平理论（增强组织活力与反应速度）、信息安全理论（保护内部关键信息）、管理"短板"理论（局部失效影响全局）、核心价值观（系统政策与行动稳定与统一的基础）、ERP理论（通过企业神经网络来加强认知和反应速度）等都从企业内在的作用机制来实现企业长期成长。然而，这些理论基本遵循"以变应变"的方针，认为企业的目的、结构、功能应该随环境的变化而变化，尚不承认组织的变化是有极限的，没有认识到企业的集合性是实现外部适应性的必要条件。同时，这些理论处于分散状态，不成体系。

因此，如何保证企业健康成长？企业系统的适应性是否以其集合性，即自身的活跃性、协调性、均衡性、统一性、稳定性、安全性为必要条件呢？企业的适应性是否不受时间和空间的制约而没有极限呢？企业是否存在或有必要建设和维护其免疫系统呢？如果有，应具备什么样的功能和结构？发挥正常功能需要一个什么样的支持系统呢？是不是存在免疫力就一定对企业有好处呢？这些正是本研究所要探索的核心问题。

观察很多企业，发现企业衰败的原因各不相同，但无论外部因素如何影响，其最终最本质的原因必然是企业内机能失效，正如哲学所说内因决定外因。管理人员在面对失败时，通常会将其归咎于外部因素，例如经营环境、竞争、监管法规、顾客需求改变等，这显得非常可笑。美国佐治亚州亚特兰大市埃默里大学（Emory University）戈伊苏埃塔（Goizueta）商学院营销学教授杰格迪什·谢斯

（Jagdish Sheth）认为，成功与否不取决于那些外部因素，而取决于公司所采取的应对措施，也就是说取决于企业的行为。但企业面临的风险比我们想象的要大得多——如同人体一样，企业任何局部的病变都可能导致其衰败甚至灭亡。

组织免疫研究将发现这些表象背后的某些共同原因，同时组织免疫研究将有助于企业更主动地采取行动以适应环境。免疫系统是组织的安全系统，是"细菌、病毒"必须最先突破的第一道防线。良好的免疫系统必然能够积极识别"异己"，抵抗"异己"的威胁，保护组织的安全。同时，它又是组织的调节系统，具备协调均衡内部关系的功能，使组织更具整体柔韧性。组织免疫力研究的成果，对建立基业长青的百年企业是至关重要的。

明茨伯格认为："组织在其产生时期努力试验各种看待问题和处理问题的方式，然后围绕特定的方式固定了一种视野。"换句话说，组织在早期发展它的特性，正像人在早年发展其个性一样，通过与世界的相互作用，人在使用内在的技能和天生的禀赋的过程中形成了个性。正如人的个性一样，组织可以在组织行为中发展其视野，并且将变得根深蒂固以至于与此相关的信念在组织成员中成为潜意识。也就是说，明茨伯格有一个潜在的假设，即企业具有潜意识，也具有潜能力，而企业的免疫力在很大程度上实际是企业的一种本能，其作用过程恰恰如人体的潜意识一样。所以很多时候我们会忽略它，但不可否认的是，它无时无刻不在积极地发挥作用，认识它无疑会对企业本质活动有一个更清晰的了解。

第二章　组织免疫的提出

研究组织免疫力，首先要回答的问题就是企业或组织是否存在免疫力。本章通过几个案例分析，可以看出无论企业有意识还是无意识，都对风险存在天然的抵抗能力，这是免疫力的最基本表现，也就是说企业免疫力是存在的。

第一节　组织免疫现象

案例1

万向集团的生存之路

万向集团是我国优秀的民营企业代表，是以汽车零部件生产为主的大型企业集团。目前是国务院 120 家试点企业集团、国家 520 户重点企业中唯一的汽车零部件企业。万向集团由 1969 年创立时的 4000 元资产，发展到现在资产超过 100 亿元，员工 31800 人。这个过程具有传奇色彩；同时这个过程也是万向集团不断适应环境、与环境作斗争的过程；这个过程充分反映了万向集团发展过程中优秀的"免疫—适应"能力。因为万向集团在这个过程中经历了计划经济、商品经济、市场经济等不同的经济环境，度过了作坊式、企业式、集团式、跨国公司等不同的发展阶段，每一个阶段经历时间长短不一，但都具有很鲜明的适应色彩，而这恰恰是企业生存的根本，这就是企业的免疫能力。

万向集团的发展经历了四个阶段：

20 世纪 70 年代，中国正处于"文化大革命"时期，此时严禁一切资本主义的小草，革命氛围浓厚，万向集团要想在这种社会氛围中生存和发展，最根本的一点要求就是不能具有任何资本主义性质，所以它就挂靠当地公社，成为了一家社办企业。这是其对外部环境最本质的把握。

20世纪80年代，我国实行改革开放，开始发展经济，提倡乡镇企业，但是计划经济色彩依然浓厚，国营汽车主机厂配套都由国家计划制定。万向集团要想大发展，必须开拓国有客户，可是当时民营企业要想进入国营体系可以说难度非常高。万向集团面对这样的经营环境，大胆实施了由外到内——产品先在国际市场打开，利用改革之初人们普遍比较认同外资或国外产品的心理，最后再进入国内主流厂家的配套体系。

20世纪90年代，我国进入改革开放的新时期，大力建设社会主义市场经济，万向集团获得了良好的外部发展环境。此时万向集团采用了大集团战略、小核算体系、资本式运作、国际化市场，1992年人员走出去，1994年企业走出去，从而获得了快速的发展，取得了巨大的成功。

进入21世纪，万向集团提出大集团战略、小核算体系、资本式经营、国际化运作，先后在全国各地与整车厂合作，就地建厂、就地供货，形成战略合作伙伴关系，实现同步发展。在国际上，万向集团实现从国际营销到国际生产再到国际配置资源的三级跳。

从当初的铁匠铺到现在的现代化企业集团，从挂靠公社的边缘企业到现在的万众瞩目，万向集团取得巨大的成功。但是万向集团的道路是坎坷的，其经历了从计划经济向市场经济的转变，其承受了1979年、1988年和1992年的宏观调控，它留给人们的最深感受就是稳健发展和强烈适应性，这恰恰就是免疫能力的两个最大特点。可以说万向集团能够获得今天的成功，与其极强的免疫力密不可分。

在我们调研时，万向集团董事局主席鲁冠球曾对我们形象地说，万向集团虽然在国内算是很大了，但与国际大企业比较，万向集团不过是沧海一粟，抗风险能力还很差。他说，国家每年给的8000万元外汇额度都不敢大量使用，因为他还看不准国际风险。在万向集团的文化中，一直反对冒进，万向集团宁愿放弃所谓的机会，也从不进入自己看不清的行业。

纵观万向集团的国际化发展，从当初的万向集团出口业务到后来的万向集团收购其他企业，很多事情都是偶然，万向集团的能力所在就是将这些偶然的事做得很好，结果就成了必然，这就是其免疫能力的最佳表现形式。未来，也许万向集团会有很多的主动出击，那时万向集团已经可以对自己的经营环境产生强大的影响，但必然是偶然的集合，免疫能力永远都会表现为对外部动荡环境的修正。万向集团存有一种社会潜意识，所以它绝对不会超越社会环境，但它能紧紧把握环境，这可能是万向集团发展到今天的一种独特能力。

案例 2

龙昌集团的奇特之处

广东省肇庆市龙昌水泥制造集团有限公司是一家集生产、贸易、运输于一体的民营企业，下属三家水泥生产企业、一家建材贸易公司和一家水陆运输公司，主导产品 32.5R、42.5R 普通硅酸盐优质水泥，年生产能力为 120 万吨。

龙昌集团是由原肇庆市封开县三家国有水泥厂改制而来。在此之前，这三家水泥厂都濒临倒闭，但改制后公司取得了良好的经济效益，获得了一系列的荣誉，2003 年分别被广东省人民政府、肇庆市人民政府授予"省、市优秀民营企业"和"省、市文明单位"称号，同年还被广东省水泥工业协会评为"水泥行业质量效益型先进企业"；2004 年被评为广东省"A 级纳税人"、"广东省民营科技企业"和"中国优秀民营科技企业"。龙昌集团一跃成为了当地的龙头企业，成为了当地政府的财税支柱。

为什么改制前后会出现这么大的反差呢？笔者曾先后跟踪研究龙昌集团将近一年的时间，发现龙昌集团的改制仅仅是所有权的改变和部分管理人员的调整，而企业的设备、技术以及三家水泥厂的运行模式几乎没有任何本质改变，管理制度、人员结构、薪酬体系等各方面都几乎全盘沿用了传统的管理模式。但是不可否认的是，改制后三家工厂的生产效率和生产能力都远远超过国有时期的最高水平。

那么这种反差背后真正的原因是什么呢？笔者经过不断的观察和反思，认为龙昌集团发生变化的根本原因在于企业内在运行机能的健康，主要表现在以下几点：

第一，企业和员工都感到一种生存的压力。企业改制以后，最大的变化在"身份"上，这种身份的改变最明显的结果就是无论企业的老板、企业自身还是企业的员工，都直接体会到来自外部的压力。

对于企业来说，生存和发展是第一位的，所以它开始关注市场、关注社会、关注消费者、关注产品……因为这些因素是带来其生存和发展压力的源泉，是风险的所在，关注这些就是对风险的警惕。

对于员工来说，更多地开始关注自己、关注别人。在改制以前，龙昌集团内部内耗严重，大家对什么都漠不关心；但是改制后，员工开始关注自己、关注他人，保障自己的利益，同时也就发现企业的很多问题，员工也开始采取一些积极的行为，这些对于龙昌集团调节自身活动显得尤为重要。

第二，改制前后保持相对稳定。龙昌集团改制后几乎没有多大的变化，因为集团领导认为，变革的成本或者改革的成本更高，企业关键是要符合自己的实际，而不是去追求不适用的东西。

一个很典型的例子就是龙昌集团的管理方法。笔者观察到，龙昌集团的管理仍然保持很传统的习惯，笔者在公司内部几乎看不到完整的成文规定，其使用的很多管理方法都很简单，如员工工资就是产量与其单位工资的乘积。再比如信息技术的使用，龙昌集团有自己的财务电算系统，但使用的范围和频率都有限，龙昌集团的原材料进厂过磅系统采用了先进的电子秤，但却漏洞百出，几乎都还是人工操作。

龙昌集团还从当地高校请了一位著名学者作为主要经营管理人员，推行新的管理方法，进行企业改革，却发现效果很不理想，并且改革的最后总会发现原始的、简单的管理手段对于龙昌集团的现状是最直接最有效的。

第三，开始关注企业内在运行的合理化。企业保持稳定，但并不是说就没有变化。由于民营企业的性质，龙昌集团非常关注内部的健康。龙昌集团对财务非常严格，财务部门几乎充当了企业的监视器，并且领导者一旦认为企业管理活动或流程中可能会有问题，常常会主动进行改造。

第四，龙昌集团的员工具有很强的学习能力。有两个例子说明了这一点。

第一件事，龙昌集团位于偏远落后地区，员工中几乎没有正规本科生，他们的领导者在公司内部显得鹤立鸡群，不是说其高高在上的地位，而是说其学历和经历。龙昌集团老总接受过正规的教育，有在两个名校攻读MBA的经历，但是公司的员工绝大多数都是高中以下学历，所以龙昌集团成了老总对自己所学知识的"试验田"，但是笔者却发现，公司里留下老总刻意改造的痕迹很少。

第二件事，当笔者在公司实习期间，通常笔者有一个很好的想法或建议与员工进行沟通时，发现他们至多只是存有类似的朴素思想。但时隔一月笔者再次见到他们时，就会发现那些已经落于实处。他们把这些观点以自己的方式给表达出来了，表达得不留痕迹，表达得那么默契，以至笔者总感觉自己的行动要慢半拍。

此时，笔者才明白，不是老总没有改造企业，而是企业灵活应用了老总的想法，企业以自己习惯的方式将那些想法进行筛选、修改、落实、贯彻。这是龙昌集团的朴素学习能力。

从龙昌集团这个案例中，我们可以看到企业对内外实行监控，采取恰当的行动，是企业基本的生存条件，否则就是死路一条。而这种对内对外的防御、监控能力就是最基本的免疫功能。

第二节 组织免疫力的提出

一、组织免疫力的提出

根据前文案例分析，以及对大量企业的实际观察，借鉴对比医学对人体的解释，我们认为企业在其生存、发展和运行过程中，存在一种能力，这种能力使企业密切关注着迅速变化的环境，以实现相对自我稳定，给自己创造一个良性的内生态系统，消除或抵御外部环境的偶然波动，从而为企业应对外部环境的变革或对企业未来的发展做准备，而这种能力就是组织免疫力。

企业具有仿生性，免疫力在企业实际中几乎无所不在，同时从理论角度来讲，免疫力具有可行性。企业对环境改变的适应是由量变到质变的过程，这是一种跳跃式的发展适应。

二、组织与环境的关系

企业无论怎样看待环境，但从其诞生开始就与环境发生着密不可分的关系。企业与环境是共生的，只不过在以往的历史中，环境改变较慢，企业从出生到死亡环境基本上没有太大的变化，以至于企业与环境的关系显得就不那么"亲密"。但是从 20 世纪中叶以来，环境变化的加剧使得企业开始越来越多地关注环境，关注与环境的共同发展、共同进化，开始考虑环境与企业的相互作用关系。

同样，企业与环境的这样一个关系，反映到企业的行为或活动本身上来，便

是企业生命的加速，企业成长或死亡都以前所未有的速度发生。具体来看，企业
与环境的对应关系，必然是企业的变化要滞后于环境的改变，并且企业对环境需
要一个认识过程，所以每个改变之间就有一个稳态过程（如图 2-1 所示）。

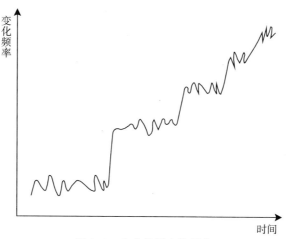

图 2-1　企业的适应性反应

环境是动态的和连续的，但是企业很难与环境真正实现同步。企业对环境改
变的适应是由量变到质变的过程，这是一种跳跃式的发展适应。企业的变革是对
环境变化认识的积累并加以批处理的结果。

环境变化越缓慢，企业发生质变需要的时间就越长；随着环境变化速度的加
快，企业进行质变的速度也加快。

无论企业相临两次质变之间间隔的时间是长是短，企业总需要一个稳定积累
的量变期。不过随着外部环境变化的加快，企业量变积累过程也将加快，但是企
业必须有这样一个积累过程。

从实际来看，企业很难对环境变化同步适应。这点很容易理解，因为企业与
环境是相互作用的，企业相互之间又是博弈的，所以企业很难对环境进行准确的
预测，甚至企业对自己行为的后果也很难预测，此时聪明的企业总是力图维持自
己商业生态环境的相对稳定，企业实际的选择也是在这样的基本假设之下做出
的。也就是说，企业的行为仅是对环境的一种事后反应。

以往的各项研究，更多的是关注企业变革的质变状态，关注企业行为的突
变，还有就是对企业中偶然因素的研究，而对企业这种平稳运行状态的研究较
少，对企业如何在这种平稳状态下顺利进行质变研究较少，但明白这点对于企业
真正适应环境可以说是最切实的，也是最具有价值的。因此，我们可以认为在企

业对外部环境适应过程中，这样一个积累过程的存在就必然需要企业免疫力的存在。我们认为企业之所以能平稳运行，企业的免疫能力至关重要。

三、企业的自组织性

企业是一个自组织系统。现代企业是社会经济大系统的主要组成单元，而其本身也是由大量的人力、资金、设备、信息、科学技术、企业文化等要素有机整合构成的整体，在结构及运行过程中呈现高度的复杂性。

现代企业具有开放性特征。

企业不断从市场取得新的要素，即原材料、设备和产品、服务的回报，也不断收到从市场反馈来的信息，如销售信息、价格信息、科技信息等，并向市场提供产品和服务。它从政府的宏观环境中取得宏观调控信息，包括政策信息、法规信息、金融信息等，不断缴纳利税，又受政府的宏观调控影响。现代企业与外界进行物质、能量、信息交换是现代企业具有经营活动能力的特征，体现了开放系统的特点。

现代企业具有自主性特征。

自组织系统的显著特点在于它能自发自主地进行系统的演化。现代企业作为法人主体，即具有独立承担民事责任的一切权利和义务。对资产经营形式以及由此决定的收益分配方式等方面，具有其自主选择权、处置权、决策权等自主权利，自主经营，自负盈亏。

现代企业具有非平衡性特征。

耗散结构论认为："非平衡是有序之源。"现代企业把竞争机制和激励机制引入内部，使现代企业内部形成一种有差异、有竞争、非平衡的状态，充分调动各要素的积极性、主动性，促进现代企业形成有序结构。

现代企业具有非线性特征。

现代企业是一个复杂大系统，其内部组成要素之间非线性相互作用形成现代企业制度。现代企业制度包括产权制度、利益制度、组织制度和管理制度。产权制度是现代企业制度的核心，它确立了现代企业法人地位和法人财产权。利益制度确立了企业利益相关者的价值分配。组织制度以合理的企业结构确定了所有者、经营者和职工三者之间的关系。管理制度贯穿现代企业生产、交换分配、消费的每一个环节。产权制度、利益制度、组织制度和管理制度互为基础、相辅相成，非线性相互作用，共同构成了现代企业制度的整体框架。

现代企业具有涨落性特征。

现代企业要发展，要实现向高水平有序结构质变，必然通过涨落机制实现。如一种新产品的成功开发、一项技术工艺的改进、一条有价值信息的获得都可以通过现代企业内部的非线性作用而被迅速放大、传递，形成宏观上的"巨涨落"，进而导致现代企业整体发生质变，形成新的有序结构。

从以上分析可知，现代企业具有自组织系统的开放性、自主性、非平衡性、非线性、涨落性特征，因而它是一个自组织系统。

企业自组织理论认为，企业是异质性的。根据混沌理论，初始条件稍有一点不同，企业就会向完全不同的方向发展，企业的创始人及其创始哲学条件对企业的性质至关重要。根据分形（Fractals）理论，系统内任何一个相对独立的部分，在一定程度上都是整个系统的再现和缩影。在企业发展以后，初始条件的性质会被放大，从而主导企业的性质。由于各企业的初始条件均不相同，所以企业必然是异质的。

企业自组织理论认为，企业发展的直接动力是企业内部的涨落。在系统变化的临界区域附近，非线性相互作用形成的关联放大效应，又进一步加剧了涨落。系统于是以正反馈方式雪崩般地形成了序参量，并由这样的序参量主宰系统演化发展的方向和模式。

企业不稳定是发展的条件。企业处于稳定状态，就意味着企业不会向其他的状态变化，因而不可能有自组织过程发生。这就是说，要正确认识企业内部的冲突，没有冲突的企业就不会有发展的企业。涨落推动了企业的变革。在远离平衡态时，在变革的临界点，微小的涨落也可能被放大形成巨大的涨落。涨落会像一个触发器，驱动系统由原来状态变为另一种新状态，发生质的变化。这在混沌理论中叫边缘分解（Peripheral Isolates）。因此，管理好一些小的事件可以抑制或触发企业变革的发生。

关于企业的发展模式，企业自组织理论提出了突变（Catastrophe）说。这里的突变是指两种动态有序运作状态间存在非连续的差异。企业日常运作中常遇到突然事件，这可能导致运作形式的突变。有的突变是可逆的，有的突变是不可逆的，企业的运作形式也就不能恢复。如何管理涨落是企业日常活动的中心问题。在企业运作中，可以把企业正常运作状态看作平衡态，涨落就是围绕该平衡态的同一性振荡。企业的各要素、发展环境随时都在变化，从而必然导致企业正常状态的变化。当有偏离时，企业通过努力返回常态而形成一次涨落，由于偏离和返回不断进行，所以企业运作表现出动态平衡。企业管理功能很大程度上是为了保持企业的动态有序，企业免疫力主要作用就是应对企业的涨落。

简单来讲，外部环境的不稳定或变化是企业获取发展动力的来源，正因为外部环境是不断变化的，企业与外部环境的能量交换才有可能。企业从外部获取能量后，企业内部才能产生远离平衡态的涨落，这是企业发展的直接动力，最终系统发展到临界点区域，企业将发生突变。这个过程完整描述了企业对外部环境的适应过程。从组织角度来说，外部环境的变化产生了企业内部的同一性振荡，这个过程就是企业免疫力的作用过程，也恰恰避免了企业突变的频繁发生。

四、企业的仿生性

企业与其他人造物的不同之处在于：人在创造企业的同时，也将自己的意志赋予了企业，期望通过企业的活动实现人的目的。企业所有者在设立企业目的的同时，还确定了实现这些目的的途径和方法，即企业应该从事哪些活动、如何从事这些活动等。这就意味着，企业的任何活动都是人的生命活动、人的思维能力、人的主观能动性的延续。因此，我们可以假设：

与其说企业是一个能反映人的意志的客观实在（物质实体），倒不如说企业是一个由有生命的人构成的"活的"生命体。

企业实质上是人群的结合形式，这一人群的结合体中，个人首先保留着自身的独立意志、生活目标和特别权利（如知识），但是，从生物进化论和生物生态学角度，存在于企业生命体中的个人又有着自己独立的小生境（Niche），所有这些小生境将演绎成为一个具有自己独特灵魂（价值观与企业文化）、主体架构（组织结构）和循环系统（组织运作机制）的特殊企业生命体。换句话说，这个特殊生命体已具有了自己的头脑（灵魂）、生活方式和生活目标，表现出许多生物生命体的特有现象：①企业生命体追求成长；②企业生命体有主观能动能力并且对外界环境做出适应性反应；③企业生命体是开放系统，它不断地与环境进行着"新陈代谢"式的交流；④企业生命体也有出生、成长和死亡的生命周期现象，等等。这里暗含了我们的第二个假设：

企业具有自己的生命和意志。

如今，企业被称作"法人"。显然，这是一个将企业人格化的指称，这一"人格化"自然地使人们将企业与有机体联系在一起——有自己的思想和性格的生物体，而对企业是否真的具有生物学上的严格的"生命意义"已并不很在意。

企业生命体在与其生存环境互动的过程中能适应性生存下来，不过这种适应性生存是主动适应和被动适应的辩证统一。

企业的这种强烈的生物性，就自然会假定存在生物体普遍存在的免疫性。因为企业的构成主体"人"具有天然的适应性和调节性，同时由人构成的小生境也具有类似的功能。

第三节　组织免疫力的定义假设

那么，到底什么是组织的免疫力呢?

一、医学免疫力的定义和解释

医学领域对免疫学进行了长达数百年的研究，目前已经发展成为医学、生物学、化学等多学科广泛交叉、理论体系极为复杂的科学。对免疫及免疫学的认识在不断地深化，对免疫的最初认识则来源于人类对传染病的抵御能力。"免疫"（Immunity）一词即源于拉丁文 immunitas，其原意是免除税负和差异，引入免疫领域则指免除瘟疫。人们百余年的科学实践已极大地拓宽了对免疫的认识，现代在医学上一般将免疫学定义为:

机体对自己和异己（非己）识别、应答过程中所产生的生物学效应总和，正常情况下是维持内环境稳定的一种生理性功能。换言之，机体识别非己抗原，对其产生免疫应答并清除之；正常机体对自身组织抗原成分则不产生免疫应答，即维持耐受。

二、免疫力的现有研究

随着免疫学研究的逐步深入和完善，以及生物免疫学与人们生活的密切相关，免疫受到了国内外各领域专家的普遍关注。在当前学科交叉和知识相互借用的大潮下，免疫学首先受到了计算机领域的关注和借用。计算机的安全性问题与生物免疫系统具有类似性，近年来提出了"计算机免疫"这一新概念，普遍应用于计算机病毒防治、黑客入侵检验等领域，具有广阔的应用前景。在企业管理领域，企业经营过程稳定发展与免疫系统同样具有很强的类似性。计算机领域对医学免疫的成功借鉴，对管理学合理借用免疫学具有一定的启示。

从企业管理实践来看，很多的专家、学者和教授在与企业的实际接触当中，在和企业管理人员交流之中，都进行了类似免疫力问题的思考。

李占祥教授在青岛与企业家座谈的时候，有一些企业家提出了企业是不是具有免疫力的问题。后来他经过思考，在著作《矛盾管理学》中，对企业的免疫能力进行了简单的论述。书中写道："企业求强的关键是要追求免疫能力强和核心能力强。"他认为，免疫指机体的识别系统识别"自己"与"非己"成分，并排斥异物的生理功能。免疫主要功能有三个，即防御功能、维持机体内在平衡和免疫监督。通常我们理解的机体免疫能力就是指机体的体质能力，而企业的免疫能力指企业机体的体质能力。

李占祥教授还认为，机体有免疫力，说明机体本来的体质就强，但这并不是说机体天生就有强的免疫能力，它是机体不断适应外部环境的过程中逐渐增强的。就像一个人一生下来并没有什么免疫力，其机体的免疫力主要来自母体。半年以后，母体的免疫力逐渐下降，而婴儿的免疫力开始增强，但免疫力增强的过程是在人不断的长大过程中吸收各种营养并不断地与各种疾病的斗争中逐渐增强的。同样，企业机体的免疫力也是不断增强的。增强企业的免疫力主要应增强企业主体的免疫力，即员工的免疫力，那么，怎样才能增强员工的免疫力呢？关键还是要具有全体员工认同的优秀的企业文化。企业文化具有坚强的内在素质、凝聚力，它是企业的无形资产，任何一个成功的企业，存在几十年或上百年，其间产品、地域、所有者等在不断地变化，推动企业持续成长的具有特色的优秀文化也在不断地发扬。

三、免疫力的定义假设

笔者个人认为，以上三个方面都揭示了免疫的本质含义，但仅是简单地借用医学关于动物机体免疫的定义，还不能准确说明企业的免疫能力，因此笔者认为。组织免疫是企业通过对自己的正确认识和定位，识别外部威胁和自身病变，并积极采取行动，以排除这些威胁企业自身定位的因素，同时企业还积极识别自身的衰老或消极成分并加以修正和改进，以维持企业内在稳定的能力。

这个定义包含以下假设：

第一，企业具有辨析"自己"与"异己"的标准与能力。

那么，什么是企业的"自己"与"异己"呢？从免疫力角度来讲，"自己"

和"异己"是相对的和辩证统一的。自己就是企业健康或良性运行时所显示的状态或标准。这个状态或标准更多的是一个范围而不仅仅是一个固定值。异己是企业脱离或偏离正常状态的现象，当然也可能是一种导致这种结果的行为或事件。

正如健康人体各个方面都具有很明确的指标一样，企业识别"自己"首先要对自己有一个明确的定位，这个定位包括企业的目标、企业的理念、企业的战略、企业的市场、企业的顾客、企业的制度以及企业的行为等各个方面，企业只有对自己有一个清晰的认识和定位，才可能具有参照的标准。当然，"异己"或"非己"并不是指所有外来的东西，正如人体不会拒绝营养成分一样，企业的发展也需要与外界时时进行能量交换，但是企业毕竟不是完全开放系统，企业对外界的交换也是有所选择的，因为对于一些企业可能是机遇的事件对于另外一些企业可能就是灾难，所以企业对于"异己"或"非己"的识别是以是否可能导致企业病变为标准的。企业的免疫系统必须首先具有这样的能力。

当然自己和异己是辩证的，在不同的发展阶段，可能有不同的标准和运行准则，因而适应一定时期的良性运行标准可能对于其他时期就是一种病态，就像老人和小孩身体的各项指数不同一样。

第二，企业免疫的基本功能包括识别、抵抗、维护等。

识别正如前面所说，就是识别外来威胁、自身病变和自身消极成分。抵抗包含两个方面，即对外部威胁和自身病变的消除，以及对自身消极成分的修正。维护就是指免疫系统的最后结果要保证企业内在运营环境的动态稳定。

第三，企业内部的稳定性是企业生存发展的重要条件。

这一点是组织免疫力具有重要作用的基础，与我们的传统习惯想法和自组织理论看似都存在矛盾。这是因为我们平常说的变革是在一个相对长的时间中的一种整体性，而在某一段时间或是某一个时期，企业的经营是稳定的，一方面企业内环境稳定，另一方面企业的微生态环境稳定，这样企业才能减少决策的变数，才可能有一个稳定的执行效果。

这里只是简单给了组织免疫力的一个基本概念，对其进行了简单描述，在以下几章中将继续界定组织免疫力，勾勒出免疫力的基本框架，主要包括企业免疫力的性质、功能，并且根据免疫系统的性质和功能确定其在企业中的组织表现形式。

第三章 组织免疫的特征

免疫系统是一个独特的系统，具有与其他系统不同的性质，也具有不同的活动特点，所以确定其性质和特点是认识免疫系统非常重要的方面。

第一节 组织免疫的特征

要确定和了解组织免疫力，就需要界定免疫力的特征。通过对医学免疫力的研究和对企业实际情况的分析，笔者认为组织免疫力具有以下非常明显的特征，即组织免疫具有四大基本特征，分别是学习和认知、多样性和分布性、对立性和系统性、反馈和自组织性。

一、学习和认知

学习和认知能力在企业日常活动中都有很明显的体现，但一直以来我们都忽略了此项与生俱来的能力。

对于闻名遐迩的海尔集团，20世纪80年代初只是一个资不抵债、濒临倒闭的600人小厂，也是"作风涣散"、得过且过、缺乏市场竞争力和危机意识的企业。1985年，由于质量问题被退货，厂长张瑞敏带领公司员工检查了公司内所有的库存产品，把有质量问题的76台不合格冰箱用一把普通的大锤，硬是在600名职工面前，砸成了垃圾。可以说，正是这一宣泄性的动作，才激活了海尔人的产品质量危机感，保住了市场。如今，海尔集团因出色的经营业绩被《财富》杂志等评为"全球最佳营运公司"，其冰箱、洗衣机分别名列全球品牌市场占有率的第2位和第3位。很多人都认为，海尔能够取得今天的成就，这历史性的一砸功不可没。同时，我们可以看出，虽然那是20年前的危机，但是让海尔人认清了一个道理，学习到一个法宝，就是企业经历这次危机之后产生了学习的痕迹，海尔经历了质量危机，承受了质量之苦，所以海尔现在特别重视质量的塑造。这就是免疫系统的学习作用。

组织免疫系统具有学习和认知的能力。

免疫系统对新事物具有出色的学习能力，它能够学习危机或事件的结构，当将来同一事件再次出现时，反应会更快、更强烈；也能够对外界刺激产生记忆。

免疫学习是指免疫系统能够通过某种过程而增强企业能力。

学习的结果是免疫个体的反应度提高，群体规模扩大，并且最优个体或团队以免疫记忆的形式得到保存。如果免疫系统能够从以前的经历中识别危害的形态，就能产生更多相应的抗体。如果再次遇到从前类似的抗原，就能更好、更充分地做出反击。

免疫学习大致可以分为两种：一种发生在初次应答阶段，即免疫系统首次识别一种新的抗原时，其应答时间相对较长，这个过程是原始学习过程；而当机体重复遇到同一抗原时，由于免疫记忆机制的作用，免疫系统对该抗原的应答速度大大提高，并能产生高适应行为去消除抗原，这个过程就是增强式学习（Reinforcement Learning）过程，即再次应答比前一次应答的效率提高。

自己和异己的识别过程也是一个学习的过程。

认知主要强调免疫系统和抗原相遇时能认识并知道它所寻找的东西，这是内部组织赋予的一种意识。认知能力非常重要，它使企业在抵御来自内外部不安定因素的同时，也能够识别很多外在的东西是机遇还是风险，否则企业就是故步自封，最终还是会萎缩而消亡。

二、多样性和分布性

从医学上来讲，免疫系统中抗体的数目要远低于外部抗原的数目，但由于免疫细胞经历较快的新陈代谢，新生的细胞携带新的抗体出现在免疫系统中（即抗体的种类在不停地变化），同时变异机制确保新生的抗体随机均匀地散布在抗原空间中。这样，虽然在某一时刻免疫系统只有较少的抗体，但从宏观上来看，在一段时间内，免疫系统具有数目巨大的抗体并均匀分布在整个抗原空间中，进而覆盖整个抗原空间，完成对所有抗原的识别。

抗体多样性的生物机制主要包括抗体库的组合方式、体细胞高频变异及基因转化等，也就是说抗体经过基因片段的重组过程，产生了多样性的抗原识别受体。多样性可以保证免疫系统中少量抗体对众多抗原进行识别并消除之。

这与企业非常类似，企业中的部门和人员有限，但是企业要面对内部和外部各种各样的事情。时间不一样、地点不一样，可能看似重复的工作其性质也不一样，企业怎么去应对呢？我们可以先看一个例子，2002 年，LG 公司在同一个部门曾先后发生了两件事情：第一件事是出现了大量坏账，第二件事是虚报销售数量，这两件事也许有联系，但从表象看属于性质、程度、对象都不一样的风险，不过当时处理这两件事的方式很简单：对于第一件事，派出了销售人员和财务人员的组合；对于第二件事，仅仅在第一组人员的基础上调换了一位人员——那就是将财务人员换成了企划人员。这种简单的变化就如医学里的抗体自由组合一样，通过这种方式，企业就有多种多样的应对模式，就可以应对绝大多数的风险。

组织的免疫系统就如同生物体的免疫系统一样，企业的个体进行不同的排列组合，就构成了无穷的应对模式，同时人的智能性和能动性又能创造出新的活动方式，以此来完成复杂的工作，应对各种各样的新事件，处理可能的威胁，保证企业正常稳态运行。

与多样性相对应的就是免疫系统的分布性。免疫系统由许多局部相互作用的基本单元组成来提供全局的保护，也就是说其作用范围具有局部性。免疫系统具有分布性的主要原因是它必须应答的抗原分散在整个免疫体内，效应细胞检测抗原的过程就是分布式检测。免疫系统的分布式特征首先取决于抗原的分布式特征，即抗原是分散在机体内部的；其次免疫系统的分布式特征有利于加强系统的健壮特征，从而使得免疫系统不会因为局部组织损伤而使整体功能受到很大影响。分散于机体各部分的淋巴细胞采用学习的方式实现对特定抗原的识别。同时，通过分化为效应细胞和记忆细胞分别实现对抗原的有效清除和记忆信息保留。由于免疫应答机制是通过局部细胞的交互起作用，不存在集中控制，所以系统的分布性进一步强化了其自适应能力。

这些观点在企业中正在被逐渐认识。笔者曾经观察过天津 LG 电子的工作情况，一般来说具有对外业务的部门主要有市场部、销售部、财务部、采购部和外联部，这些部门几乎每天都会面临很多外来的新问题，但同时他们又会选择性地向内部反馈很多问题，如一家经销商出现财务问题，可能最先预测到的是企划部，但最终还是通过市场部来认可，此时财务部门也参与进来，这样的一个很微妙的系统，将一个简单的危机处理很完整地表现出来，而之所以有这样的效果，就在于免疫系统是广为分布的，不同部分对于不同的危机发挥不同的作用，即使对于同一危机，也发挥不同的功能。

组织免疫系统分布在企业每一个角落，无论是有意识的还是无意识的，企业的每个部门，甚至每个人每天都在从事着免疫的一部分功能。

现在很多学者提倡企业的 21 世纪组织应该是松散的单兵或小团队作战体，组织形式将是一种网络而不是现在的直线制或职能制，这种观点与免疫系统的广泛分布性特点刚好暗合。以此来看，将来也许企业更多的重要职能将通过免疫系统来完善。

三、独立性和系统性

与免疫系统的多样性和分布性相适应，免疫系统的作用方式为独立性和系统性的结合。

正如前面 LG 的例子所表现出来的特点一样，免疫系统的小团队具有独立作战能力，如销售部就有判断经销商信度和催款的功能，也许其能将危机化解于企业之外，而企划部门同样也具有独立作战能力，它具有最初的预测能力，能在部门行为和资源分配上进行早期调整，从而将危机化解于无形。但是同时，它们又构成一个系统，销售部门、财务部门、企划部门甚至法律部门，都会积极参与到同一个事件的处理中，相互协同、共同发挥作用。

免疫系统的独立性是指免疫系统基本都是以小团队独立作战。

各免疫单元有能力处理其面对的很多事情，同时各单元也是免疫的第一道防线，只有如此，威胁才能及早被发现，也才能灵活被消除。如果免疫系统采用复杂的信息反馈系统，在危机发现到反馈到高层然后再协调的情况下，时间缓慢，危害将已经发生。另外，很多事情在初期处理会很简单，不需要劳民伤财的全员举动。

但是，免疫系统同时又是一个整体，共同构成一个系统。

免疫系统的系统性包括两个方面：免疫活动处于整体系统中，免疫结果的影响是全局性的。

从企业的组织设计来说，协同性是其显著特点。其一，虽然各免疫单元能够独立处理很多的威胁或危机，但是我们看到无论其作为或不作为以及其如何作为，结果的影响并不仅仅是其自己，而对企业内的其他部门或组织都有密切的影响；其二，很多的免疫问题需要各部门的协调和支持，即使很多看起来属于各部门内部的行为，背后也都少不了其他部门的协调作用；其三，很多的免疫活动是企业内部很多部门甚至整个企业共同作用来完成的。

四、反馈和自组织性

反馈是系统将信息输送出去，并将结果输送回来，同时对信息的再输出发生影响，起到控制和优化作用。免疫系统反馈的主要作用是对付系统中存在的内部和外部的不确定性。如果系统实际运行的行为和期望的行为之间存在偏差，则反馈可以使系统动态行为的偏差逐渐减少。

免疫系统是一个循环反馈系统。

也就是说，当威胁或危机或新事物出现的时候，就会产生一个处理机制或处理团队或处理模式，来应对需要处理的事情，等到事情处理完毕，这样一次免疫活动就结束了。但是从企业角度来说，这种应对的新机制和模式还有反馈调节作用，一方面，它的存在会抑制其他部门的活动，这就是组织不能多头领导和责任到人的制度要求，就是说这样的组织是唯一处理这个事件的；另一方面，这种新的体制和模式也将抑制危机的再次发生，因为有过一次经验，企业的免疫行为就具有超前性。

免疫系统同时也是一个自组织系统。

免疫系统不需要外界的管理和维护，而通过采用更替被损伤系统的办法来修补自己，消除抗原。这一点在前面已经有很详细的论述，也就是说在一定条件下，免疫系统可能从无序变成有序。无序表示混沌状态的序，有序表示有规则的序。当控制条件改变时，系统又可能从有序变成无序，甚至会出现有序和无序交替出现的局面，并和外界进行物质和能量的交换。

这一点很容易理解，当没有事件发生时，企业免疫系统就处于休眠状态，组织和个人从事自己正常的工作。虽然他们的工作都有自身的规律，但从企业内部角度来看不一定是系统的和有序的；但是一旦面临某些事件，企业的免疫系统很快就会被激活，企业就会运转起来，相关部门和个人同时面对同一事件，此时活动从企业角度来看就是有序的。

反馈和自组织性构成了企业免疫系统活动的循环性，它将一次次单独的免疫活动整体组合为整个免疫系统。

当然，免疫系统最终要实现的结果就是企业具有很强的适应性。这种适应性通过免疫系统的动态作用来实现，在对系统其他部分的刺激和环境交互做出应答时，免疫系统能够对自我进行更改和修正，抛弃无用的、危险的元素，从而提高生存能力。而且，免疫系统的作用使企业保持相对良好的运营状态，企业的发展能力也相应增强。

第二节　免疫的特殊性

企业免疫系统具有特殊性，有其独特的运行特点。本节将从企业内外环境来考虑可能影响企业免疫力强弱的主要因素。

企业自身的免疫能力强弱受企业内外条件的综合影响。

企业就如人体一样，其免疫力的大小受各种各样的因素的影响。在不同的时间、不同的环境、面对不同的事情时，企业的免疫力大小也是不一样的。

一、免疫与外部环境

组织免疫能力具有强对抗性，一般来说，环境越动荡，企业表现出的免疫力越强；环境越平稳，企业表现出的免疫力越弱。

目前，国家经济发展迅速，投资增长很快，给企业带来了巨大的机会，但是国家的宏观调控政策也是在不断地调整，企业面临着巨大的政策风险，很多的企业与员工非常关注与本企业相关的信息，此时企业保持着高度的警觉性。企业免疫力平时处于潜伏状态，一旦有相关事件发生，将会被激活，并且随着外部环境动荡强弱而变化，这样在保持企业对外界环境的适度反应之外，也能尽可能地避免对企业活动产生不必要的影响。但是，企业的免疫能力存在着一定的范围。

组织的免疫能力具有一定的作用边界，即存在适应极限。

对于特别动荡的环境或企业内的重大突发性事件，组织的免疫能力可能无能为力，不能完全抵御风险，也很难避免对企业的伤害。外部环境变化越动荡，企业免疫系统抵抗力就越强，但是随着外部环境的动荡不断加剧，企业免疫能力将达到上限，此时企业将面临着新的战略调整和自身行为的改善，外部环境的应对将成为此阶段企业经营的主要任务，否则企业将深受其害。

例如 1998 年亚洲金融危机期间，银行企业的主要任务是避免投机风险，保持企业对外部环境的抵御能力，而随着危机的减弱，企业再逐步过渡到将重点放在日常的经营。

组织的免疫能力随企业所处的行业特点而不同。

笔者对 LG 电子和长丰汽车两个企业进行对比，发现处于不同行业的企业，行业特点对免疫能力具有重大影响。对于 LG 电子来说，产品主要处于家电领域，市场发展较完备，组织免疫系统的主要功能是对内的监控；长丰汽车主要生产 SUV 汽车，其免疫系统更多地放在对外部环境特别是宏观政策方面的监控上。

二、免疫与内部属性

组织免疫能力的强弱与企业生命周期密切相关。

企业就如同人一样，同样存在生老病死，组织免疫力也如同人体免疫力一样，随着人的生命发展而不断变化。一般来说，企业不断发展成熟，免疫能力也不断增强，但是当企业处于衰老期时，免疫能力又逐步减弱。

我们从实际中可以看到，规模庞大、发展成熟的企业比规模较小、刚刚成立的企业，无论是对外部环境的适应性，还是对内部风险的管理方面都具有更强的能力。

免疫能力强弱与企业组织形式相关。一般来说，越趋向于网络化的组织，其免疫能力越强；越趋向于直线式的组织，其免疫能力越弱。

这个假设有三个理由：第一，企业的免疫系统具有分布性，如果企业组织呈现网络化，免疫系统同组织系统将有很大的重叠，企业能较好地发挥免疫力；第二，企业的免疫系统具有独立性，也就是说网络化组织是一个具有充分授权的组织，能保证免疫系统具有充分的作为权；第三，直线式组织更有利于对企业经营方向的把握，而对影响企业的其他因素的考虑就不够全面。

组织免疫与企业文化有关。

很明显，健康进步的企业文化将促进企业良性发展，而落后或病态的企业文化本身就是企业致病的根源，很难想象在这样的文化中，企业免疫系统还能发挥作用。

我们看到很多企业，内部人心涣散、高管只顾谋取私利、相互推诿责任，这样的企业免疫系统忙于应付内耗，对内部进行调整，一旦调整失败或是外部环境稍有变动，企业都将没有足够的防御能力。

组织免疫与员工素质有关。

这点最为明确，员工素质高，企业免疫能力相对就强；员工素质低，企业免疫能力相对就弱。当然，很多时候员工的合力才是企业免疫力的真正体现，最怕"一个人是条龙，三个人是条虫"，最希望的就是"三个臭皮匠，顶个诸葛亮"。但是就相同条件来说，员工的素质高，则企业免疫能力强。

2003 年，笔者曾在济南商河轻骑摩托厂参观，当时就发现一个很有意思的事情。当时采购一直是公司的"软肋"，在不久前，刚刚换了位采购经理，虽然没见他有重大举措，但是以前的很多采购问题基本都避免掉了。究其结果，内部员工一致评价新任经理的水平在企业里是顶尖的，比前任采购经理的水平高出很多。从这点也证明了员工素质对企业免疫具有决定作用。

总的来说，企业免疫能力是企业内外因素综合作用的结果，但在某特定时间，一种或几种因素将处于主要地位。

第四章 免疫系统的功能

免疫系统对企业至关重要，发挥着重要功能，归结来看主要功能有四个方面：防御、自稳、监视和学习。但免疫系统又是一把"双刃剑"，虽然对企业起着积极的作用，但是也常常会导致企业病变，目前来看主要有五类：免疫过敏、免疫缺陷、自身免疫、移植免疫和恶性突变，其中任何一种如果发生时间较长都可能导致企业的衰亡。

所以，对于企业免疫系统的功能，我们有一个总的假设：免疫功能如同一把"双刃剑"，对企业的影响具有双重性。

案例3

长丰集团案例分析

长丰集团现在是中国越野车行业的领军者。但1984年以前，长丰还是以修理汽车、火炮为主的小军工企业，发展一直不太景气，任务靠分配，材料靠调拨，产品靠包销。但是从1984年以后，这样一个小厂至少发生了四次大的质变，从而获得了根本的发展。

第一次，1984年工厂效益很差，工人等米下锅，企业处于半死不活的状态。全厂四五千名职工及家属强烈呼吁要"自己选自己的领路人"，年仅31岁的技术科副科长李建新被推上了工厂厂长的位置。

第二次，1986年，军委总后勤部将研制新型越野车的任务交给了七三一九厂（即长丰）和另外一家工厂。面对这一机遇，他们清醒地认识到研制任务完成的好坏直接关系到工厂的生存和发展。这时他们创立了自己的品牌：猎豹，有了自己的主导产品。

第三次，1992年，长丰与韩国一家公司合作生产柴油发动机吉普车。不久，长丰人发现，这种吉普车技术不过二流，且引进不能一步到位，长丰立刻退出合作。从此长丰树立了创一流的远见卓识。

第四次，1995 年，全军进行现代企业制度改革试点，当时很多的企业都害怕这个新事物，但长丰集团认识到这是企业变革、发展的一个机遇，积极争取，最后被列为全军 22 家建立现代企业制度试点单位之一。此时他们借此机会，瞄准更高的目标，引进世界生产越野车最先进的日本三菱技术。经过 14 个月的艰苦谈判，最后终于得以实现，从而为长丰插上了腾飞的翅膀。

长丰的每一步走得都非常漂亮，但也非常辛苦，因为长丰 20 年来是在一个个的风险和危机之中走出来的。长丰成功了，《长丰报》将自己企业的成功归于四点：一是科技为帆行大船；二是创新管理转动生产大转盘；三是营造"拴心、留心"的用人环境；四是不断地从失败中吸取教训。

分析一下长丰成功的四点经验：第一，长丰非常重视科技对企业的作用，因为科技是竞争的制高点，占有了制高点，企业面临的威胁和风险就要小很多，企业就能进退自如，这是长丰在构筑自己抵御风险的能力。第二，长丰的管理创新，是因为长丰以前的管理体制不能满足企业发展的需要，甚至成了桎梏，管理制度的创新使长丰内部协调和顺畅了，长丰的内部危机也消除了，这使长丰免疫系统的监视功能得以复活。第三，长丰的留人政策就是为了达到企业稳定的目的，这是企业自稳能力的体现。第四，长丰的成功与其很强的学习功能分不开，长丰不断总结失败经验，学习应对的策略，寻找正确的途径，可以说长丰真正做到了失败是成功之母。

以上四点，从免疫力角度来看，归根结底都是长丰在不断地培育和完善自己的免疫系统，使长丰免疫功能发挥得非常到位。

借鉴医学对免疫功能的研究，以及归纳的企业经验，可知企业免疫系统具有四大基本功能：企业免疫力正常作用时对企业具有防御、自稳、监视和学习功能。下面我们来具体分析这四大功能，以及这四大功能在非常情况下对企业带来的损害。

一、防御功能

1. 正常作用

免疫防御是免疫系统最基本的功能，主要指企业针对外来的威胁、危害和风险进行抵御，以起到保护作用。企业天生能够对外界环境进行识别和选择，并对外部威胁或危机做出反应。这是企业借以维持自净、不受外界干扰，保持自己独立的运行机制。

这种反应现象在企业中比比皆是，如财务人员对汇率波动的应对，采购人员对原材料质量的监控等。企业的这种正常免疫反应是企业生存和发展的必备条件，由此我们也能看出为什么说细节决定成败，因为即使是我们很日常的工作，也在承担着伟大的职责。

2. 有害反应

免疫系统的这种功能一旦异常，也可能对企业产生不利的影响。免疫有害反应主要有三种：

第一种，免疫系统作用力过强或持续时间过长，企业将发生超敏反应。

例如有一家高科技企业，创业者以前是技术背景出身，后来获得一项专利，于是创办了这家企业。再后来他招聘到一位重点大学的优秀毕业生，因其在技术方面很有天赋，企业总经理逐渐将公司交与他管理，企业对此人依赖很大。慢慢地这个高材生感觉不平衡了，向企业提出极尽苛刻的条件，总经理自然没有应允，所以这个高材生就从公司里带走了部分业务骨干，公司一下子陷入困境。总经理为此后悔不已，又亲自主抓技术，并且再也不敢招聘、留用优秀人才，更别说信任优秀人才了。虽然企业几经周折，但一直只能勉强维持，不能获得好的发展。

从这个例子我们可以看出，这家企业就是免疫过度，一朝被蛇咬十年怕井绳。企业在经历了第一次危机之后，一旦再次面临同样的刺激，就会反应过度，破坏了应有的协调性。企业的整体功能失衡，必然失去很多机会。

这种影响一般包含两个过程，首先是致敏阶段，也就是说企业第一次面对危机时就产生了功能紊乱；然后是发敏反应，也就是说企业再次面对同种情况时，就会严重病发。

第二种，免疫系统由于功能低下或缺乏，导致企业屡屡受外部威胁，这是免疫不足的问题。

导致免疫缺陷有两个方面的原因，一种是先天性的，即组织设计决定了企业带有免疫方面的缺陷。如很多民营企业基本首选的组织结构是集权制，总经理万事统抓，员工就是机器，一切按部就班，很少去关心其他事情。一旦有任何风吹草动，企业领导忙得晕头转向，而下属却是无动于衷。智者千虑必有一失，即使领导者再聪明能干，这种企业仍然存在先天不足。

　　还有一种就是后天获得的。企业从组织结构上来看很完善，但是在经营管理中逐渐畸形也可能产生免疫缺陷。这里最有代表性的就是中航油事件。中航油（新加坡）公司是新加坡上市公司，管理规范，制度透明，可以说从制度设计上没有任何问题。公司总经理陈久霖更是风云人物，他将中航油（新加坡）公司从一个亏损企业发展为股市明星。但也正是这样，他在公司里建立了极高的威信，本来规范的监督机制流于形式，所以当他从事石油期货交易过度时却一直没有任何人来质疑，直到最后投机亏损 5.5 亿美元后才被捅出，企业此时已元气大伤，濒临破产。这种结果就是企业后天行为导致的免疫缺陷造成的。

　　企业后天行为造成的免疫缺陷种类很多。比如人力资源总监与总经理关系密切，人力资源部常常能绕过很多部门来做事，结果一旦真正面临风险的时候，其他部门就乐得看笑话；还有某部门曾处理过一次顾客投诉，当时对顾客的要求没有认真甄别，以至于公司受到部分损失，并受到公司高层批评，结果以后碰到类似事件，该部门都不知如何才能正确处理，这就是矫枉过正。

　　第三种，移植免疫病，即企业对外部"异己"过度排斥，从而拒绝一切新鲜事物。如对外来人才的冷漠，对新观念的难以理解等都是这种表现。

　　长丰集团的员工结构非常令人担忧。因为近些年来，它的新员工基本来自家属和子弟，真正的外来人才非常少。一方面，他们不愿意从外招人；另一方面，长丰外来的几位高级管理人员普遍反映要想融入长丰非常困难。无论长丰给了什么职位和待遇，他们在长丰都感到很孤独，常常有种被边缘化的感觉，即使是其工作职权内的事情，他们也发现举步维艰。

　　在当前，很多的国有企业里的职工总认为改革就是丢饭碗，就是变卖资产，所以对改革都持抵触情绪。然而，对新观点、新思维的拒绝，最终只能使他们自己处于更加被动的地位。

　　这些现象如同人体器官移植一样，对外来有益的事物，无论是有形的还是无形的，统统排斥，成为企业发展的一项障碍。

二、自稳功能

　　免疫系统存在极为复杂而有效的调节网络，借以实现企业的相对稳定。自稳功能简单说就是指企业免疫系统能够识别并清除组织内部落后的、无效的、不适宜的因素，维持组织内部的活力、协调和均衡。

简单来说，自稳功能就是企业的内部调节，一方面调和企业的内部矛盾，另一方面抑制企业内部的不和谐现象。如在一个工作比较繁忙的企业，大部分员工都要加班，如果有谁早退就会有很不和谐的感觉；再如现在很多企业采用的末位淘汰制也是企业自稳功能的表现之一，它淘汰掉业绩低下的员工，借此保持活力。

但企业的自稳功能也常常发生异常，导致企业对自己正常的组织活动发生抵抗，使企业的活动不顺畅。例如在企业内部，很多部门常常有一些新的思想以及一些好的创意，正常情况下，企业对这些小的改善行为不会直接干涉，所以这些小的变革慢慢积累以至能够顺利完成量变积累过程。而企业免疫系统一旦出现异常，就会将其当作威胁或异己而加以抑制，长久下去，企业就会故步自封。

三、监视功能

由于企业内外环境的突然改变或快速变动，企业内部很可能被引发突变。一般来说，突变对企业的影响较大并且常常有害无益，所以企业需要对这些突变进行监视。这就是免疫系统的监视功能。

虽然突变在企业中发生频率较低，并且之前总会有一定的征兆，但是由于突变发生速度较快，损失常常很大，所以企业需要对这些行为进行密切的监视，尽量在发生突变前防患于未然；如若发生，也要能立即反应，抑制突变过程，减少突变危害，避免再次发生。免疫系统就如企业的监察、审计部门，对企业的运行保持时时的监视。

但是百密仍会有一疏，免疫系统与机体突变总是在不断的较量中博弈，如果免疫系统由于内生或外生的原因而遭破坏，或者说功能低下，将会导致恶性事件滋生、肆虐、泛滥，最终摧毁整个组织。

我们来看巴林银行倒闭事件。这座银行界的百年金字塔，葬身于一个"期货与期权结算方面的专家"里森之手，个中缘由，耐人寻味。1995 年起，当时担任巴林银行新加坡期货公司执行经理的里森，一人同时身兼首席交易员和清算主管两职。有一次，他手下的一个交易员因操作失误亏损了 6 万英镑，当里森知道后，因害怕事情暴露影响他的前程，便决定动用 88888 "错误账户"。此时便是突变事件的发生。

正常情况下，银行的免疫系统对这种行为会有所发现并发出抑制指令，但由于里森的特殊身份，这种监视功能令人遗憾地"没有"发挥作用。

之后，他为了谋求私利，一再动用"错误账户"，造成银行账户上显示的均是盈利交易。随着时间的推移，备用账号使用后的恶性循环使公司的损失越来越大。此时里森为了挽回损失，竟不惜作最后的一搏。在日本神户大地震事件中，其多头建仓，最后造成的损失超过10亿美元。企业内部恶性事件膨胀，一发不可收拾，就像人体的癌变，等到真正开始挽救的时候，企业已经倒闭了。

所以，企业免疫系统的监视功能必须保持正常运转，否则，带给企业的结果将是"恶性肿瘤"。

四、学习功能

组织免疫系统在不断与外部和内部的"异己"因素交锋的过程中，将会产生记忆功能，使企业逐渐增强免疫能力。

首先，免疫系统的学习功能建立在对异己和自己识别的基础之上，也可以说企业对新事物或外界事物的识别或认识过程。通过定位自己，免疫系统不断地将自己与其他的事物进行比较判断，以此积累比较完备的外部认识数据库。

其次，免疫系统学习还包括免疫系统对作用过程的记录，免疫系统的自我记忆功能使得企业面临同样事件时可以加快反应的速度，迅速拿出处理的方案。

可以说，正是具备学习功能，免疫系统才能真正地对企业发挥"作战部队"的功能。

第五章 企业免疫系统的组成

在我们知道了免疫系统的功能之后，本部分将详细讨论在企业中到底什么构成了免疫系统，以及哪些在发挥这些功能。

第一节 免疫系统的复杂性

免疫系统就像在生物机体内织成的天罗地网，仿佛在严格地按照生物的法律将外来的和内部产生的不法之徒绳之以法，这张网是维系我们生存的网。企业同样也存在这样一张网，它将企业的边界与企业的内部各点密密麻麻地织成了一张保护网，构成了一个复杂的巨系统。

组织免疫是一个复杂的巨系统，是企业的边界与企业内部各点共同构成的一张严密保护网。

就人体而言，免疫系统是一个全身的系统，拥有 1012 个免疫细胞，遍布全身各个角落。虽然免疫系统并不像心脏、肝脏那样有明显的解剖结构，也不像血液可以看得见摸得着，但它分布于全身各处，是随时执行任务的卫士军团，或者说是一些民兵，它们平时生产，遇到来自内外的敌害便奋起而战。企业也一样，我们观察到，企业经营过程中的每时每刻都面临着内内外外的多种多样的风险，企业中的每一个岗位、每一个人都在执行这样一个功能，即将不寻常的事件处理掉，同时不使自己范围内发生病变。仅仅这样一种全员动员的、有意识或无意识的管理方式就是其他任何管理活动都不可比拟的。并且人与人之间、组织与组织之间在免疫过程中的作用方式也差别甚大，而一旦谈到人的组合就更加复杂，两两组合不一样，两个人的组合和三个人的组合也不一样，但是他们又共同构成了免疫系统。

组织免疫系统的复杂性包括构成的复杂性和作用过程的复杂性。

因为免疫系统是实在的，但又是虚拟的，同时其分布是网络的，所以有很多时候我们只能去感知但很难去描述。免疫系统给人以混沌而没有逻辑的感觉，但却又实实在在在发挥作用。另外，其作用感觉是完全自组织的，但是不可否认，人特别是企业高层又常常在进行干预，因此免疫系统的这样一种存在特色使人很难真正完整地观察到它。

免疫就是调整新陈代谢的能力，当发生来自内外等不同方向的刺激时，人体为了维持正常的新陈代谢，必须做出相应的调整。免疫系统是生物界，尤其是人类在长期进化及个体发生、发育过程中不断发展和完善的调节系统之一。在企业中，免疫系统是一个无形的网，其作用过程同样很多也是无形的。作用过程的复杂性就在于内部相互关系的复杂性，不仅有企业组织设计里规定的程序，而且还有很多程序之外的活动，正式或非正式的团队形成了一个相互交织的作用系统。很多的事情需要企业内部的协调和组织，需要不同的人、不同的部门、不同的层级来配合，这看似我们日常不起眼的活动，但是却错综复杂。有些时候，很多事情我们还没有意识到它是风险，可能已经被我们解决了；有些事情，它就是我们的日常工作，但却在执行很强的防范职能；有些事情，需要倾企业全力来应对。所以，当真正去观察思考企业的免疫活动时，发现它原来那般丰富多彩。

组织免疫系统和企业文化非常类似，两者都深入企业每一个角落，同时又都具有企业调节网络的作用。所不同的是，企业文化更注重精神层面，而免疫系统更注重微观运行层面。免疫系统指导、规范、润滑和调节着企业的微运行，它和其他的系统一样，将企业这样一个微妙的自组织机器开动起来。

从目前企业组织发展的情况来看，一个好的企业建立的组织目标就是边界更加虚拟，即韦尔奇所提倡的"无边界"，但反过来这样的组织结构要求企业的保护网更加完备和实在；组织的另一个目标是内部组织更加具有弹性，但是这张网却需要越织越密，这样的两个对比关系，使得企业更富有灵活性但同时也更具有适应性。

第二节　免疫系统组织构成

一、免疫系统的分层讨论

组织免疫系统主要由三个层次两个方面来构成。三个层次就是由外到内，两个方面就是一主一次。具体来说就是，企业免疫系统由外围抵御系统、内部处理系统和核心指挥系统三个层次构成，它们执行免疫系统的工作职能；同时免疫系统还需要其他周围支持系统的作用。

1. 外围抵御系统

外围抵御系统是企业的天然屏障，把守着企业抵御风险的第一道关口。

企业中各部分的分工不同，其在企业活动中的位置也不同。有的部门主要是对内，如生产管理，有的部门主要是对外，如采购和销售，所以它们对于企业活动的风险影响也不一样。对外的部门常常直接接触风险和外部变化，它们构成了外围抵御系统。当然职能部门也有很多对外职能，如财务部门需要和银行、证券及债券市场进行业务往来，它们也部分具有这样的外围抵御性质。

就如人体的皮肤是主要的外围抵御系统一样，企业的边界实际上是天然的外围抵御系统。从组织结构来看，企业的边界不仅仅是各个对外业务部门的简单组合，而应该是这些部门与部门之间、人与人之间相互编织的一个网。就如企业的物理边界一样，如果仅仅有砖是不行的，很容易垮掉，但如果把这些砖按照一定规则交织组合起来，我们看到那就成了一道牢固的墙了。企业的外围抵御系统就是这样一道由部门、个人、团队相互交织组成的牢固的"墙"。

2. 内部处理系统

威胁和风险常常突破外部抵御系统，或者外部抵御系统常常会传递各种威胁和风险进入企业，这时就需要企业内部处理系统。内部处理系统是企业对影响正常经营的非正常事件进行处理的团队或个人。

内部处理系统是一个高效系统。正如前面分析的一样，这些处理系统很多就直接紧随外围抵御系统，一旦威胁进入就能立即反应。如销售部门，业务人员一旦反映市场情况不好，后面的销售支持部门立即就会行动，分析情况采取对策。

当然也有很多处理需要带入企业更深层次，那里是处理的中心站。假如前面的销售部门分析的结果是企业生产的产品质量有问题，这在销售部门内部就不可能解决，此时需要提交到更高层次，那里会处理这些事情。

内部处理系统并不等同于企业的部门设计体系，但同企业的流程关系密切。因为企业内的活动常常是一个协调的过程，就如人体的免疫应答常常需要免疫细胞、吞噬细胞、活性分子、淋巴细胞等众多成分参加一样，企业的免疫过程常常是员工活动的相互协调过程，而流程恰恰就在于规范协调活动。所以免疫处理与企业流程设计直接相关，而与组织结构并没有直接关系。

3. 核心指挥系统

正如生物免疫系统的中枢免疫器官一样，企业免疫系统同样具有指挥系统。一般来说承担这项工作的是企业的风险管理委员会或者是企业经营管理部门，当然本质核心仍是企业的高层管理人员。对于很多小企业来说，这项职能直接集中在高级管理层，因为它们很自然的是企业的脑、心脏，当然也是胸腺和骨髓。总之，核心系统是免疫系统的最后汇集点；而对于组织结构完备的大企业来说，免疫系统在经营管理部门和风险管理部门进行归结的居多，当然也存在其他的归结点，这些部门是企业风险的汇集处，同时也是免疫细胞的生成处，因为它们在不断地发布、传播免疫思想。

当然，免疫系统的核心所在不同，企业免疫系统的总体结构就不同。当核心系统处于企业高层时，免疫系统呈树状；而当核心系统处于风险管理部门时，免疫系统更多地呈网状。但无论如何，免疫系统需要中央处理器，不论它是以什么形式来工作。

4. 周围支持系统

还有一些部门免疫职能很弱，如企业里的勤务人员，对于免疫系统来说，他们的活动主要是一种辅助支持。他们并不直接参与免疫系统的作用过程，但作为企业的组成部分，他们对免疫系统同样重要。

二、免疫系统的总体分析

从组织角度来看，企业的免疫系统主要由两大类组成，即专职免疫功能组织和兼职免疫功能组织。

所谓专职免疫功能组织，其设立目的是识别外部与内部的"异己"因素，增强企业抵御风险、适应外部环境、处理危机和失误的能力。如企业里的危机管理委员会、质量管理部、企业公关部、企业监察部等，这些部门的设置就是为了执行免疫功能。

所谓兼职免疫功能组织，是指在执行业务职能时，同时执行免疫功能的组织。在企业的组织结构中，专职免疫部门相对较少，更多的是兼职免疫组织。企业中几乎每个部门、班组、岗位和人都一方面执行自己的价值链业务，另一方面又承担着免疫功能，如营销部门、采购供应部门、人力资源管理部门等。

无论专职或兼职的免疫组织，都具有类似人体免疫系统的两种免疫作用方式（如图 5-1 所示）：天然的、固有的、普遍性的、非特异性免疫应答，对于企业来说我们称为非特异免疫；后天的、学习适应的、针对性的、特异性免疫应答，我们称为特异免疫。

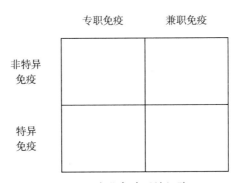

图 5-1　企业免疫系统矩阵

非特异免疫和特异免疫在不同的免疫系统中表现是不一样的。对专职免疫系统更多的是特异免疫行为，而对于兼职免疫系统更多的是非特导免疫行为；但当风险威胁很明显时，兼职免疫系统也会发生特异免疫行为，但专职免疫系统的非特异免疫行为不是很常见。

不同的企业即使部门设置完全不同，但可以肯定的是各部门不可避免都要从事基本的工作，也就是说它们的工作本身就是非特异免疫和特异免疫的结合。

三、免疫系统中的人

研究企业免疫系统，必须回答一个核心问题——就是关于"人"的问题：人是不是企业的免疫细胞？个人免疫与组织免疫的关系又是什么？

人在企业里具有典型的二重性。人在组织中既是被动的，同时又是主动的。人是组织的设计者，同时也是组织的组成部分；人是企业成功的关键，也可能是企业失败的根源。从系统观和博弈论的观点来看，在免疫系统中，一旦组织结构已经存在，人就是组织的一部分，免疫功能的发挥虽然由组织的职责和任务决定，但归根结底仍然是人在发挥作用，此时人是免疫系统的一部分，是被动的；但是一旦人去改变组织，即重新设计企业免疫系统时，又是主动的。

无论处于企业的变革期，还是稳定期，人都需要发挥主观能动性，承担组织的免疫功能，保障组织的稳定协调，实现组织与人的和谐。否则，很难想象一个萎靡不振、消极被动的组织能够具有很强的免疫能力；同样很难想象充满员工罢工示威、不满抗议的组织，或者干部偷奸耍滑、坐吃山空的企业，或者领导夜郎自大、盲目冲动的公司能够具有很强的免疫能力。

大部分人是企业的免疫细胞，但并不是所有人都是免疫细胞，也并不是只有人才是企业的免疫细胞。

首先，人天然就是企业的免疫细胞，人的能动性、主动性、独立性使其可以在承担业务活动的同时执行免疫的功能，企业的免疫职能也只有通过人才能够实现。

其次，人充当企业的免疫细胞具有特定性，特定的部门、特定的岗位、特定的时间决定的特定的人物才是免疫系统的构成，还有一些人的活动仅仅是企业润滑剂，他们和企业的经营风险没有直接关系，也就不用面对和处理企业的经营风险，所以这部分人不能算是企业免疫系统的构成成分，自然也不能充当企业的免疫细胞。

最后，很多免疫细胞的功能是由团队来完成的。我们知道人体里有一类叫吞噬细胞的巨大细胞，与此类似，企业里很多的吞噬功能常常需要团队完成。也就是说，企业的处理系统常常是大家合作作用的结果，打破了部门的界限，也突破了个人的局限。

明白了人在免疫系统的地位，我们也就很容易知道个人免疫与企业免疫的关系。企业的免疫能力强弱与个人或群体的能力具有密切的关系，同时也与员工的精神状态有重要的关系。精神状态是免疫系统活跃与否的关键因素，好的企业文化、好的工作风气以及比较规范和顺畅的工作流程，常常能够保证企业对风险的防范。

所以企业免疫是通过个人免疫来反应和实现的，但企业免疫也并不仅仅是所有个人免疫的简单相加，更多的是个人免疫的协调和配合。

第二部分　机制篇①

---

① 本篇内容主要选自清华大学经济管理学院吕萍同学 2008 年的博士学位论文《组织免疫行为和机制研究》，由王以华教授指导完成。部分内容编者做出了一些调整。

第六章　组织免疫机制

    企业的变化很难超前于环境的变化，也很难赶上环境的变化。以变应变看似主动和高明，但本质上是事后反应，从这个角度来看，频繁变动反而增加了企业的成本和不确定性。另外，无论是在渐进变化还是突然变化的环境中，企业管理模式的调整往往带有跳跃性，很难与环境迅速磨合，组织的刚性往往又限制了变革的深度、速度与范围，因此，组织变革反而会增加企业的成本。

    当前，中国企业处于快速变化和相对不稳定的环境中，新技术、新产品开发速度加快，企业竞争在低水平和高层次同时存在，加之体制改革过程中市场法制不够健全、政府监管不到位、行业规范尚未形成等因素，导致企业在相对无序的环境中发展。面对动荡的外部环境，很多中国企业把西方流行的理论和工具当作灵丹妙药，不断地调整和变革。但事实表明，不断进行重组与改造的企业，其经营业绩并不理想，"以变应变"往往加重了企业的负担，甚至在困境中加快了企业死亡的速度。

    环境变化的要求，以及企业适应性行为和现实绩效的矛盾让我们重新思考企业的持续健康发展问题。为什么有些企业能够适应变化的环境，而其他企业不能？哪些因素能够更好地解释持续健康发展的能力？这些都是学术界和企业界共同亟待解决的问题。

    外部环境变化的要求以及现有理论的不足，需要我们对企业的适应性和持续健康发展能力进行更深入细致的研究。我们知道，人类的机体几乎暴露在由无数病菌和病毒组成的环境中，其复杂性和混乱程度超出我们的想象，但人类依然能够健康地生存，原因是人体的免疫系统每时每刻都在充当着保卫健康的卫士角色。免疫系统能够识别各种病原体、形成相应的抗原、调节免疫应答、产生和维持记忆，这种复杂的运行机制使人体能够适应环境的复杂性和抗原的多样性。

    企业面临的环境越来越近似于生物有机体生存的环境，即充满复杂性、不确定性和不可预见性。在30多亿年的演化过程中，生物有机体形成了强大的应对复杂和充满不确定性环境的战略，这是大自然提供给人类的精密、复杂、成熟的系统，同时为本研究提供了有力的证据和启示。企业在这种环境中生存和发展，是否也存在类似的免疫系统？如果存在组织免疫系统，其特征和运行机制是怎样的？哪些因素能够影响企业免疫系统功能的发挥？这些问题对于超竞争环境下企业的发展具有重要意义。因此，本研究立足于管理学理论，同时借鉴生物学和系统理论等学科的研究成果，从一个新的视角——组织免疫来研究企业的适应性和持续健康发展问题。采用组织免疫视角进行研究的优势体现在以下两个方面：

第一，现有的适应性理论大多基于组织变革的视角，因此更强调企业的适应性变革，这造成了企业出现"以变应变"和频繁变革的现象。"适应性"原本是管理学从生物学借用的概念，本研究利用组织免疫的视角研究企业的适应性问题，能够准确地把握适应性的本质，完全符合组织管理理论将组织作为"生物有机体"的观点。

第二，现有的适应性理论更多的是从企业整体角度进行抽象的理论讨论，没有深入到企业的行为层面，缺乏实证研究，和企业的实践有一定距离。利用组织免疫视角研究企业的适应性问题可以弥补这一不足。自然科学领域生物有机体的免疫机制为企业的免疫机制带来了有益的启示，通过将组织免疫分解为具体的行为维度，可以从企业的操作层面加深对组织适应性的理解。

基于以上分析，本部分内容将集中研究三个问题：

第一，组织免疫行为的维度及其与绩效的关系。

第二，组织免疫行为机制的功能及其作用原理。

第三，组织免疫行为对组织适应性的影响过程。

第七章　生物免疫理论

企业面临的环境越来越近似于生物有机体生存的环境，充满复杂性、不确定性和不可预见性。通过对生物免疫理论相关知识的回顾，我们希望得到一些重要的启示。从一个新的视角——企业免疫来研究组织，更好地解释企业适应性问题。如果企业具备这种免疫能力，会对其在超竞争环境下的发展具有重要意义。

一、免疫系统的结构

免疫系统是机体负责执行免疫功能的组织体系，由许多免疫器官、免疫细胞和免疫分子组成。人体免疫系统的构成如图 7-1 所示。

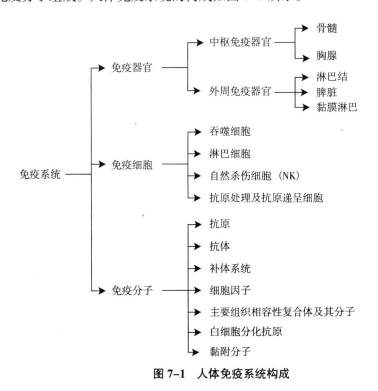

图 7-1　人体免疫系统构成

免疫器官又由中枢免疫器官（骨髓、胸腺）和外周免疫器官（脾脏、淋巴结和黏膜淋巴）组成。中枢免疫器官（Central Immune Organ）是免疫细胞发生、分化、发育、成熟的场所，并对外周免疫器官的发育起主导作用，在某些情况下（如再次抗原刺激或自身抗原刺激）也是产生免疫应答的场所。外周免疫器官（Peripheral Immune Organ）是成熟 T 细胞、B 细胞等免疫细胞定居的场所，也是产生免疫应答的场所。

免疫器官中具体执行免疫功能的主要是各类免疫细胞，如淋巴细胞（包括 T 淋巴细胞和 B 淋巴细胞）、抗原递呈细胞、粒细胞及其他参与免疫应答和效应的细胞。由于抗原袭击可以达到机体的很多不同部位，所以免疫系统有一个在血流中可以准备攻击无论进入机体何处的侵入抗原的细胞流动部队。

免疫分子可包括免疫细胞膜分子，如抗原识别受体分子、分化抗原分子、主要组织相容性分子以及一些其他受体分子等，也包括由免疫细胞和非免疫细胞合面和分泌的分子，如免疫球蛋白分子、补体分子以及细胞因子等。

二、免疫反应的类型

免疫细胞对病原体（如细菌、病毒）或肿瘤细胞的适应性应答，是清除病原体，执行免疫防卫功能。体内有两种免疫应答类型，分别为第一线的物理、生化防御机制以及第二线的主动防御机制。

第一种是非特异性免疫（Nonspecific Immunity）。该免疫应答类型是在种群长期进化过程中逐渐形成的，是机体抵御微生物侵袭的第一道防线。非特异性免疫在个体出生时就具备，作用范围广，不针对特定抗原，其抵抗病原体的屏障有皮肤、黏膜、吞噬细胞和巨噬细胞等。

第二种是特异性免疫（Specific Immunity）。微生物（病原体）在征服和战胜动物天然的非特异性免疫机制之后，继而遇到的是机体的第二道防线。入侵的微生物必须接触到免疫系统的细胞，才能导致针对该种微生物的特异性免疫反应。此类免疫主要由能够特异性识别抗原的免疫细胞（T 细胞和 B 细胞）承担，其产生的效应在机体抗感染和其他免疫学机制中发挥主导作用。

三、免疫系统的作用机制

免疫系统的作用机制主要包括以下几个方面：

1. 免疫识别—记忆机制

免疫系统具有识别各种抗原并排斥特定抗原的学习记忆机制，这种记忆作用是由记忆 T 细胞和记忆 B 细胞共同承担的。即免疫系统在免疫应答之后，如果受到同类抗原的再刺激，在短时间内会产生比上一次多得多的抗体，同时与该抗原的亲和力也会提高。

2. 免疫反馈机制

反馈机制能同步执行两个不同任务，即对外部物体的快速反应和快速稳定免疫系统。当抗原进入机体被抗原提呈细胞消化后，信息传递给辅助 T 细胞（TH），分泌 IL+（一种白细胞介素）激活免疫反应，IL+能刺激 B 细胞大量克隆繁殖，促进反应激烈。当 B 细胞数目大到一定程度时，抑制性 T 细胞（TS）就会分泌大量 IL-（也是一种白细胞介素），抑制免疫反应，使之趋于平衡。因此，免疫反馈机制既能促进对免疫系统的快速应答，又能保持免疫系统的相对稳定。

3. 多样性和克隆选择机制

在免疫系统中，抗体的种类远大于外部抗原的数目。由于遗传和免疫细胞在增殖中的基因突变，形成了免疫细胞的多样性，以至于当每种抗原侵入机体时，都能在机体内选择出识别和消灭相应抗原的免疫细胞克隆，使之激活、分化和增殖，进行免疫应答并最终消除抗原。另外，细胞在复制过程中产生变异，使产生的克隆细胞能够越来越识别抗原。整个过程包括了克隆、变异和压缩选择三个阶段，因此克隆选择将一个低维空间的问题转化到更高维空间解决，然后将结果投影到低维空间中。

4. 免疫调节机制

根据生物学领域提出的独特型免疫网络假设，免疫系统中的免疫细胞不是孤立的个体，各细胞之间通过相互激励和抑制作用形成动态平衡网络。当有外界抗原入侵时，通过免疫调节，可达到新的免疫平衡；当无抗原入侵时，抗体间的相互促进与抑制作用可维持适当数量的必要抗体，维持免疫平衡。

5. 免疫自组织机制

免疫系统的组成细胞和分子是没有中心控制器的分布式自组织系统，不需要外界的管理和维护，通过采用更替被损伤细胞的办法修补自己，消除抗原。自组织系统的内部是动态变化的，其外部条件也在改变。自组织系统依靠自己产生的变化形成内聚、自维护的有序整体，是一个正向反馈系统。当识别系统与外界环境交互作用，寻找临界资源、避免危险时，免疫系统能自主地清除有害入侵者。

通过以上分析，可以看出机体免疫系统的作用机制包括识别、反馈、变异、选择和记忆几个阶段，当机体对相同或相似的抗原进行再次应答时，反应时间会缩短、效果会增强（如图7-2所示）。

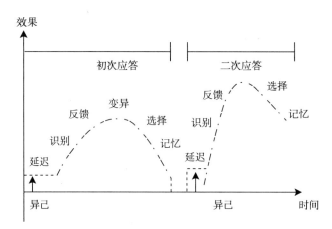

图7-2 机体免疫系统的作用机制

四、免疫系统的功能和疾病

免疫系统主要发挥三大功能：免疫监视（Immunological Surveillance）、免疫防御（Immunological Defense）和免疫自稳（Immunological Homeostasis）。

由于体内外各种因素的影响，正常个体组织的细胞不断发生畸变和突变，免疫监视是机体杀伤和清除异常突变细胞的能力，借以监视和抑制恶性肿瘤在体内生长。当体内的正常细胞发生癌变时，机体通过免疫细胞识别肿瘤细胞，通过特异或非特异免疫功能破坏肿瘤细胞，使后者在未能形成可检出的肿块之前逐渐被消灭。若该功能发生异常，会导致肿瘤的发生或持续感染。

免疫防御指机体排斥外源性抗原异物的能力。这是人体借以自净、不受外来物质干扰和保持物种纯洁的生理机制。这种功能一是抗感染；二是排斥异种或同种异体的细胞和器官。在异常情况下，若应答过高或持续时间过长，则在清除致病微生物的同时可能导致组织损伤，即发生超敏反应；若应答过低，则可能发生免疫缺陷病。

免疫系统存在极为复杂而有效的调节网络，借以实现免疫系统功能的相对稳定性。免疫自稳是机体识别和清除自身衰老残损的组织、细胞的能力，以维持体内正常内环境的稳定。若该机制发生异常，可使机体对"自己"或"非己"抗原的应答出现紊乱，导致自身免疫病。

因此，免疫系统是一把"双刃剑"，在维持机体健康的同时，其功能失调也会导致疾病和死亡。免疫系统功能的正常和异常发挥如表7-1所示。只有免疫系统应答机制适当或适度，才能起到有效防卫的功能。免疫学认为，免疫应答过高、过低、丧失都会导致疾病。所谓免疫应答过高，是指抗体对某些抗原（或病原体）初次应答后，再次受到相同抗原的刺激时，会发生一种以机体生理功能紊乱或组织细胞损伤为代价的特异性免疫应答，如风湿病、皮肤病。反过来，如果免疫应答反应过低，则会导致局部严重的感染，如肾炎、脑膜炎等。如果免疫应答机制遭到损坏或处于瘫痪，则机体会发生艾滋病、白血病、恶性肿瘤等致命的疾病，死亡将不可避免。因此，免疫系统必须在产生生命—挽救效应和组织—损伤反应之间找到平衡。

表 7-1　免疫系统的三大功能

主要功能	正常反应	异常反应
免疫监视	清除畸变或突变细胞	肿瘤形成、器官移植排斥、持续感染
免疫防御	抵抗各种感染	超敏反应/免疫缺陷
免疫自稳	消除损伤或衰老细胞	自身免疫病

五、生物免疫理论的启示

通过以上对生物免疫学基本理论进行的归纳，我们可以得到一些重要的启示：第一，免疫系统对于生物体的生存和发展是不可或缺的，是一种必要的捍卫机制；第二，免疫系统的应答必须是适度的，应答过高、过低和丧失都会导致免疫系统疾病的产生，甚至机体的灭亡；第三，免疫系统会产生自身疾病，因此免疫系统不是尽善尽美的，也会存在一定的缺陷；第四，免疫系统功能的发挥是有极限的。在过于恶劣的环境下（如极度严寒、缺氧、缺水等），免疫系统也不能捍卫机体的生命和健康，因此，免疫系统不是万能的，需要满足发挥作用的条件。

免疫学主要研究生物机体在复杂环境下的健康发展问题，这点与企业非常相似。尽管企业与生物体不尽相同，系统的严密性也有很大差别，但是生物免疫学的理论观点与解析分析方法仍然对组织免疫理论的研究具有重要的指导意义，主要表现在以下方面：

首先，组织免疫系统的必要性。企业的生存和发展都必须有自身的免疫系统，只不过是不同企业免疫系统的完善程度不同，功能或强或弱或缺失。但目前，理论界和企业界都没有对这一问题进行细致的研究，因此非常有必要挖掘企业免疫系统的特征，以及哪些缺失或缺陷阻碍了企业的健康发展。对此，我们将通过本研究，尤其是案例研究，提炼归纳组织免疫行为的特征和机制模型。

其次，组织免疫系统的二重性。企业的生存和发展必须同时实现适应性和稳定性，而免疫系统的多样性机制同时实现了适应性和稳定性。这是因为：免疫细胞在克隆时要经历变异，若变异率过小，则不能保证抗体的多样性；若变异率过大，则会降低抗体产生的稳定性；免疫系统通过高频变异、随机变异和遗传变异，保证了适应性和稳定性的实现。这一点对企业具有很重要的启示，我们在本研究中试图找出并分析企业的稳定性和适应性机制。

再次，组织免疫系统的适度性。企业免疫系统功能的发挥必须是适度的，过度或不足都会带来不良的后果。如组织监视行为如果过强，就会把有益的异己当成有害的异己，从而阻碍企业的发展（如引入外部高管的"空降兵"行为）。

最后，组织免疫系统的动态性。企业的免疫是一个复杂的动态系统。在空间维度上，组织免疫系统的构成具有层次性，在进行免疫应答的过程中，组织不同成员承担的角色和发挥的作用是不同的，体现了一种分布性，组织免疫功能的发挥是系统各个要素的共同作用实现的。在时间维度上，组织免疫应答具有阶段性和动态性，如特异性免疫行为包括组织监视、组织防御和组织记忆等阶段，体现了演化思想在组织内部的应用。

第八章　组织免疫的理论维度和模型

一、组织免疫行为的理论维度

1. 组织免疫的概念

组织免疫是指企业识别外部和内部异己，排除威胁因素并产生记忆，从而维护企业健康的能力。与其相关的概念中，组织健康是组织免疫系统需要实现的目标，是指建立在目的性、相关性、集合性、适应性基础上的系统均衡性与活跃性；组织异己是组织免疫作用的客体，凡是破坏企业系统合理活跃性与均衡性内外因素均为组织异己。

组织免疫的研究认为，如果企业不能有效建立自己的免疫机制，捍卫自己的健康系统，就不能有效监视有害"异己"的成长，并对其进行防御和清除，最后会产生"癌变"，从而造成不可挽回的损失。

2. 组织异己的类型

组织异己是组织免疫作用的客体，组织免疫的首要功能是识别有益和有害的"异己"并进行防御和记忆。从组织边界的角度，组织异己包括有害、有益异己，内部和外部异己，当前、未来异己，以及常规、非常规异己。环境中越是充满非常规、有害和具有未来性的异己，越需要强大的组织免疫系统和组织免疫能力来维护组织健康。

人是自然中最复杂完美的系统之一。免疫系统是人体的生理防卫系统，经过数千年进化，能够识别"自己"与"异己"，排除机体内外成千上万种细菌、病毒、病变的威胁，维护机体内部稳定，促进机体健康长寿。但是，免疫又是一把"双刃剑"，其自身的紊乱与疾病，会危害人体健康。

我们认为，企业免疫系统的"异己"是存在于企业内部或外部环境中的，需要被企业免疫系统所识别、引起企业免疫系统应答和记忆的"非己"因素，如人、观念、行为、信息、事件、物质等。企业的"异己"分为有利与有害两类。

免疫系统对有害异己不能恰当应答（识别、抵御、记忆），对有利异己盲目应答（排斥等）都会危害到组织健康。

组织异己是组织免疫作用的对象，是导致组织目标偏移、机制紊乱、行为异常，阻碍组织动态适应环境的各类有害因素，组织免疫需要系统监控各类组织异己，具备相应的免疫能力，采取恰当的免疫行为，并特别注意及早识别和防御陌生、致命异己的攻击。

总之，组织免疫的研究还是主要针对单个企业层面的有害因素，由内部环境因素、外部环境因素和组织老化因素形成。本研究主要关注企业或者组织为什么不能有效识别这些有害因素并产生免疫应对，而是任由这些有害因素在组织内部积累和成长，最终对企业的健康状态产生了负面的作用。组织免疫是一个短期的概念，与企业在生命周期内的自然衰亡无关，并且组织的防御机制对于不可抗力的影响不能够产生免疫作用。

3. 组织免疫的结构

在组织免疫研究的基础上，我们进一步提出，组织免疫系统是一个复杂的、具有演化能力的自组织系统。企业组织的免疫系统由中枢免疫系统、专职免疫系统和周边免疫系统三个层次构成。

企业的众多部门、岗位、制度、文化、技术手段、人等因素，可以据此划分为三个部分：①中枢免疫系统，即免疫系统的领导，如董事会、高层经理等，影响免疫系统的设计理念、投资力度、监控重点、作用方向，并决定免疫系统地位与作用的真伪。②专职免疫系统，即专门识别、清除各类有害因素，并予以记忆的免疫子系统，如监事会、财务审计部、质量检验部、战略预警部、技术情报部、市场调研部、公共关系部、绩效考核部、企业管理部、工会等，其分布的宽窄、能力的高低、动力的强弱、行为的正偏，直接影响组织免疫的实际效果。③周边免疫系统，即所有其他业务和支持部门，如产品研发、市场营销、采购供应、生产加工、销售服务、信息系统、人力资源等，它们根据中枢免疫系统指引的方向与专职免疫系统制定的规则，自我控制、相互监督、积极反馈，类似TQC管理理论倡导的"全员、全要素、全过程"管理，形成"人人皆兵"的强大防卫系统。

组织免疫系统的三个子系统在分工协作、相互制约、彼此推动的过程中演化发展，而中枢免疫系统是决定组织免疫的系统能力水平与系统行为活力的关键。组织免疫能力体现了组织在动态变化环境中的一种专长，体现出动态性的特征。

个人层面的免疫反应大多表现在主动创造性地应对外部环境和组织内部的异己因素，并有效反馈；团队/部门层面的免疫反应大多指团队内部的网络互动；组织层面的免疫更多体现在组织记忆。

4. 组织免疫的功能

组织免疫的功能包括免疫监视、防御、记忆三种功能。因此，组织免疫系统是一个多层次的动态系统。通过案例研究的深化，以及对于管理实践的讨论，本研究对于组织免疫的功能进行了细致的分析（如图8-1所示）。

组织免疫监视，即组织系统地、动态地识别各类外部有害因素、内部有害因素、内部老化因素的"感知—发现—判断—传递"功能。从时间上，不仅针对现实异己，还要重视未来异己；从性质上，不仅要针对已知异己（如贪婪导致的违规行为），还要特别注意陌生异己（如次贷危机导致的金融行业系统的现金短缺）；从范围上，不仅要关注免疫系统"之外"的异己，还要特别关注免疫系统"自身"的致命异己。免疫识别过程同样是一个顺序衔接、反复循环的过程；某个环节的能力低下、行为偏差、链条断裂都会导致免疫识别的偏差或无效。

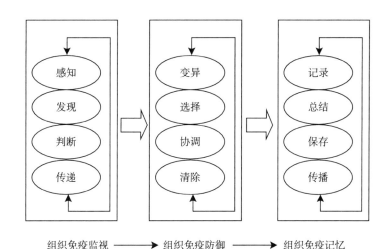

图 8-1 组织免疫行为逻辑

组织免疫防御，即在组织免疫识别功能有效的前提下，组织抵抗或消除外部有害因素、内部有害因素，内部老化因素的"变异—选择—协调—清除"功能。所谓变异是指组织免疫系统的相关要素在克隆过程中，针对组织异己，在中枢、专职、周边免疫子系统内外，能够在互动中发生个人、团队、系统层面的恰当变革创新（例如，个人能力的提高，规章制度的调整，技术手段的完善，人力资源的重组等），以快速形成新的有效免疫能力和行为。所谓选择是指在众多免疫系统要素和应对方案中，快速准确选择最优者的能力。所谓协调是指组织免疫系统协调相关要素的工作步骤、行为节奏、行为力度，避免产生"瓶颈"和失衡的能力。所谓清除是指要从根源上清除组织异己的威胁。从性质上，免疫防御不仅针对已知异己，而且针对未知异己；从抵御范围上，不仅针对免疫系统"之外"的组织异己，而且针对免疫系统"自身"的组织异己。组织免疫防御的综合有效性以组织识别有效为前提，受克隆、变异、选择、协调能力和行为各自有效性的影响。在免疫识别错误的情况下，组织的免疫防御行为一旦不分青红皂白、不分敌我，就会对组织健康造成巨大伤害。

组织免疫记忆，即对组织的免疫监视与免疫防御行为及其效果的"记录—总结—保存—传播"功能。从性质而言，不仅记忆成功，也记忆失败；从范围而言，不仅针对免疫系统"之外"的免疫行为与成效，也针对免疫系统"自身"的免疫行为与成效；从方式而言，不仅具有显性（如组织结构、规章制度、技术手段得以修改完善），而且具有隐性（组织人风险警觉性的提高，价值观念、思维方式、情感意志趋于成熟等）。当然，组织免疫记忆的错误、偏差、失忆均影响未来的免疫功效。

5. 组织免疫应答机制

组织免疫系统内存在两种免疫应答机制。其一是非特异性免疫应答，其二是特异性免疫应答。①非特异性免疫应答是在企业创立之初，由创业团队设计安排，承担应付任何组织异己的功能。其成熟度受创业者以往组织免疫经验的主观影响，也受组织生存环境好坏的影响。很自然，在经济形势大好时，多数创业者忙着赚钱，很少重视设计建设其免疫系统，例如仅仅设置财务监控。因此，其先天一般免疫的"识别—防御—记忆"能力是片面的，效果是有限的；而那些经历过挫折或熟悉国际规范管理模式的创业者，就会更重视设计建设企业初期的非特异性免疫系统。②特异性免疫应答是企业成长过程中，在不断遭遇各类组织异己侵害后逐渐形成的。组织具有一种潜能，可以通过后天学习，针对性地应对各类组织异己，持续维护自己的健康。因此，后天特异性免疫的"识别—防御—记忆"功能具有针对性、多样性、优选性、由被动转为主动的特征。

针对已知组织异己的特异性免疫应答机制在组织中会形成效率和效果越来

好的惯性，而未知的组织异己则对特异性免疫应答机制提出更大的挑战。正如人类曾经难以识别和抗击艾滋病病毒、SARS病毒，为此而付出了众多生命的代价，进而促进医学研究加大投入、纵深发展一样，企业也面临同样的难题。越是在风险环境中，未知的组织异己越发层出不穷，组织付出的代价越大，组织特异性免疫的投入越多，免疫监视的"感知—发现—判断—传递"能力，免疫防御的"变异—选择—协调—清除"能力，免疫记忆的"记录—总结—保存—传播"能力就越需要强大、灵活、快捷、准确，否则组织无法持续生存发展。没有实力承受未知异己侵害的企业，没有足够的资源投入特异性免疫能力建设的企业将陷入困境。

二、组织免疫行为的理论模型

组织免疫行为的理论模型分三个层次：组织非特异性免疫行为的内部关系、组织特异性免疫行为的内部关系和组织非特异性免疫与组织特异性免疫的互动关系（如图8-2所示）。

首先，非特异性免疫是组织免疫的预防阶段，企业可以根据所处环境的特征和领导者的意愿设计组织免疫系统，包括组织结构、制度规则和组织文化等，这些要素的完善程度体现了组织免疫系统"先天"的完善程度。一个非特异性免疫功能健全的组织，不能保证组织抵挡所有的异己，因为特异性免疫功能的失灵会导致组织结构、制度规则和组织文化形同虚设。因此，我们把特异性免疫看作组织的应答阶段，其在非特异性免疫的基础上，保证组织成功应对突发的、重要的内外部事件。

其次，在内外部异己的刺激下，组织发生特异性免疫行为。特异性免疫包括组织认知、组织防御和组织记忆三个要素，衡量了组织识别异己，优化选择应对异己的战略，并能够形成记忆的能力。从时间维度上看，这三个要素之间形成了一个动态有序的过程。如果组织未能对内外部事件产生认知，就不可能发挥防御和记忆功能；或者即使组织产生认知，但未实现及时有效认知，也不可能正常发挥防御和记忆功能；或者当组织进行了有效的认知和防御，但未能发挥记忆功能时，免疫系统也是不完善的。同时，三个要素是一个不断强化的过程，认知指导行为，行为也会加强认知，即形成前向和后向反馈。从空间维度上看，组织免疫功能的发挥是多层次的，包括个人、团队和组织三个层面。例如，在组织中，对异己的识别、观点和创新的想法经常产生于个体，而不是

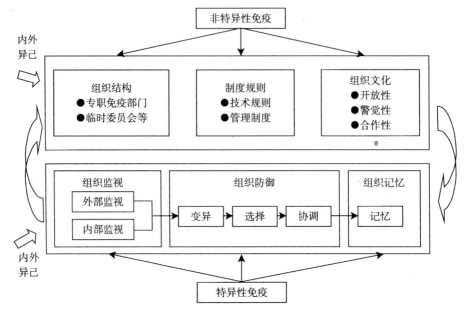

图 8-2　组织免疫行为的理论模型

组织，复杂的组织不仅是个体的集合，组织内部还存在结构化的关系，因此会形成组织层面的认知。本研究中，在案例研究阶段，我们会同时从个人、团队、组织三个层次分析组织的免疫行为；在实证研究阶段，我们侧重考虑组织层面的免疫行为。

最后，组织非特异性免疫与特异性免疫的互动发展。尽管处于不同行业的企业面临的竞争水平不同，以至于对组织免疫系统的要求有所不同，但是在快速变化的商业环境中，任何组织必须同时保持灵活性和稳定性——灵活性是为了能够对竞争威胁做出快速的应答，稳定性是要在自身优势的基础上学习和成长。灵活性和稳定性既是矛盾的，又是辩证统一的。非特异性免疫实现了组织的稳定性，是组织发展的基础；特异性免疫体现了组织的灵活性，对事件进行快速有效的应答。因此，非特异性免疫和特异性免疫是相互依存的，只有建立良好的非特异性免疫系统，才能很好地实现特异性免疫；同时，只有通过特异性免疫功能的发挥，才能促进非特异性免疫系统的完善。

三、组织免疫绩效

本研究基于事件的视角，提出组织免疫绩效的概念。我们知道，人体的癌症、艾滋病等致命的疾病均是由于人体不能及时识别或不能识别抗原造成的，免疫应答的失效引起机体的灭亡。企业的发展历程也是由一系列内外部事件构成的，企业对这些事件的处理能力和效果往往决定了企业的成败。因此，我们认为有必要提出组织免疫绩效的概念，衡量企业对事件的应答效应，在组织免疫行为和组织绩效的关系之间建立一个桥梁。

组织免疫绩效指组织对内外有害因素和内部老化因素进行监视和防御的速度、有效性和增强性。

首先，速度包括组织的监视反应速度和防御反应速度。组织对外部和内部变化的监视反应速度是进行有效免疫应答的前提，组织需要缩短对外部环境变化的反应时间。对于同一行业中的企业，监视反应速度的影响表现得更为明显，不同企业对相同行业背景的刺激有不同的反应速度，监视反应速度慢的企业往往延误了解决问题的最佳时机，或者根本没有意识到问题的存在，以至于病入膏肓。这需要组织有很强的信息处理能力，缩短从收集信息到决策的时间，并提高信息收集整理的准确性。防御反应速度是指免疫应答的速度，有的企业能快速准确地识别问题，但没有行为上的快速反应，也不能解决问题，从而妨碍企业的发展。

其次，有效性是一种结果导向的衡量，包括反应的准确性和一致性，分为监视有效性、防御有效性和记忆有效性。监视有效性衡量企业识别有害异己和老化因素的中肯程度，即是否准确地理解问题的本质（有的企业有很快的识别速度，但如果是错误的识别，就会造成意识和行为上更大的偏离）。防御有效性是指行为的准确性，即是否成功抵挡和消灭了有害因素和老化因素，解决了问题的实质，达到了预期的效果。记忆有效性是指记忆的准确性等。

最后，增强性是指在免疫记忆有效的基础上，组织对重复发生的事件（已知的有害内外因素或老化因素对组织的侵害）的应答速度和有效性不断提高，以及事件重复发生的次数减少。如同人体在经历免疫应答之后，最优抗体会保留下来，再遇到相同的抗原时，免疫应答的有效性和速度会提高。

所谓机制就是用来描述对象发挥作用的过程，例如，有研究者列举了很多组织和社会领域中机制的描述方法，如扩散（想法、结构和实践的传播，经常通过网络）、转化（被传递的想法如何被修正和在特定的情景下被实施）等。

组织免疫行为机制是指组织在既定的外部环境与内部条件下，面对各种内外有害因素和老化因素，激发组织免疫行为（非特异性免疫与特异性免疫），产生免疫绩效，进而产生组织绩效，最终影响组织适应性的动态、互动过程。这个概念包含以下要素：组织免疫的主体、组织免疫的条件、组织免疫的对象、组织免疫的行为、组织免疫的结果。

本研究通过验证企业组织免疫行为的理论维度和理论模型，构建和检验组织免疫行为（非特异性免疫、特异性免疫）对组织免疫绩效，进而对组织绩效的影响关系模型，以及环境要素（环境不确定性、制度环境）和组织要素（组织年龄、冗余资源）对组织免疫行为—组织免疫绩效关系的调节作用，以验证在不同的环境和背景下，两者关系的必要焦点是否会发生变化，并进一步回答组织免疫行为如何与外部环境和企业自身特点相匹配。本篇内容的研究框架如图 8-3 所示。

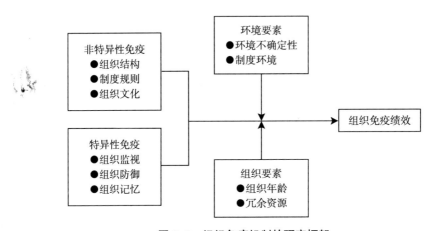

图 8-3　组织免疫机制的研究框架

第九章 组织免疫机制研究结论和展望

一、本研究的主要结论

在前期组织免疫研究的基础上，本研究借鉴生物免疫学研究了组织免疫行为及其运营机制，明确提出了由非特异性免疫与特异性免疫相互作用的组织免疫行为理论和相关概念，描述了组织免疫行为机制；同时，基于事件的视角，提出了组织免疫绩效的概念。在此基础上，形成了组织有害异己—组织免疫行为—组织免疫绩效—组织绩效的机制模型。进而，本章研究了环境要素（环境不确定性、制度环境）和组织要素（组织年龄、冗余资源）对组织免疫行为和组织免疫绩效之间关系的调节作用。主要得出以下几个方面的结论：

第一，组织免疫系统的存在性和必要性。企业组织存在免疫系统，尽管不同企业免疫系统的完善程度不同，功能或强或弱或缺失，但是企业必须构建自身的免疫系统，组织免疫系统对于企业的生存和发展是不可或缺的，缺失或缺陷都会引起免疫疾病，甚至会导致企业的死亡。

第二，组织免疫行为的理论维度和理论模型。通过借鉴生物免疫学的视角，以及对大量企业的调研，将组织免疫行为划分为非特异性免疫和特异性免疫两个维度。非特异性免疫是企业"先天"的、普遍性的免疫应答行为，包含组织结构、制度规则、组织文化三个要素；特异性免疫是企业"后天"的、有针对性的免疫应答行为，包含组织监视、组织防御、组织记忆三个要素。企业通过非特异性免疫实现稳定性，通过特异性免疫实现适应性。非特异性免疫和特异性免疫要素之间存在显著的相关关系，二者是相互影响、相互促进的：首先，企业设计和构建组织结构、制度规则和组织文化等非特异性免疫要素。其次，在此基础上，在面临内外部事件时，企业发挥组织监视、组织防御和组织记忆等特异性免疫功能，这三个环节形成一个动态序贯的过程，任何一个环节的失灵都会导致组织免疫链条的断裂。最后，特异性免疫通过组织记忆环节促进非特异性免疫的完善。

因此，非特异性免疫和特异性免疫之间相互影响、相互促进，任何要素的缺失或缺陷都会妨碍企业的持续健康发展，甚至导致企业的死亡。

第三，提出组织免疫行为机制的模型，即组织免疫行为对组织免疫绩效和组织绩效的影响。本研究基于事件的视角，提出了组织免疫绩效的概念，并构建了"组织异己—组织免疫行为—组织免疫绩效—组织绩效"的机制模型。在某种程度上，组织免疫行为确实通过组织免疫绩效对组织绩效产生影响。具体结论包括以下几个方面：

（1）组织免疫行为与组织免疫绩效之间的关系。非特异性免疫中的组织结构和制度规则、特异性免疫中的组织防御和组织记忆对组织免疫绩效具有显著的正向影响。总体来看，组织防御对组织免疫绩效的影响作用最强，制度规则、组织记忆、组织结构次之。组织文化对组织免疫绩效没有显著的影响，可能的原因一方面是中国企业的开放型和合作型文化构建情况薄弱，尚不明显；另一方面是由于企业的年龄结构较轻，开放型和合作型企业文化尚不成熟。

（2）组织免疫行为与组织绩效之间的关系。组织监视对组织绩效有显著的正向影响，而对组织免疫绩效没有显著的影响，说明组织监视对组织长期绩效的获得是非常重要的，对基于事件的短期绩效的影响不明显。可能的原因是：管理者对重要事件的处理更倾向于直觉，组织监视只是一种形式上的行为，管理者并没有利用获得的信息，或者利用信息是为了验证自己以往的行为，而不是发现问题，这样就削弱了组织监视对组织免疫绩效的影响。另外，组织防御既对组织绩效具有直接影响，又通过组织免疫绩效对组织绩效产生间接影响，而且直接影响大于间接影响。

（3）组织免疫绩效对组织绩效具有显著的正向影响，证明企业基于事件的应答绩效会对企业的长期绩效产生影响。

第四，环境要素（环境不确定性、制度环境）和组织要素（组织年龄、冗余资源）对组织免疫行为和组织免疫绩效之间关系的调节作用。具体结论如下：

（1）环境不确定性不是组织免疫行为与组织免疫绩效关系的调节变量。环境不确定性既不是组织免疫绩效的预测变量，对组织免疫行为与组织免疫绩效之间的关系也没有显著的调节作用。

（2）制度环境是特异性免疫与组织免疫绩效关系的拟调节变量。制度环境不仅是组织免疫绩效的预测变量，还正向调节组织防御与组织免疫绩效之间的关系。分组检验的结果表明，制度环境的压力越大，组织防御对组织免疫绩效的正向影响越大。这说明，当制度环境压力较大，即企业面临的来自政府监管、行业规范或公众的压力较大时，组织防御对组织免疫绩效的正向影响更为显著。处于这种环境中的企业需要在变异、选择和协调等组织防御行为方面具备更周密的机制。

（3）组织年龄是组织免疫行为与组织免疫绩效关系的纯调节变量。组织年龄对制度规则与组织免疫绩效，以及组织记忆与组织免疫绩效之间的关系具有显著的正向调节作用。当组织年龄较大时，制度规则和组织记忆对组织免疫绩效的正向影响增大。这是因为随着年龄的增长，企业容易形成更完善的制度规则，以及庞大的组织记忆，因此对组织免疫绩效产生的影响更为显著。

（4）冗余资源是特异性免疫与组织免疫绩效关系的拟调节变量。冗余资源对组织记忆与组织免疫绩效之间的关系具有显著的负向调节效应。当冗余资源较多时，组织记忆对组织免疫绩效的影响显著减小，并产生了负向影响。这表明，过多的冗余资源往往抑制企业的记忆功能。可能的原因在于：虽然冗余资源有助于企业抵御内外部的突发情况，但过多的冗余资源也会使组织产生自满和松懈，在某种程度上抵消了组织记忆发挥的作用，从而对企业产生负面效果。

二、本研究的理论创新

本研究的创新点主要包括以下几个方面：

第一，从组织免疫这一新的视角研究企业的适应性问题，弥补了以往理论对企业适应性研究的不足：首先，组织免疫不同于以往理论强调企业以变应变的思维逻辑，而是阐明企业适应性和稳定性的统一。其次，以往的理论更多地从企业整体角度对适应性进行抽象的理论讨论，少有探讨企业适应性的微观机制，而组织免疫通过分解具体的行为和要素，从企业的操作层面深化了对企业适应性微观机制的阐述。最后，以往的理论大都从某个角度割裂地研究企业适应性问题，而我们更强调组织免疫系统的整体性和动态性。因此，通过组织免疫行为角度研究企业适应性问题，在视角上具有一定的创新性。

实际上，适应性受到各种复杂因素的影响：一是来源于人的因素，人的认知、注意和记忆能力是有局限性的，取决于对各种已知事物解释的简化，以及由判断和行动产生的启发；二是来源于适应性过程的特征，适应性过程往往进展缓慢，中间会发生错误，因此容易产生稳定的均衡而远离整体最大化；三是来源于适应性发生的环境背景特征，环境经常是复杂的、内生的和竞争性的。我们提出的组织免疫的要素包含了上述三方面的考虑，描述了组织适应的过程和动态性，以及环境因素的影响。

从组织免疫行为及机制的视角研究企业适应性问题，是将生物学领域的研究成果引入到战略管理和组织领域的一次有益的尝试。大自然赋予人类的精密、成熟、复杂的系统给了我们无穷的启示。

第二，借鉴生物免疫学理论，并以组织和战略管理理论、系统理论和复杂理论为理论基础，界定了组织免疫行为的理论维度，阐述了组织行为的理论模型，提出了组织免疫行为机制的研究框架，验证了组织免疫和组织免疫行为概念和维度的合理性，以及组织免疫行为机制模型框架的合理性，推进了组织免疫理论的研究，在理论构建方面具有一定的创新性。

第三，基于事件的角度，提出了组织免疫绩效的概念，进而建立了"组织异己—组织免疫行为—组织免疫绩效—组织绩效"的机制模型，即组织免疫会对组织免疫绩效，进而对组织绩效产生影响。结果表明，在一定程度上，组织免疫行为通过组织免疫绩效对组织绩效产生影响。以往的研究大多直接测量企业的最终绩效，没有从事件的角度考察企业的短期绩效，本研究提出了这一点，强调事件应答效果对组织长期绩效的重要性，对战略管理领域基于事件视角的研究具有一定的启发性。在中国情境下考察了企业组织免疫系统的特征。首先，我们发现大多数企业尚未建立起成熟的警觉型、开放型和合作型文化，这两个具有免疫特征的文化类型对组织免疫绩效和组织绩效的影响均不显著。其次，组织防御和组织监视对组织免疫绩效和组织绩效的影响是最大的，这反映了中国企业的特异性免疫特征比较明显。改革开放三十多年来，中国市场经济的发展和广阔的市场为企业的发展提供了大量机会和空间，但也容易使企业更倾向于机会导向，并不注重自身免疫系统的完善，如组织结构、制度规则和组织文化等，相反，组织监视、组织防御这种事件应答能力是比较突出的。这些结论较好地揭示了中国企业免疫系统构建的现状，是具有一定创新性的结论。

三、本研究的实践意义

第一，企业必须构建自身的免疫系统，免疫系统的缺失或缺陷都会影响企业的生存和发展。改革开放以来，很多企业抓住了中国市场的巨大机会得以生存，带有一定的盲目性和机会主义色彩，但组织免疫系统的构建还比较薄弱，如企业文化的塑造，这对于企业的持续健康发展，尤其是打造中国本土基业长青的企业是不利的。

第二，企业应从非特异性免疫和特异性免疫两方面构建和完善自身的免疫系统。企业应设计合适的组织结构、制度规则和企业文化，保持企业的稳定性；同时，应该增强组织监视、组织防御和组织记忆能力，实现企业的适应性。而且，非特异性免疫的各要素与特异性免疫的各要素之间是互相正强化的，所以企业不能对组织免疫系统的任何一个要素和环节有所偏废，否则会带来免疫系统的紊乱，妨碍企业的持续健康发展。

第三，企业不能忽视对内外部非正常事件（或未知的有害异己或老化因素）的应答。组织免疫绩效对组织绩效具有显著的正向影响，说明企业对事件应答的短期效果会影响企业的长期绩效。同时，特异性免疫是一个动态序贯的过程，企业未识别出有害异己，或者正确识别有害异己而缺少防御行为，或者识别和防御有害异己的行为有效，但缺少记忆行为，即任何一个环节的断裂，都会影响企业对事件应答或重复应答的绩效。

第四，同一种能力或资源对组织免疫绩效的影响会随着环境和自身特点的改变而发生变化，企业需要根据所处的环境和自身特点来配置资源，完善组织免疫系统，以达到和环境的匹配。

第五，组织免疫系统的作用并不是万能的，例如，免疫系统并不能帮助企业避免地震、洪水等自然灾害，因此，免疫系统作用的发挥是存在极限的。我们挖掘和研究组织免疫系统，并不是说明免疫系统能够帮助企业应对所有的困难和异己，而是希望企业在生存与发展过程中，能够逐步完善免疫系统，增强自身的抗风险能力。反之，企业如果选择在免疫系统无能为力的环境中生存，其衰败和死亡是不可避免的，因而国家有关政策部门要避免制造企业衰亡的制度环境，促进企业免疫系统的不断完善，促进企业长期可持续的发展。

第三部分　认知篇[①]

① 本篇内容主要选自清华大学经济管理学院赵剑波同学 2011 年的博士学位论文《组织认知对免疫行为和组织健康的影响机制研究》，由王以华教授指导完成。该论文 2013 年由经济管理出版社出版。

第十章　认知、免疫与健康

　　"知己知彼、百战不殆"是战略制胜亘古不变的真理。然而，战略管理和组织理论尚未将认知研究从个人和团队层面提升到组织层面，因此难以系统说明认知对战略成败的影响；同时，相对于强调机会和优势（O/S），理论界似乎轻视了威胁与劣势（T/W）导向的认知研究，或把组织失灵的原因简单归结于组织不能适应动荡环境或者超竞争环境，难以解释为什么具有核心能力的企业面对危机依旧难以生存的现象。因此，采用威胁或者问题导向的视角，从组织层面研究认知对免疫行为和组织健康的影响机制，从内部解释组织为什么不能适应动荡或复杂环境的深层原因，具有重要的理论价值和现实意义。

　　采用威胁与问题导向的视角，本部分将研究范围从"战略形成"延伸到"战略实施"与"战略控制"的持续循环之中，从组织认知角度探讨认知有效性对组织免疫行为和组织健康的影响，并试图解释组织为什么不能适应动荡或复杂环境的深层原因。本部分重点研究以下问题，组织认知是否影响组织免疫行为和组织健康？如何影响？组织认知由哪些维度构成？组织认知各维度之间的关系是什么？组织内部中枢、专职、周边子系统的认知关系如何？其各自的认知状态如何影响组织免疫行为和组织健康？

　　随着技术变革和全球竞争的加剧，竞争环境变得越来越激烈。企业所面临的问题是必须将自身的业务能力与变化的环境相适应。出于对环境认知和应对的考虑，很多企业都在实施变革或创新，例如从公司外部引进高层管理人员，或对企业组织架构进行重组等，目的在于保持健康的状态。然而，这些企业努力的结果是不同的，有的企业能够及时摆脱困境，而有些企业却一直在"疾病"的状态中挣扎，甚至消失和死亡。

　　观察国内一些老字号企业的经营困境可以看到，"坐商"的思维使得企业不能有效识别内外部环境的变化。而另一些发生过危机的企业，我们经常会了解到危机之前其实已经有现象能预示危机的发生，某些企业成员也已经捕捉并了解其危害性，但是并不能够有效传达给决策者。

本研究试图通过理论分析和案例研究来说明，面对复杂的内外部环境，为什么企业的各个层级不能有效识别那些潜在的危害，从而无法产生有效的应对措施？从认知角度深入研究这些问题及其存在的根本原因，无疑对指导企业实践有重要的价值。

本研究考虑影响组织健康状态的关键因素，并建立组织认知、组织免疫和组织健康三者之间的逻辑联系。

一、组织认知

组织认知是战略管理的中心环节。然而三十年来，战略管理理论的主流学派中，认知学派（Cognitive School）尽管将来可能成为最重要的学派，但是至今仍然是最不重要的一个。该学派至今主要研究个体层面的认知，特别是领导者个人或团队的认知，很少研究组织各个层级和部门之间及整个组织内部的认知冲突与融合、分歧与统一等问题。组织认知应成为未来研究的重点。本研究站在组织认知理论的前沿，研究组织免疫系统内中枢、专职、周边子系统的认知内容和特征，对组织认知理论研究的深化和拓展有重要意义。

二、组织免疫

组织免疫是组织的防卫系统，它侧重关注 SWOT 分析中对外部威胁与内部问题（Weak and Threat）的战略控制，发挥监视、防御、记忆三大功能，识别和消除一切对组织健康有害的内外因素和老化因素，并产生记忆。以往的成果正面研究了组织免疫的演化和效用、行为机制、最终状态，以及高层团队的认知多样性对组织免疫的影响，但尚未深入研究组织免疫行为失效和组织层面的认知之间的关系。因此，本研究着重分析影响组织免疫行为有效性和组织健康的关键因素——组织认知，有助于深化组织免疫理论。

三、组织健康

组织健康是企业的理想状态，是组织免疫捍卫的目标。研究者提出了组织健康的四个维度，即适度的结构均衡、功能活跃、环境适应、社会和谐。本研究将在此基础上，分析组织健康的多种状态（组织健康、组织疾病、组织失效或者组织死亡），以及导致其发生的种种认知因素，这同时具有一定的理论意义和实践价值。

总而言之，组织认知、组织免疫、组织健康都属于前沿基础理论命题，具有跨生物学与管理学的性质。揭示三者之间的逻辑关系无疑具有重要的理论价值。因此，本部分将研究组织如何认知一切干扰战略形成和实现的有害因素，并采取有效的管理应对行为，形成有效的组织能力，捍卫组织的健康发展，以避免企业出现重大损失乃至死亡，因此本研究具有很强的现实和理论意义。

　　本研究拟解决的关键问题主要有五个：

　　（1）根据"组织异己"的概念，确定组织认知和组织免疫系统作用的对象，并按照熟悉/陌生的角度对这些组织异己进行分类，明确强调"经验"作用，及组织免疫系统对这两种组织异己的不同应对方式。组织异己是短期内造成组织健康或者组织疾病的原因，其研究关注的焦点不同于组织生态学和演化经济学的长期组织消亡或者生存。组织生态学经常把这些现象归因于行业和生命周期等方面的因素。组织免疫和组织异己研究主要关注组织对于影响其生存发展的问题或危机事件的应对过程。

　　（2）正确定义"组织认知"的概念和维度。从组织认知角度研究和解决为什么某些组织会逐渐陷入不健康的状态，从而产生组织危机并造成重大损失，例如三鹿的倒闭、丰田汽车的召回事件等。从组织免疫理论上讲，主要在于理解造成企业陷入危机的认知原因。

　　（3）明确"组织认知"对"免疫行为"的影响。本研究需要从逻辑和事实上证明组织认知对于免疫行为是否产生影响，产生什么影响，是什么干扰企业有效识别和应对组织异己（包括内外部有害因素和老化因素三种潜在风险）。不同于以往主要强调外部机会利用的研究，也不同于以往把组织失灵简单归结于组织环境适应性的研究，本研究重在从认知角度、从内部解释组织不能适应动荡或者超竞争环境的深层原因。

　　（4）明确"组织认知"通过"免疫行为"最终影响"组织健康"的作用机制。本研究跳出战略管理传统的研究范式"结构—行为—绩效"，而按照"认知—行为—结果"的逻辑顺序，将组织免疫行为的效果与组织健康的状态相联系。本研究还需要从结构与动态上区分组织健康状态的类型。

　　（5）正确选择研究方法。管理研究的方法包括归纳和演绎，不管是传统强调案例研究的归纳方法，还是现在强调文献综述和数据模型的演绎方法，都有助于我们根据不同研究对象和问题进行有效的陈述和证明。本研究适合采取文献研究、生物类比、案例研究相结合的研究方法。

第十一章 组织认知对免疫行为和组织健康的影响

第一节 研究框架

以往的战略管理研究主要关注组织内外部机会的利用，而较少考虑对于威胁的刺激和反应，本研究试图从组织认知和组织免疫的角度揭示组织失败的内在原因。本研究模型的提出主要是基于相关理论综述和管理实践的思考。本研究认为组织认知决定了组织是否能够采取正确有效的免疫行为，并捍卫组织机体的健康状态，取得较好的免疫结果。

在认知研究方面，本研究主要考虑了组织层面的认知因素，包括价值判断（Value）、认知动机（Cognitive Motivation）、认知多样性（Cognitive Diversity）三个维度。价值判断作为一种意识存在于个体的头脑里，是指个体的价值观对于企业经营战略和方向的影响，它作为一种无形的力量，不停地告诉人们，应当做什么，以及怎样去做，体现了认知"对不对"的问题。认知动机包括内在动机和外在动机两部分。认知的内在动机（Intrinsic Motivation）主要考虑能动性的作用，即在认识世界和改造世界过程中，有意识、有目的、有计划、积极主动的活动能力，体现了组织成员认知"愿不愿"的问题；外在动机（Extrinsic Motivation）则体现了认知主体对"利与害"的判断。受知识背景和偏好等有限理性因素的限制，认知主体对认知指向和认知结果带有局部性，而这种局部性如果与认知环境不能正确匹配，就不能达到有效的免疫结果。另外是组织的客观条件，客观能力不仅对于个人是有效的，对于由人组成的群体也同样有效。对组织层面的客观性，本研究主要考虑了认知多样性（Cognitive Diversity）条件。相对于客观因素，在本研究中认知多样性更强调个人的特征属性，即个人的信仰和感知对组织免疫有效性的影响，而以往的研究正忽略了这一点。按照意义构建视角的理解，认知多样性具有二元性特征，即其可能对组织产生好的影响，也可能产生坏的影响。组织中认知多样性的存在能够提高组织认识内外有害因素及自身老化因素的能力，尤其对于处于复杂环境中的组织而言；而信念与认知方式的差异又可能导致组织在"异己"面前无所适从，陷于瘫痪。在一个复杂、动荡的环境中，组织中认知的差别需要和外部环境的变化相匹配，这样才有利于提高组织成功适应环境的能力。

本研究构建了组织认知对组织免疫和组织健康状态的影响机制研究框架（如图 11-1 所示）。按照组织认知和免疫视角的观点，将在中枢、专职和周边三个层面同时考虑价值判断、认知动机（包括内在和外在动机）、认知多样性对于免疫应对行为和结果——即组织健康状态的影响。组织健康状态的评价则采用适度的结构均衡性、功能活跃性、外部适应性及社会和谐性四个维度（杨震宁，2009）。

这部分的研究将着重采用文献梳理和案例综述的方法来进行说明。本研究案例的研究内容具体包括组织免疫认知对于组织免疫机制的作用过程，笔者认为免

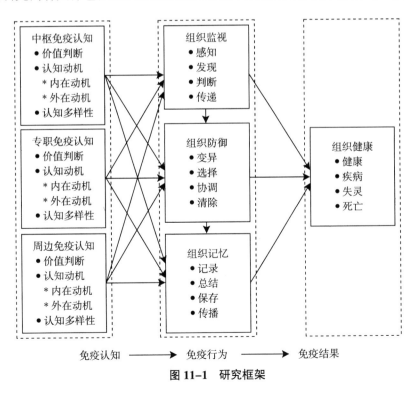

图 11-1　研究框架

疫应对机制，除了主要包括组织监视、组织防御和组织记忆三部分之外，在组织防御环节还应该考虑对于老化因素的清除作用。组织认知和免疫应对两部分决定了免疫效果的有效性，最终决定组织的健康状态。

第二节　研究内容

一、组织异己研究

1. 基于熟悉的分类角度

环境是指在组织决策期间所要考虑的组织边界外部的相关物质因素（Physical Factor）和社会因素（Social Factor）（Duncan，1972）。认知是组织能力形成的微观基础（Gavetti，2005），组织的存在就是要不断认知和解决各种问题，在此过程中形成了组织能力。组织免疫能力的本质是一个动态的概念，通过整合以往的组织经验，以及当前的问题解决行为，指明资源分配的未来方向。

从组织能力开发角度的考虑，组织在面对熟悉/不熟悉、已知/未知的不同问题时所表现和形成的应对方式和能力是不同的，本研究试图从此角度对组织事件进行分类，以便于研究组织认知对免疫应对能力的影响机制。

借鉴医学免疫中特异与非特异免疫能力的概念，组织免疫视角提出另外一种组织应对能力的二元论：特异免疫与非特异免疫。非特异免疫指在熟悉的环境与组织条件下形成的组织能力，具有一般性和稳定性，成熟后表现为组织的一般惯例。特异免疫指在陌生的环境与组织条件下形成的组织能力，具有适应性和针对性，成熟后表现为组织的特异惯例。组织的一般能力不足以应对特殊的、陌生的、不确定的环境与组织条件；同样，组织的特殊能力在一般的、熟悉的、确定的组织环境下也没有用武之地。

非特异免疫包括了组织稳定的方面，体现了组织的稳定性特征；而非特异免疫则包括组织动态、变化的因素，体现了组织的适应性特征。组织免疫系统是复杂、多元组织系统的一部分，它是组织能力的形成要素，并对各种组织问题做出响应。

组织对于问题的熟悉程度决定了反应和决策的质量，并对组织流程也提出不同的要求，组织的灵活性也会决定决策的质量（如图 11-2 所示）。

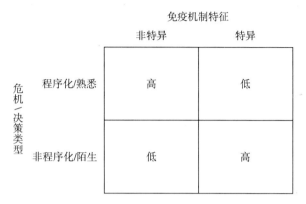

图 11-2　组织免疫应对的质量

本研究同时考虑环境、组织和个人因素对于组织健康状态的潜在影响，认为正是由于组织不能够正确认识内部、外部和老化因素的影响，免疫机制不能正确发挥出作用，才导致了严重的组织健康问题，具体表现为短期内经营绩效的下降，而长期则将导致组织死亡。组织免疫基本的假设是，如果个人和组织均不能从认知和应对"异己"的经验中获得能力，必然产生健康问题。

2. 组织异己的认知和应对

组织异己指的是组织免疫作用对象，是导致组织目标偏移、机制紊乱、行为异常，阻碍组织动态适应环境的各类有害因素。组织异己主要包括三类：外部有害因素、内部有害因素、内部老化因素。

组织异己可能表现为问题、风险和危机三个不同严重程度。通常认为，问题是标准与现状之间的差距；危机则是企业所面临的危险局面；风险则是导致问题产生、危机爆发的根源因素。本研究主要考虑组织对于风险的认知，包括各类危害企业的风险及其产生的连锁后果。重大风险影响了企业整体运行模式、业务职能以及管理职能。如果对问题进行由表及里的分类，有病症—问题—原因—根源之别，各自表现在组织业绩、业务和管理等各个层面。就企业的运行规律而言，认知风险例如价值判断，决定了组织的管理职能、业务机能以及最终的运营结果。

Cameron et al.（1988）总结了可能会导致组织衰落和动荡的组织属性，例如权力过度集中、缺乏长期计划、组织冲突等。这些组织问题都有可能导致组织的衰落和死亡。刘雯雯（2010）也从组织脆弱性的角度研究了危机因子对于组织脆弱性的影响。曹红军（2010）详细描述了企业战略性内生风险，并从应对的角度提出了内生性战略风险管理的动态机制，以及组织免疫能力的维度。

此外，对于问题的认识过程也存在着不同的理解。Billings et al.（1980）提出了危机感知模型（Crisis Perception Model），认为危机所造成的潜在损失价值、发生可能性以及时间压力决定了组织对于危机的感知程度。

Smith（1989）则基于问题解决（Problem solving）的方式提出了另一个定义管理问题的框架，他在模型中首次引入了心理思考层面的内容。此外，还有Cowan（1988）的问题认知模型。这些模型研究的共同特点是流程化和步骤化，基本体现出了认知过程中对于问题表象和原因的探索，但是对于问题和危机根源的认识还不够。

本研究认为，在对问题性质进行判断的过程中，除了找到其发生的原因，还必须追溯其产生的根源，即组织认知层面的价值判断、认知动机的内容。

二、组织免疫认知研究

按照前文所述，免疫认知的价值判断、组织认知动机、认知多样性研究对于组织行为和组织健康的影响是本部分的研究重点。认知主体在"对不对"、"愿不愿"、"利与害"这三个问题上的认知，影响组织免疫作用的具体方向和选择。

1. 价值判断

领导者的价值判断和战略导向决定了企业的成功和失败，它是决定组织免疫功能正确性和有效性的基因。Yang（2003）强调价值观对于企业发展的作用，提出了活性知识的概念，活性知识（Emancipatory Knowledge）是指知识中那些具有感染力（Affective Component）的成分，活性知识是情感的影响，富有价值观的因素，它反映了人们对于周围物体和环境的感情和情感。杨百寅（2007）认为活性知识是关于事物重要性的认识。因为人是有感情的，有价值观的差异，所以建立学习型组织，首先是要建立企业的核心价值观与核心文化，形成大家共同的愿景。

刘军等（2006）则研究了我国企业领导价值观的传递模式，讨论了个人价值观对于下属的作用以及不同的传导方式。吴维库等（2003）认为，以人为本应该以信奉企业的核心价值观且能力满足企业要求的人为本，即以价值观为本，企业的领导者应以其鲜明的价值观凝聚认同价值观的人。所以,对企业可重新定义,企业是价值观认同的人聚集并且实现各方价值的场所。

此外,战略导向(Strategic Orientation)研究(如 Acquaah,2007)把企业战略作为一个既定的条件,研究其对企业行为和绩效的影响。但是,通过调研我们发现,企业战略导向受到员工价值观的影响,价值和战略在某种程度上密不可分。

例如在联想的调研过程中,柳传志如是评价联想收购 IBM PC 的战略举动:"无论联想收购 IBM PC 是成功还是失败,都为世界的 MBA 教育提供了一个独特的案例",言语中透着雄壮气魄和宽广胸怀。我们可以看出,在所谓的战略导向,即以市场、品牌、技术为动机和目的的收购战略之外,还有个人层面更深层次的价值观与信念。回归到企业经营的最终目标,利润并不是战略实施和经营行为最根本的驱动力。

案例4

丰田汽车

在进入北美市场的初始阶段,丰田汽车也是采用低成本战略,其市场地位类似于目前中国汽车市场上的吉利和奇瑞。但是当其管理者认识到"质量和安全"才是汽车企业生存的关键竞争力时,以丰田为代表的日本企业开始重视质量管理。丰田开创了"精益生产"方式,为企业管理理论贡献了"全面质量控制"(TQC)的概念。而后期,在商业利益的驱动下,为了追求市场规模和效益,丰田开始盲目扩大生产,不合理地降低零配件采购价格,"质量"不再是企业的核心价值观,以至于导致目前的困境。个人层面的价值观影响了企业的战略导向,反映了企业的经营哲学。例如,在丰田"拧干毛巾的最后一滴水"的成本削减战略背后,是新任董事长对"通过降低成本获得收益"这个终极目的的追求,反映了追逐利润最大化的企业价值观。

此外,2008 年一些国有企业的套期保值行为给企业和国家造成了重大经济损失,面对国外投行所兜售的"金融鸦片",中国企业却不能有效识别这个外部异己所带来的潜在危害。就其主要原因而言,还是企业领导者,即中枢免疫系统的经营价值判断出现了错误。同时,面对一个金额巨大、层面复杂的金融衍生品合同,企业参与合同制定的核心人员,竟然就只有公司财务部门人员。企业并没有认识到这是一个公司整体层面的战略问题，没有认识到这并非简单的财务问题，所以在应对过程中并没有调动充裕的资源。这种情况下，组织免疫的三个层面的监视行为彻底失效，同样的过程也可以在三鹿等企业得到验证。

所以，正确的价值观和战略导向，易于加强组织成员的责任心和明辨是非的能力，从而增加企业对内外风险的认知和应对，保证企业处于健康的运行状态。

2. 组织认知动机

（1）内在动机：认知意愿。战略管理学者或多或少地相信管理者是有能动作用的。也就是说，管理者可以根据自己的意志对企业的经营过程和绩效产生影响。组织在经营过程中积累了大量资源和技术，但是这些资源和技术是否能够得到有效发挥和应用则取决于团队成员应用这些资源和技术的动机，例如利益动机、组织认同动机或者政治动机等。

免疫认知受到认知主体动机的作用，从而影响企业的应对行为和绩效。在组织免疫的三重机制中，中枢免疫系统的认知动机显得尤为重要。以长虹为例，对于企业经营者来说，产品创新太艰难，而把市场规模做大更能快速体现其经营业绩，最终导致企业盲目地扩大显像管电视机市场占有率和规模，而未把更多的资源投入到平板电视或者液晶电视的产品研发和技术创新过程中。

组织作为人造的社会系统，与机械系统和有机系统之间存在差别。人体的免疫系统是自然存在的，并本能地发挥免疫功能。组织的免疫系统则是人为构建的，可以有意识地通过激励、引导和规范来影响企业员工和管理者的免疫行为，既捍卫组织健康，又推动组织免疫系统演化发展。管理学的组织免疫和医学免疫的本质区别之一，就是组织免疫行为的意识性和主动性。

社会认知领域著名的"刺激—反应"模型为组织免疫提供了有益的视角，组织在对刺激做出反应之前，必须首先意识到刺激并有采取行动的动机。因此，免疫动机是组织免疫行为发生的前提。员工和管理者的免疫动机决定组织免疫动机，组织免疫动机影响组织免疫行为。本研究将影响组织免疫行为的动机划分为组织成员的内在免疫动机（Intrinsic Motivation）和外在免疫动机（Extrinsic Motivation）。内在动机是个体在没有报酬或限制的前提下自愿去从事行为，使自己获得满足与快乐，内在动机受到"自我决定的觉察"与"对自己能力的觉察"两个觉察过程的影响。较强的组织免疫内在动机来源于：①个体觉得自己可以主导活动流程；②个体认为自己有能力胜任工作。外在动机是指受到外部环境的刺激影响，个体为了达到某一目标而去从事各种不同的活动。外在动机除了受到伴随外部事件发生的种种情况的影响，还受到自我决定知觉的影响，通过自我规范来执行各项活动。内在动机和外在动机，在管理者和员工不同组织角色层次中的分布和相互关系，构成了组织的免疫动机。

例如丰田汽车在关注质量的经营哲学要求下，产品线的每一个工人都有拉动"安东拉绳"的动机，但是一旦经营哲学向市场和规模转化，则再也无人敢拉动拉绳了，组织中个体的认知意愿降低，并阻碍了传递过程的有效性。

所以说，高水平的认知动机和意愿使得组织成员同时关注一般环境和任务环境，并增加实施监视行为的频率。此外，高水平的认知动机和意愿可以降低资源准备水平，减少冗余资源的储备。高水平的认知动机和意愿还使得组织成员加强免疫记忆水平，并增加免疫防御反应的速度。

（2）外在动机：认知选择性。注意力聚焦（Attention Focus）是指高层管理者对其组织与环境的注意力被一个（或多个）优势概念占据的程度。根据企业注意力基础观（Attention-based View of the Firm），高层管理者接收到的大量战略信息往往超过了他们的认知能力，解决这种认知超载问题的一个有效办法是选择性聚焦。高层管理者将注意力集中在他们认为最恰当的领域，而选择性地忽略其他信息（Ocasio，1997）。

本研究认为免疫认知分为中枢、专职和周边三个层面，因为不同层面对认知对象关注的侧重点不同，所以有效的认知需要三者之间关系的协调和有效的传递。此外，三者之间还相互影响，中枢免疫的认知是否存在偏差决定了专职和周边认知的准确性。例如，丰田的"灯绳文化"曾经促进丰田汽车质量的提升，这是一种"全民皆兵"式的免疫方式，为管理学界提供了全面质量控制和精益生产的管理模式。在高层注意力焦点出现转移以后，丰田以市场扩张作为主要的战略目标，追求市场份额和规模。新的全球总裁上任后把所有零配件供应商的供应价格降低 30%，质量不再是丰田制造的第一目标，员工也不再敢于拉动生产线上的"灯绳"，以至于最后潜在质量问题出现，导致了造成巨大社会损失的"召回"事件。认知注意力的局部分配，涉及组织免疫系统三个层面各自认知注意力焦点的差异，以及彼此之间如何有效传递信息的问题。

另外，因为"有限理性"的存在，组织成员的认知限制使得他们仅能够注意到那些对于战略决策非常重要的关键指标。但是，依旧存在这样的可能：即使有害异己能够被有效认知，但是组织依旧采取了回避的态度，没有能够正确应对。

或者说，即使周边和专职免疫系统能够有效认知有害异己，但是在中枢免疫系统"选择性注意"的限制下，这些正确意见不能够得到有效传递和接纳。例如，在丰田"召回"事件中，正是由于存在选择性注意或者局部认知，使得质量问题不能够在最初状态得到有效解决，而是像癌细胞那样快速蔓延，最后达到了 800 万辆汽车的召回规模，造成了巨大的企业和社会损失。所以，明确免疫认知各个层面的注意焦点（Attention Focus）就显得十分重要，而对于这个问题的学术研究成果却很少。注意焦点与组织内外部监视的机制紧密相关，企业管理者过多关注内部异己时，外部异己就会被忽略；反之亦然。这样一来，管理者对那些注意焦点范围之外事件就很难及时准确地做出积极的应对。

由于职能分工所造成的认知局部分配增加了组织应对过程中的协调工作，增加了信息量和信息处理难度，可能导致组织免疫认知有效性的降低。企业组织是一个自组织系统，但同时也是一个他组织系统。认知注意力的局部分配还会导致免疫中枢过多地关注于企业外部组织，即他组织对于企业的干涉和影响，从而忽视了对企业内部有害异己和老化因素的监视，或者周边和专职系统的免疫认知难以向中枢系统有效传达，从而导致企业失灵和死亡。

所以说，受到认知选择性的影响，企业高层更加关注一般环境，而专职和周边系统则更加关注具体任务环境。认知局部分配也具有两面性：一方面，在组织内形成多元注意焦点（Multi-Attention Focus）的监视局面，应提高各个注意焦点的专业性与效率；另一方面，企业内相互沟通与协调的成本提高，组织信息处理水平和管理反应速度降低。

3. 认知多样性

认知多样性通常指组织对环境解释的多义性（Interpretative Ambiguity），即组织成员对某一现象产生的原因给以不同的解释。认知多样性的差异能够促进团队内部创新思维的培育，并结合资源产生协同效应，最终加强团队绩效。正如 Weick（1995）指出的那样，在存在战略模糊性（Strategic Ambiguity）的组织中，不一定非得明确到底存在何种多义性，组织成员依旧能够有效地行动。多样性的存在是有益处的，如果尝试协调和统一团队不一致的意见，反倒可能会损害团队绩效。

企业在竞争环境中的持续成功会使管理团队的认知趋同，而持续的经营失败所产生的危机感可能导致管理层中多种差异化的感知和信仰。认知多样性增加了组织应对的客观条件，但是在应对经验增加的同时，认知冲突的可能性也会增加，这会导致组织决策的过程变得漫长，降低组织应对响应的效率。

所以说，认知多样性增加了组织监视一般环境和任务环境的水平，但降低了组织监视的频率。认知多样性的存在使得组织冗余资源储备增加，组织的信息处理水平提升，但是管理响应速度降低，最终却增加了免疫准确性。

三、组织免疫行为研究

免疫功能作用于免疫系统中，基于免疫能力、通过免疫行为实现。免疫系统的功能是捍卫组织持续健康成长，其三个子功能是：防止外部威胁侵害，防止内部病变损伤，防止老化因素干扰。

组织免疫行为是"识别—应对"行为顺序衔接、反复循环的过程。免疫识别是第一个行为环节，其正确性与及时性直接影响清除效果和记忆效果；应对反应是第二个行为环节，其针对性和有效性直接影响免疫效果。反应的准确性和长久性直接影响未来组织免疫能力的提升与免疫行为的效果。

需要注意的是，这两种行为的有效性受到免疫动机的影响。组织免疫行为如何影响组织健康？为什么组织不能监视到有害的内部、外部和老化因素，以至于对组织健康产生了负面的影响？对这些问题都需要深入的调查和研究。

1. 组织免疫监视行为

组织监视是指组织成员感知外部事件和趋势的过程，它能够帮助组织减少战略不确定性，从而维护组织健康。由于受组织成员的有限理性、任务复杂性和环境不确定性的影响，理解组织监视行为有助于提高组织免疫效果和组织健康状态的水平。

通过文献阅读和案例调查，本研究认为组织监视的过程分为四部分，即感知风险、探究根源、判断性质和传递信息（如图 11-3 所示）。首先，组织监视的第一步是监视和发现问题。当组织面临一个组织事件或者问题时，其首先觉察到问题与组织默认的某种标准之间的冲突，这种冲突使得组织受到刺激而寻求解决方案。其次，组织针对这个问题展开搜寻行为，探索和开发可能的原因并使之结构化。在一些情况下，组织并不一定总是以主观的方式来寻求问题的发生原因，而是与行业专家或者咨询机构开展合作，利用他们的知识和经验协助企业明确问题所在。再次，组织开始了制定解决方案的过程，通过演绎、推理和研究，制定出一个合适的解决方案。最后，是明确结果的环节，在组织内部传递异己的特征及其应对方案，至此，组织监视的过程便已经完成。这个结果需要在组织内部有效地传递，并调动组织能力，以求对问题事件做出有效的响应。

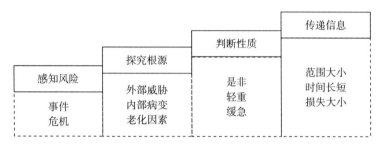

图11-3 组织监视的过程

在战略不确定条件下，管理者提高内外部环境监视频率，以及选择性地调整监视焦点，便能够提高企业绩效。高频率的信息传递和沟通也有助于提高企业绩效水平，而一个宽泛的监视状态则可能是无效率的。

在此基础上，当组织遇到威胁组织健康和生存的问题或者危机时，组织能够感知问题，决定是否定义危机，并向其他组织层级进行有效传递，最终对危机应对进行决策。

2. 组织免疫防御行为

采用生物免疫的观点，免疫行为还包括组织的"防御"过程。吕萍（2008）把组织防御定义为在组织监视有效的前提下，组织抵抗和消灭外部有害因素、内部有害因素，清除内部老化因素的行为与能力。

组织防御是主动的行为和能力，通过四个顺序发生的行为过程而实现：①变异——快速建立或调整资源的配置，形成新的防御网络和对策。②选择——快速准确选择网络和对策。③协调——协调行为措施的节奏和步骤，避免产生"瓶颈"和失衡。组织防御的综合有效性以组织监视的有效性为前提，受变异、选择、协调各自有效性的影响。④清除——免疫系统消除外部有害因素、内部有害因素、内部老化因素的行为，是变异、选择、协调过程的目的。经过防御过程，个人错误产生的活动复杂度和后果严重性可以通过集体力量得到避免。

组织防御行为的研究需要再结合实际案例和企业访谈，以明确应对危机的资源调配方法，以及选择和协调的具体过程。

（1）变异。变异是指组织快速建立或调整资源的配置，以形成新的防御网络和对策的能力。在变异过程中，组织免疫系统的相关要素（如人、制度规则、文化、技术手段等）快速复制、培养、学习和集聚。组织免疫系统的相关要素在应对过程中，针对特殊的组织异己，在中枢、专职、周边免疫子系统内外，能够在互动中发生个人、团队、系统层面的恰当变革创新，例如个人能力的提高、规章制度的调整、技术手段的完善、人力资源的重组等，以快速形成新的有效免疫行为和能力。

本研究认为，变异过程需要聚焦于相关要素，如人、制度、规则、文化、技术手段等要素的准备。在详细周密的组织计划基础上，组织有足够的资源冗余可以调动以应对危机，并且在中枢、专职和周边三个层面，使各个人员都能够充分了解组织的应对计划，明确相互的责任，并能良好地沟通。

所以说，中枢和专职层面比周边免疫对于危机有更高的感知程度，而正确的价值判断能够提高免疫变异和组织准备水平。当组织中存在较高的认知意愿时，组织会为此准备一定水平的冗余资源。在环境动荡和任务复杂的条件下，组织也会相应提高变异的能力水平。

通过变异能够帮助企业减少冲突，并解决各种各样的组织问题。最终，有效的变异过程提升了组织免疫水平，加强了组织的健康状态。

（2）选择和协调。选择指组织能够快速准确选择网络和对策。组织必须具有能够从众多免疫应对方案中，快速准确选择最适合的方案，并协调相关要素的工作步骤、行为节奏、行为力度，避免产生"瓶颈"和失衡。

选择和协调与信息收集和处理紧密相关。在完成信息收集之后，必须深度思考信息的价值。组织成员深度思考需要提炼、交换和结构化信息，并对于手头的信息进行表达和解释。最后，组织成员必须决定哪些信息是最相关的，并应得到应用，决定采用什么方式整合信息。

基于 Kiesler 和 Sproull（1982）的"刺激—反应"模式，本研究认为选择和协调体现了组织的管理能力。管理能力指组织成员所应用的知识、技巧和经验，通常它们都是隐性存在于组织之中（Hitt et al.，2001；Kor，2003）。为了提高组织的管理选择能力，个人或者组织必须从经验中不断学习，进行周密计划，增加接受信息的速度和范围。

管理能力基于经验积累并随时间而发展的，其具有独特性，可以作为企业竞争优势的来源。所以说，有效的管理响应能够提升组织免疫效果，并加强组织健康状态。

组织依据所需要的信息达成决策，选择有利的应对方案，所以很多研究都在关注组织获取、储存和处理信息的过程（Gibson，2001）。因此，选择和协调水平加强了组织免疫的效果和组织健康状态。

（3）清除。组织免疫系统最重要的一个功能是组织能够清除有害因素，免疫系统要消除外部有害因素、内部有害因素、内部老化因素，达到自我更新的目的。首先，战略管理从本质上来讲是一个企业与变化着的环境不断对话的过程，环境的变化必然需要我们对战略管理的相关问题进行重新思考。目前企业所处的环境正在发生着变动，潜藏着复杂和不可预知的变化，形成了一种与传统竞争环境截然不同的新态势，这使得我们必须研究企业在这种新环境下的行为变化。刘艳梅（2003）和项国鹏（2002）明确了战略更新（Strategic Renewal）的概念并界定了其研究内容。王晓东（2004）从内容、过程和情境三个视角出发对企业的战略更新行为进行了系统性的分析和研究，并认为实施组织更新的必要性在于满足外部环境变化、企业内部系统变化和克服组织惯性的需求，通过渐进创新和突破创新，从而达到新的组织静态和动态效率。通过案例分析，作者认为战略更新能够提高免疫效果的有效性和准确性，并提高组织绩效水平。

其次，组织免疫防御的综合有效性以组织识别有效为前提，受变异、选择、协调行为有效性的影响。在免疫识别错误的情况下，组织的免疫防御行为会不分青红皂白、不分敌我，从而对组织健康造成巨大伤害；如果免疫行为失效或瘫痪，即便系统识别了异己，也会任凭它长驱直入、为非作歹。

3. 组织免疫记忆行为

组织免疫记忆是指对组织的免疫监视与免疫防御行为及其效果的"记录—总结—保存—传播"过程行为。从性质而言，免疫记忆不仅记忆成功，也记忆失败；从范围而言，免疫记忆不仅记忆捍卫组织健康的免疫行为与成效，也记忆捍卫免疫系统"自身"的免疫行为与成效；从方式而言，免疫记忆不仅具有显性记忆，而且具有隐性记忆。当然，组织免疫记忆的错误与偏差均影响组织未来的免疫功效。

四、组织免疫应对过程中的环境因素影响

对应于组织所面对的一般环境和任务环境，本研究认为任务复杂性（Task Complexity）和环境动荡性（Environmental Turbulance）同时会对组织的免疫应对过程产生重要的影响。

1. 任务复杂性

本研究试图采用复杂性和有限理性的概念，理解组织免疫认知和应对能力对

于其管理实践行为的影响。组织复杂性来自管理大量子结构和部门、组织惯例、生产流程的难度（Masten，1984；Shelanski，2004）。随着子单元和多阶段流程的增加，所涉及信息的数量和多样性也不断增加，使得对于各种管理流程和任务的整合存在认知难度。

为了减少复杂性对组织免疫实践有效性的影响，有效的组织认知流程和非凡的组织能力都会提高免疫行为的效率。虽然组织所面对的复杂性程度会有巨大的不同，但随着复杂性和认知难度的增加，组织免疫能力会降低，但是组织的适应能力会提高免疫能力。

2. 环境动荡性

组织的战略选择还受到环境不确定性的影响。管理人员的主要任务是基于对未来外部环境的预期进行认知和战略决策。但各个组织以及不同层级的管理人员对环境不确定性的感知是不同的，环境不确定性会影响组织任务的复杂性，并对高管人员的认知能力提出要求。

环境不确定性并不能够直接导致组织监视行为，只有当组织成员认为组织事件对于组织绩效是十分重要的影响因素的时候，管理者才开始对其感兴趣，并开始收集信息和组织监视行为。

五、免疫效果和组织健康

大多数的组织理论研究都认为"生存"才是企业发展的"正确"结果，但另一部分学者则会问，为什么企业会"消失"或者"死亡"？到底是哪个环节出了问题？失败、退出、破产、清算、敌意收购，这些现象通常都被认为是"管理不当"造成的。至少在某种程度上，主流的战略管理和组织理论均建立在一个基本假设的基础之上，那就是企业的生命周期是无限的，或者说企业能够永远保持健康状态，并基于此获得和维持竞争优势。这些理论通常从来不认为企业长期生存具有一定的随机性、是不可达到的目标。

企业消亡的现象产生存在两种影响原因：第一个原因是外生的环境因素。无论是长期的行业生命周期阶段所造成的衰退，还是短期的行业变化对企业经营的负面影响，如果企业不能正确应对，则组织适应性降低，就会导致严重的健康问题，甚至在某一个事件的引发作用下而死亡。第二个原因则涉及企业内部，包括两个方面：其一是组织"基因"不正确，经营者的动机和信仰不能引导企业向健康和充满活力的方向发展；其二则是内部的老化因素，组织无法有效清除内部的老化因素，也会导致组织不能与外部环境相适应。

苏晓阳（2007）在对以往的免疫研究进行总结归纳与概念梳理的基础上，从企业与环境相互作用的实际分析出发，提出企业存在"免疫效能"的概念。本研究认为从中枢、专职和周边三个层面的免疫认知作用决定了组织采取的监视、防御和记忆措施，即组织免疫行为的工作机制。"认知—行为"的工作机制是否能够顺畅地工作决定了组织免疫系统的有效性，最终决定了企业的生存状态是健康、疾病、失灵还是死亡。

杨震宁（2009）认为组织健康包括结构均衡、环境适应、功能活跃和社会和谐四个维度的内容。本研究根据组织在四个维度上分别表现出的不同层次的缺失状态，来划分组织健康的程度。在这四个维度中，导致组织疾病的因素可能是某一个或者几个维度的缺失，而组织的健康水平也可能体现出健康、疾病、死亡几种状态（如表 11-1 所示）。

表 11-1　组织健康状态的区分

组织健康的维度	结构均衡	功能活跃	社会和谐	环境适应	健康状态	健康水平
全面合适	√	√	√	√	完全健康	健康状态
单项不适	√	√	√	×	环境不适	专科疾病
	√	√	×	√	社会不和	
	√	×	√	√	功能障碍	
	×	√	√	√	结构失衡	
双项不适	×	×	√	√	内部危机	综合疾病
	√	√	×	×	外部危机	
	√	×	×	√	社会失信	
	×	√	√	×	环境失衡	
三项不适	×	×	×	√		
	×	√	×	×		
	×	×	√	×		
	√	×	×	×		
全面不适	×	×	×	×	丧失健康	死亡

但是即使组织处于某种疾病的状态中，组织异己对其危害的程度也是不一样的。组织疾病表现出轻度、中度、重度和致命四种不同的程度，这四种程度对于组织健康四个维度的影响也不尽相同（如表 11-2 所示）。

表 11-2　组织异己的危害程度及其对组织健康的影响

	异己危害	健康状态
健康	无	健康
单一疾病	轻度+	亚健康
	中度++	专科疾病
	重度+++	专科重症
	致命++++	死亡
综合疾病	轻度+	亚健康
	中度++	综合疾病
	重度+++	综合重症
	致命++++	死亡
全面疾病	轻度+	亚健康
	中度++	全面疾病
	重度+++	全面重症
	致命++++	死亡

第十二章　认知在免疫系统中的作用

第一节　组织免疫的系统性

组织免疫是一个系统性工程。所处行业不同、企业性质不同、企业战略不同，企业的免疫系统也明显不同。首先，企业对免疫力的需要与外在环境特征有关，如行业生命周期阶段、行业变化速度、行业集中程度等等；其次，与企业自身特征有关，如业务性质、资源禀赋、产权特征、生命周期、组织文化、企业规模、员工素质等；最后，与企业的战略选择有关，如扩张速度、多元化程度、业务领域等。

在单案例研究中，本研究没有系统考虑以上这些因素的影响，因此难以发现与本部分研究主题相关的特殊规律。通过跨案例分析，本研究试图明确面对内外部威胁时，企业所表现出的共同特征，即组织认知对免疫有效性和组织健康的影响。

企业发展的过程在宏观上是企业发展系统与企业免疫系统之间不断平衡、相互制约的过程。企业的发展如果超过了其免疫系统所能够承受的速度，则两者之间就会出现不平衡和不匹配的现象，企业的健康状态就会出现问题。两者的关系均衡，则企业发展健康；两者关系失衡，则企业发展就不健康。

组织免疫系统任何一个层面失灵都会导致整个系统的失败。丰田的案例说明，其周边、专职和中枢免疫系统的监视功能已经失效，它们总是不断选择性地监视某些偏好"异己"，而回避了产品质量问题，更回避深层次的价值观问题。处于相对健康状态的企业，从它们的发展历史中可以看出，企业的领导者、职能部门乃至普通员工都在不断地发现和解决出现的各种新问题，组织免疫的中枢、专职和周边环节处于不断的互动之中，以有效维护组织健康。但是任何组织免疫系统的运行过程都不是万无一失的，只要免疫系统能够及时消除异己，并产生免疫记忆，组织就可以进步和获得良好经营绩效。同时，企业作为自组织系统，免疫系统具有调节功能。当需要对外部和内部异己做出应答时，免疫系统就会强化组织的适应性；当不需要对外部和内部异己做出应答时，免疫系统就会强化组织的稳定性。

第二节　价值判断研究

价值判断和战略导向对免疫行为和组织健康的影响主要体现为，企业领导者的价值判断和战略导向决定了企业经营的成功和失败，也是决定免疫功能正确性和有效性的基因。组织正确的价值观正面影响企业的免疫行为，促进组织健康。尤其在复杂和不确定的环境中，企业中枢、专职、周边子系统正确、统一的价值观，可以正面影响组织免疫的监视、防御、记忆行为，促进组织健康。

首先，价值判断和战略导向从根本上决定企业经营的合法性。如前所述，企业价值判断回答了"对不对"的问题，并影响战略导向。合法性是指在一个由社会构建的规范、价值、信念和定义体系中，企业行为被认为是可行的、恰当的、合适的（Suchman，1995）。企业合法性的确立可以帮助实现内部一致性和赢得外部信任，更加重要的是能够接近和获得企业成长所必需的资源。为了获得合法性，企业只有改变自己，如创立新的组织构架、管理团队和操作流程等，或者改变外部环境，包括适应环境、选择环境和控制环境。在此前提下，企业可以通过市场战略和非市场战略的手段获取和加强其合法性。所以说，企业价值判断会决定企业经营战略导向，价值判断的错误会导致错误的经营战略，并陷入组织危机的"病态"中。丰田和三鹿出现的危机正是如此。

企业的经营不能够违背商品生产最为本质的属性——提供"使用价值"，或尊重"客户价值"，只有如此企业才能获得股东追求的"价值"或利润。当企业偏重于追求数量和规模，仅仅考虑其自身的经济利益，再加上这种经济利益是以消费者或者社会成本为代价时，那么组织的合法性就会受到质疑。

其次，正确的价值判断和战略导向增加了企业的凝聚力和统一性特征。这种加强使得中枢、专职和周边免疫系统能够紧密团结在一起，形成了有效的系统性免疫特征，从而朝着一致的发展方向努力，维护组织的健康发展。

例如，餐饮业是一个特殊的行业，受人才、地域等条件的限制较大，小肥羊能够健康成长的根本原因还是在于其回归并坚持"为顾客提供优质服务"的准则。小肥羊董事长在接受访谈时总是不断提到"财散人聚"的道理，他通过对高层管理团队甚至店面经理的合理的利益安排，使企业能够团结发展所需之人才，实现"游击队"、"正规军"和"海外团队"三军并举，共同推动企业发展。小肥羊能够认识到威胁一个餐饮企业生存的主要有害"异己"是欺骗客户，所以强调以"客户服务"为中心，在管理上推出了产业链一体化、店面标准化等管理应对措施，以向客户提供持续的高质量服务，维护组织健康运行。至于发展后期阶段引进战略投资者，则更是从企业长远发展的角度来理解餐饮企业的经营规律。

北大纵横作为一家管理咨询服务企业，在发展历史上曾经历过因创业合伙人流失而造成的困境，所以创始人王璞首先认识到，咨询企业的发展问题就是如何"聚人"的问题，只有适当的利益分配机制才能够把咨询业最为重要的人才资源团结在一起，才能谈得上为客户创造价值。所以，北大纵横的激励安排一直都是坚持"谁创造价值谁拿走"的理念，目标在于把企业"做大"，实现企业的良性成长和发展。此外，由于知识积累的增多，"知识分享"又成为企业发展面对的新命题，对此北大纵横采用了各种办法来实现这一目的。北大纵横所采用的管理应对措施具有阶段性，但其核心经营理念却有稳定性，贯彻始终。

从长远来看，管理咨询企业更为重要的经营准则还应该是"为客户提供价值"。然而当前，北大纵横相对轻视了这一准则，"做大"的强烈冲动依然主导着企业成长，快速成长速度与扩张规模下可能潜伏着质量风险。

最后，正确的价值判断能够促进认知的主动性。对于多样性比较高的团队，在正确的价值观统一的前提条件下，企业需要开展对于员工的培训和教育，提高其认知主动性。企业在经营过程中积累了很多资源，但它们是否能够得到有效发挥和应用，则取决于团队成员应用这些资源的动机，例如利益动机、认同动机，甚至政治动机等。认知主动性在多样化团队组织中显得十分重要，因为在多样化组织中，成员不得不经常花费大量的时间进行解释或者说服那些拥有各自立场的同事，思考并讨论团队中其他成员所提出的替代方案的可能性。在认知主动性比较高的多样化团队中，团队成员倾向于采用新的方法来思考问题，并探索不同的解决方案。如前所述，战略管理学者或多或少地相信管理者是有能动作用的，管理者可以通过有意识的和积极主动的战略方案选择、战略实施手段选择来影响组织的运作和运营绩效。也就是说，管理者可以根据自己的意志对企业的经营产生影响。

整体而言，跨案例研究的结果表明了价值观对企业经营成败的重要性。虽然异己的来源是多方面的，但价值判断上的"异己"对组织的伤害往往是致命的，它会直接摧毁组织的合法性。组织免疫行为的发生需要以价值观为基础所设定的有效制度和规则，而组织惰性则会限制免疫系统的作用。在价值观方面，企业已经习惯的战略、愿景、模式等都会限制免疫识别的敏感性，产生"免疫麻痹症"。企业思维惯性越顽固，则识别外界异己的时滞越长，周期越长。企业习惯的管理模式、人才储备、企业文化、决策权限等，则会限制了免疫防御的选择性，使之不能与变化的环境相匹配，产生"免疫错位症"。

第三节 认知动机和认知多样性

（1）内在动机。组织认知的内在动机指认知的意愿，体现为主动性。认知主动性具有这样的特征，对于一个多样化团队而言，它既能够保证团队多样化水平，又能在此条件下提高团队绩效。组织资源是否能够得到有效发挥和应用取决于团队成员应用这些资源的动机，在此应用过程中，组织监视和防御能力同时得到了提高。

积极的认知动机正面影响企业的免疫行为，促进组织健康。企业中枢、专职、周边子系统一致、积极的认知态度，可以正面影响组织免疫的监视、防御、记忆行为，促进组织健康。

（2）外在动机。外在动机指认知选择性，体现为外部环境刺激条件下产生的认知选择。认知选择和刺激环境的有效匹配能够提高免疫监视的效率和准确性，加强组织免疫防御能力。

组织可以通过激励、引导和规制方式来指导企业员工的免疫行为，捍卫组织健康。错误的认知选择，如认知注意力的局部分配，会导致免疫中枢过多地关注企业外部异己，即他组织对企业的干涉，而忽视了对企业内部有害异己的监视，或者周边和专职系统的免疫认知难以向中枢有效传达，从而导致组织失灵和死亡。

积极的认知动机是影响企业免疫行为和组织健康的必要认知因素。企业中枢、专职、周边子系统积极的认知态度，是影响组织免疫的监视、防御、记忆行为，促进组织健康的必要认知因素。

（3）认知多样性。认知多样性指组织由于环境解释的多义性（Interpretative Ambiguity），团队成员对于某一现象的原因解释可能是不同的。认知多样性能够促进团队内部新思想的培育，并组合不同资源产生协同效应，最终加强团队绩效。但是随着组织的成长和经营绩效的提高，认知多样性是一个趋同的过程，逐渐统一在相同的价值判断之下。从本案例研究检验的结果看，认知多样性和组织健康、经营绩效之间的关系不是很明确。

在理论阐述阶段，本文假设组织丰富多样的知识正面影响企业的免疫行为，促进组织健康。企业中枢、专职、周边子系统多样化的知识结构，正面影响组织免疫的监视、防御、记忆行为，提高组织健康水平。这一命题并未得到案例内容的有效支持。组织认知、免疫行为和组织健康之间的关系如表 12-1 所示。

表 12-1　组织认知、免疫行为和组织健康之间的关系

		免疫监视	免疫防御	免疫记忆	免疫效果	组织健康
组织认知	经营价值观	+	+	+	+	+
	认知主动性	+	+	+	+	+
	认知选择性	+	+	+	+	+
	认知多样性	+	+	?	?	?

第四节　组织免疫行为

企业管理者必须花费时间进行有效的监视和防御行为以获得回报（Fredrickson and Mitchell，1984）。然而，由于外部环境的重要性和不确定性的程度不同，所以对于不同行业背景的企业，监视和防御的重点也会不同。对外部环境，管理者会通过聚焦，监视某一点而非宽泛监视，以克服时间压力和信息处理能力的限

制。在对外部环境监视和防御研究中，Bourgeois（1980）认为监视行为应该更加关注任务环境（例如顾客、竞争对手、技术条件等因素）的变化，而不是一般环境（例如社会、经济和管制政策等因素）的变化。对这两个环境关注重点的不同也会影响组织的战略行动（Garg et al., 2003）。分析丰田的行为，管理层过多关注一般环境，而忽略了任务环境的作用。

如表 12-2 所示，对于组织内部与外部环境、一般环境与任务环境的监视、防御、记忆能够提高组织健康水平。组织免疫行为能够帮助降低战略不确定性，从而维护组织健康。

表 12-2　组织免疫和组织健康之间的关系

		免疫效果	组织健康
	免疫监视	+	+
组织免疫行为	免疫防御	+	+
	免疫记忆	+	+

第五节　免疫系统的分布和关系

按照吕萍（2008）的研究，组织免疫的作用体现在中枢、专职和周边三个层面，本研究采用案例研究分析了在此三个层面上认知和免疫行为的互动过程，讨论了其对组织健康的影响。组织免疫的目标是维护组织健康，而组织健康必须是活跃性与均衡性相匹配。

一、中枢免疫的主导作用

中枢免疫系统的专业水平和管理风格对免疫行为的有效性有重要影响，因为他们是企业的领导者，是企业战略决策的主要实施者，领导者和领导团队属于中枢免疫系统，在组织免疫系统中起重要作用。无论丰田和三鹿的失败，还是小肥羊和北大纵横的成长均表明了这一点。

企业高层管理者的素质、经验、能力、管理风格、价值偏好等因素影响组织免疫力。这一点在案例中得以体现，例如在丰田案例中，管理层对规模优先发展战略的盲目追求，导致组织中枢免疫系统对异己的识别偏差；三鹿案例也存在类似的问题，此外三鹿的危机还说明了中枢免疫系统的惯性思维模式会导致企业识别异己具有选择性。

显而易见，中枢免疫系统和专职免疫系统是维护组织健康的关键因素。领导者发挥中枢免疫系统的识别、防御、记忆功能对组织的健康发展是最关键的。高层领导团队是组织的中枢免疫系统，其免疫能力和免疫效果与职业责任感和个人利益相关。丰田案例说明了当组织的免疫能力完全依靠中枢免疫系统时，免疫识别必然顾此失彼。三鹿案例表明中枢免疫系统的控制力越强，专职免疫系统的自主性就会越弱，对外界异己的敏感性也就越弱。

所以说，中枢免疫系统的认知发挥主导作用，塑造或制约专职免疫系统和周边免疫系统的认知，对企业免疫行为和组织健康的影响最重要。企业中枢免疫系统的价值观、认知主动性与多样性发挥主导作用，塑造或制约专职免疫系统和周边免疫系统的认知，影响组织免疫的监视、防御、记忆行为，最终影响组织健康（如表 12-3 所示）。

表 12-3　组织免疫认识三个子系统与组织健康之间的关系

		中枢	专职	周边
组织认知	价值观	+++	++	+
	认知动机	+++	++	+
	认知多样性	+++	?	?

二、专职免疫的辅助作用

专职免疫系统的建设能够增强组织的免疫能力。由于缺乏必要的专职免疫能力，三鹿逐渐失去了对于"行业异己"的监视能力。在组织结构中，专职免疫识别系统的地位越高、识别定位越准，则识别能力越强，对中枢免疫系统的影响越大。

专职免疫系统的认知发挥辅助作用，引导或误导中枢免疫系统和周边免疫系统的认知，影响企业免疫行为和组织健康。尤其在复杂组织和不确定的环境中，企业专职免疫系统的价值观、认知主动性与多样性发挥辅助作用，引导或误导中枢免疫系统和周边免疫系统的认知，影响组织免疫的监视、防御、记忆行为，最终影响组织的健康水平。

三、周边免疫的终端作用

企业的周边免疫系统与中枢和专职免疫系统的敏捷互动能有效防范威胁企业成长的异己。员工是免疫功能发挥作用的重要载体，基层和中层员工对异己的认知能力与传递速度对高层的免疫防范决策有重要影响。

周边免疫系统的认知发挥终端作用，传递或阻断中枢免疫系统和专职免疫系统的认知，是影响企业免疫行为和组织健康的辅助因素。尤其在复杂和不确定的环境中，企业周边免疫系统的价值观、认知主动性与多样性发挥终端作用，传递或阻断中枢免疫系统和专职免疫系统的认知，影响组织免疫的监视、防御、记忆行为，最终影响组织的健康水平。

四、环境因素对于组织免疫有效性的影响

进而，还需要考虑环境因素的影响，尤其在复杂和不确定环境条件下。外部环境变化的程度（例如变化幅度、速度等）影响企业免疫能力的强弱。环境不确定性程度会影响企业免疫能力的界限，当环境不确定性程度很高时，则会超越企业的认知极限。

案例中企业所处的行业不同、竞争战略不同，企业特性也不相同，但是这些企业的成功或者失败都与其自身对于内外部环境中"异己"免疫作用的有效性相关。

第十三章　免疫认知研究总结

本研究基于"认知—行为—结果"的逻辑，提出了组织认知对免疫行为和组织健康的影响机制。本研究认为个体层面的能动性和组织层面的多样性条件决定了组织是否能够采取正确有效的免疫应对措施，取得较好的免疫效果，捍卫组织机体的健康。

我们认为免疫系统是组织最基本的防御系统，它以组织认知为前提，以维护组织的健康为目标。组织的免疫行为，例如内外风险监控、企业政策调整、组织结构变革、能力资源重置等，无不受到组织认知的影响。

组织认知决定了企业发展的战略方向，以及应对组织危机的能力和有效性。从认知角度，小肥羊和北大纵横健康成长之因在于对行业规律的成功把握，而三鹿和丰田的失败之因在于过于追求自身利益而忽视了客户价值。正确的组织认知能够影响组织监视、防御、记忆速度和有效性，从而保证免疫效果的准确性，维护组织的健康状态和水平。

通过跨案例分析我们可以得出如下的结论：

首先，关于组织认知与免疫行为和组织健康之间关系的结论。

组织正确的价值观正面影响企业的免疫行为，促进组织健康。尤其在复杂组织和不确定环境背景下，企业中枢、专职、周边子系统正确、统一的价值观，正面影响组织免疫的监视、防御、记忆行为，促进组织健康。

组织积极的认知动机正面影响企业的免疫行为，促进组织健康。尤其在复杂组织和不确定环境背景下，企业中枢、专职、周边子系统一致、积极的认知态度和正确的注意力焦点，正面影响组织免疫的监视、防御、记忆行为，促进组织健康。

组织丰富多样的知识正面影响企业的免疫行为，促进组织健康。尤其在复杂组织和不确定环境背景下，企业中枢、专职、周边子系统多样化的理解和知识结构，正面影响组织免疫的监视、防御、记忆行为，促进组织健康。

其次，关于组织认知三因素之间关系的结论。

组织的价值观是影响企业免疫行为和组织健康的最关键的认知因素。尤其在复杂组织和不确定环境背景下，企业中枢、专职、周边子系统正确的价值观是影响组织免疫的监视、防御、记忆行为，促进组织健康最关键的认知因素。

组织的认知动机是影响企业免疫行为和组织健康的必要认知因素。尤其在复杂组织和不确定环境背景下，企业中枢、专职、周边子系统积极的认知态度是影响组织免疫的监视、防御、记忆行为，促进组织健康的必要认知因素。

最后，关于组织免疫三个子系统之间关系的结论。

中枢免疫系统的认知发挥主导作用。尤其在复杂组织和不确定环境背景下，企业中枢免疫系统的价值观、认知主动性与多样性发挥主导作用，塑造或制约专职免疫系统和周边免疫系统的认知，影响组织免疫的监视、防御、记忆行为，最终影响组织的健康水平。

专职免疫系统的认知发挥辅助作用。尤其在复杂组织和不确定环境背景下，企业专职免疫系统的价值观、认知主动性与多样性发挥辅助作用，引导或误导中枢免疫系统和周边免疫系统的认知，影响组织免疫的监视、防御、记忆行为，最终影响组织的健康水平。

周边免疫系统的认知发挥终端作用。尤其在复杂组织和不确定环境背景下，企业周边免疫系统的价值观、认知主动性与多样性发挥终端作用，传递或阻断中枢免疫系统和专职免疫系统的认知，影响组织免疫的监视、防御、记忆行为，最终影响组织的健康水平。

第一节　组织免疫相关概念的研究和讨论

一、组织免疫认知

整体而言，本研究发现组织认知是以价值理念为核心的，它对组织免疫的思维方式、情感意志乃至行为模式产生重要影响。

组织免疫行为的改变是一个潜移默化的过程，一旦确立了正确的价值理念，组织成员的情感意志、思维方式和行为模式都会随之而改变。这个过程以组织认知为改变的根源，然后到态度的改变，再到个体行为的改变，最后才是集体行为的改变。最终的变革结果是在组织内部产生了一种组织文化，包括组织的核心价值观、制度准则和行为规范。在此基础上，才能涉及认知动机和认知多样性的讨论。

组织的价值观、认知动机和认知多样性也呈现为一种三角关系：价值观居于核心地位，起关键主导作用；而认知能动性和多样性则是组织认知不可缺少的因素，起辅助支撑作用。

二、组织免疫行为

在经历了几十年的高速成长之后，很多中国企业开始呈现出"大企业病"的症状，各职能管理机构日益官僚化，管理越来越远离现场，决策流程越来越长，效率越来越低，很多决策背离了市场实际。由于对风险的监视不能形成有效分工与协作，组织应对内外风险的免疫反应速度越来越慢，降低了组织免疫系统的准确性和有效性。

组织免疫的有效性受到涉及组织因素和人的因素两方面影响。

组织结构的本质是组织内部责任、权利、利益的纵向与横向划分和衔接，具体体现为组织等级与管理跨度。因为存在组织等级与管理跨度，信息处理就成为免疫行为的基本内容，无论在组织监视环节、防御环节，还是在记忆环节。

人是组织中最具能动性的元素，对组织战略、文化、结构、流程的设计与实施有决定性的正反两方面作用。组织成员的免疫行为会同时考虑三个方面的问题，即对与错、愿不愿、利与害。离开了人积极正确的参与，再理想的组织结构也是一个静态模型，不能处理任何信息，当然也不能创造任何价值。只有人积极正确主导的信息处理过程才能够创造价值，释放企业的免疫能力和战略管理能力。所以，在信息处理中，人的认知主动性和认知选择性会影响免疫监视的内容及其有效性。

有效的信息传递能够保证免疫系统正确发挥作用，但组织中的信息传递又十分困难。例如在清华大学中国式管理论坛上，上海家化董事长葛文耀谈到企业的变革与转型。2008 年上海家化通过佰草集 SPA 旗舰店的方式实现企业从产品经济转型升级到服务经济，甚至完成体验经济的转型。这个方案既不是咨询公司的设计，也不是预先设定的战略。原来，在一次内部聚餐时，葛文耀偶尔听到员工的一些建议和议论后，有意识地观察企业内外相关利益者对这个建议的反应，在得到一些正面反馈后，最终将其确定为企业战略。直接面向生产、市场、客户的一线员工属于企业的周边免疫系统，如果企业能创造更多的机制和机会，让他们积极传递战略信息，参与决策流程，企业必将会产生更多的创意，在免疫能力增强的同时，释放出更大的生产力。

三、组织健康

组织健康的前提是组织内部存在可靠的信念和价值观，并把它作为所有政策和行为的指导，这样组织才有可能朝着健康的目标发展。杨震宁（2009）认为组织健康包括结构均衡性、功能活跃性、社会和谐性和环境适应性四个方面。通过本部分的案例研究，我们逐步明确和扩充了各个维度的具体内涵。

结构均衡性。王以华等（2006）认为适者生存的基本法则决定一个组织系统能否生存下来，归根结底是它的输出效率与效果，以及决定输出结果的输入要素和转换过程是否适合外部环境的要求。组织健康首先体现在均衡的组织结构上，任何组织结构、部门或者岗位的缺失都会导致某项功能性的缺失。

组织是由各个管理环节所构成的系统，这些环节相互作用（Siggelkow，2001）。组织结构均衡还要求基于核心能力进行成长和扩张，Teece（1986）提出了互补性资产的概念，例如企业有较强的市场能力和客户知识时，则趋于开发能够满足现有客户需求的技术，而不是面向新客户的技术。

功能活跃性。本研究认为功能活跃性不仅表现为企业经营系统在物质层面的投入产出、新陈代谢，而且表现为组织免疫系统在精神层面的吐故纳新，即组织不断产生正确的新思维，积极淘汰旧思维并及时清除有害观念，以便适应外部环境的快速变化。但是，组织的免疫功能仅能保持适度活跃，过度或不足的功能状态都难以有效适应环境的快速变化。

环境适应性。杜德斌（2010）采用免疫能力的概念说明了组织适应能力。种群生态理论提出了"匹配"和"适应"的概念，匹配主要包括两方面：一方面是指组织内部的行为匹配；另一方面是指组织行为和其环境的适应。因为其难以模仿的特征，内部的匹配和结构均衡能够给企业带来持续的竞争优势（Rivkin，2000）。基于正确的组织认知，免疫有效性增强了组织的环境适应性。

社会和谐性。社会和谐要求组织战略目标多元化，同时考虑众多利益相关者——客户、员工、社会、股东的利益。企业存在的首要前提是能够提供客户价值，正如强生公司的信条所强调的那样，对客户负责、对员工负责、对社会负责、对股东负责。一些出现过危机的企业，包括本案例研究中的丰田和三鹿，究其根源，无不是在追求企业目标时违背了客户、员工、社会、股东这一利益优先顺序。组织健康的目标要求企业必须按照一定的利益优先顺序满足战略目标多元化，最终实现"利他与利己"平衡的终极目标。

在市场经济中，企业经营可以同时是市场导向和相关利益者导向，但无论如何不能违背商品二重性的基本原理。企业的经营必须提供客户价值才能够获得收益，客户价值是市场导向和利益相关者导向经营的共同点。

四、行业层面的免疫系统

中国的乳品行业因为"毒奶粉"事件而遭遇信任危机，但是除了乳品行业之外，还有很多行业存在类似的现象。尤其是食品行业，消费者对现状很难满意。组织免疫理论需要推广到行业层面进行研究，研究在行业层面如何建立有效的免疫系统。例如法国的葡萄酒行业，从产地的土壤、种植、灌溉、采摘到酿酒，有一套有效的行业管理体制，整个法国葡萄酒行业有超过一万从业人员在监督葡萄酒酿造所涉及的各个环节是否遵守行业规则。中国的生产企业也越来越重视食品安全问题，例如北京的德清源，开始关注生产的各环节所可能存在的潜在威胁，加强对整个生产价值链的管理。

行业特征也会影响组织免疫有效性的发挥。通过三鹿案例可以发现，在抵御强大的异己侵害时，构建行业免疫系统或者组建行业免疫联盟是必要的。此时，组织免疫就不能单单从个体企业角度进行研究，行业规划与行业管理才是最为重要的因素。组织免疫相关理论可扩展到行业层面，行业层面健全的免疫系统可以保护企业健康成长。

第二节　本研究的创新之处

以往的管理理论研究，将问题的解决仅停留在管理层面，并没有探索发现问题的根源。本研究从认知的角度解释了问题产生乃至企业危机产生的根源。

总而言之，本研究借鉴医学领域免疫系统、健康和异己的概念来研究组织适应性是一个全新的尝试。本研究探索组织认知与免疫行为及组织健康之间的普遍规律，提出了一般性命题。本研究的创新点如下：

一、视角的创新

首先，相对于更关注机会和优势（O/S）的主流战略管理研究，本研究采取威胁与问题（W/T）导向的视角，从组织认知角度，将研究范围从"战略形成"延伸到"战略实施"与"战略控制"的持续循环之中，探讨组织对各类内外"异己"的认知有效性对免疫行为和组织健康的影响机制，解释有些企业不能适应动荡或复杂环境的深层原因。其次，相对于以往正面阐述组织免疫理论的研究成果，本研究突出了对失败案例的分析，并在失败与成功案例的比较中发现一般规律，触及企业和其免疫系统的种种疾病。因此在视角上是一种创新。

二、领域的突破

首先，"知己知彼，百战不殆"是战略制胜亘古不变的真理。然而，认知理论一直是战略管理理论中最薄弱的研究领域。其次，组织认知理论的多数研究针对个人和团队，尚未深入研究组织层面的认知，尚未揭开内部认知冲突与融合的"黑箱"，因此难以系统说明组织认知对战略成败的影响。敢于进入这个亟待开垦的研究领域，无疑是一种创新。

三、根源的探索

组织免疫理论自 2005 年提出至今，已经形成初步的体系。然而，以往的研究成果侧重回答是什么（What）的问题，例如，什么是组织免疫，什么是组织异己，什么是免疫机制，什么是组织健康等，但尚未回答为什么的问题（Why）。本研究对组织认知如何影响免疫行为进行研究，进而研究影响组织健康的问题，无疑是深化了组织免疫研究的内容。

四、方法的选择

组织认知、组织免疫、组织健康都是复杂的研究领域，更何况探索三者之间的影响关系。因此，在理论构建时，本研究舍弃了战略管理研究领域通常采用的定量实证方法，而选择了理论综述、生物类比、案例分析的实证方法，并在单案例研究的基础上，完成了跨案例分析。研究结果表明，方法的选择是正确的。

对于组织认知和组织免疫理论而言，本研究提供了如下创新点：

1. 强调决定免疫认知行为的潜在影响因素研究

本研究从组织认知的角度解释了面对不确定和复杂环境，为什么有的企业能够认识到自身的缺陷和问题，从而及时做出战略调整。这对于企业如何正确认知环境动荡性和组织复杂性，建立有效的控制和防御机制，避免出现可能的困境，应对危机的挑战有着重要的现实意义。本研究探讨了组织认知对于免疫行为和组织健康的作用过程，提出了"组织认知—免疫行为—健康结果"的影响机制。

2. 深化免疫认知对于组织应对行为影响的理论研究

基于医学免疫的视角，本研究试图明确免疫认知对于组织决策的作用。应对决策过程是以认知为基础对环境事件做出反应。组织认知能力的分布特征具体体现在中枢、专职、周边三个不同的层面上。本研究从价值判断、认知动机、认知多样性等角度讨论了这种决策机制和其局限性。

第三节　本研究的管理启示

本研究可能对企业管理实践产生一些重要的启示，研究结论能够使得企业反思自身的经营模式，并积极展开调整。本研究对于企业管理实践的启示整理如下：

一、组织经营的二元性：价值与使用价值

企业是在复杂的社会分工协作环境中，为了获得经营利润，而创造和交换产品与服务的社会经济组织。企业所提供的客户价值体现为商品和服务形式，而商品具有二重性的特征，即价值和使用价值，这要求企业在经营过程中只有利他方能利己。三鹿和丰田失败主要的原因在于不能提供正向的客户价值，过分注重自我价值，而忽视了用户价值。在不能提供有效使用价值的情况下，客户纷纷选择其他企业的产品，也不能够实现其自我价值。商品经济的发展导致了社会分工和专业化，而社会分工和专业化的基础在于"信任"。

二、组织问题诊断的框架

本研究认为组织认知决定了免疫行为，乃至组织健康状态。研究结果为管理实践提供了一个有效的分析和诊断工具，即组织认知—管理行为—组织健康的框架。企业的运行规律说明了其价值理念决定了管理职能，并保证了业务机能的实施，最终决定运营结果。

反映在企业实际经营过程中，咨询和诊断方法则是一个逆向的过程。在咨询和诊断过程中，我们首先可以通过组织存在的"病症"，一步步寻找问题，追究原因，最后决定问题产生的根源。在此诊断过程中，诊断环节是与企业的经营规律一一相对应的（如图 13-1 所示）。

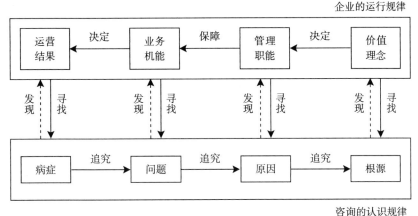

图 13-1 企业运行规律与咨询认识规律的对应关系

三、企业战略发展的适度性

组织能力和适应性的形成和发展受到个体、社会等因素的影响。经验和学习会提高组织的免疫能力，但是不恰当地应用组织能力，或者对于组织事件的过度或不足的应对都有可能导致组织处于不健康的状态。我们可以考虑两种可能导致组织失灵的认知过程：第一，因为受到个人影响力的限制，高层管理团队仅仅可能基于某一个人的经验而做出决策。这在北大纵横的案例中反映得十分明显，这种个人主导的认知过程容易导致出现组织失灵。第二，虽然发挥了多样性的认知并达成一致，如果管理层并不能够根据环境的变化而调整其心智模型（Mental Model），也能够使得管理者无法有效监视环境，导致免疫行为的无效。

心智模型能够帮助组织中的个体处理那些外部刺激所带来的波动（Kiesler & Sproull，1982），但是过分依赖于已有的认知过程会使得经理层忽视那些重要的环境变化，并采取一些与组织能力并不匹配的行动。尽管其先天免疫能力很高，但是获得性免疫能力不能够得到调整，免疫能力依旧停留在原来的水平，从而会导致绩效降低。组织更新有助于改变外部环境认知流程，能够克服组织惰性对认知有效性的束缚，并保持适当的稳定性。

四、组织结构的实践讨论

首先，组织战略目标必须从单绩效目标转向多绩效目标。从目前的文献来看，战略管理研究主要关注于企业层面的绩效，研究企业如何能够利用各种资源和能力并结合外部机会，以提高企业的绩效水平。战略管理的目标，必须转向多绩效目标，需要同时考虑企业的健康状态和环境的和谐性。

其次，组织决策必须从中央或集权决策转向相关知识角色互动决策的过程。按照高阶梯队理论，组织高层管理团队决定了企业的战略方向和实施流程。在组织免疫视角下，组织层级从原来的个人、团队和组织三个层面转向研究决策过程中资源和知识分布特征，即组织中枢、专职和周边分布特征。这种分布特征要求从原来强调集权和控制的组织特征转向强调各部门和层级协调特征，当组织结构多维度化时，需要进行分散授权，以及清晰地明确责任。所以，组织也由原来的设计特征转变为自组织特征。

最后，战略过程应从强调"控制"向强调"协调"转变。战略理论研究必须同时考虑人和组织两个层面的因素，必须重视人的能动性特征，例如个人的价值、动机和知识背景等方面的因素。如何激发组织中个体的能动作用，形成组织免疫"人人皆兵"的积极性，这就要求对于中枢、专职和周边免疫系统进行协调，而不是简单的集权和控制。在集中的原则下，发挥个体的作用，减少多样性带来的冲突，从而提高企业对于组织异己的免疫作用，捍卫健康的组织状态。

参考文献

[1] Acquaah M. Managerial Social Capital，Strategic Oriention，and Organizatioanl Performance in an Emerging Economy[J]. Strategic Management Journal，2007（28）：1235-1255.

[2] Billings R. S.，Milburn T. W.，Schaalman M. A Model of Crisis Perception：A Theoretical and Empirical Analysis [J]. Administrative Science Quarterly，1980，25（2）：300-316.

［3］Bourgeois L.J. Strategy and Environment: A Conceptual Integration ［J］. Academy of Management Review, 1980 (5): 25–39.

［4］Cameron K., Sutton R., Whetten D. Readings in Organizational Decline ［M］. Cambridge, MA: Ballinger, 1988.

［5］Cowan D.A. Executives' Knowledge of Organizational Problem Types: Applying a Contingency Perspective ［J］. Journal of Management, 1988 (4): 513–527.

［6］Duncan R. B. Characteristics of Organizational Environments and Perceived Environmental Uncertainty ［J］. Administrative Science Quarterly, 1972 (17): 313–327.

［7］Fredrickson J.W., Mitchell T.R. Strategic Decision Processes: Comprehensiveness and Performance in an Industry with an Unstable Environment ［J］. Academy of Management Journal, 1984 (27): 399–423.

［8］Garg V.K., Walters B.A., Priem R.L. Chief Executive Scanning Emphases, Environmental Dynanism, and Manufacturing Firm Performance ［J］. Strategic Management Journal, 2003 (24): 725–744.

［9］Gavetti G., Cognition, Hierarchy. Rethinking the Microfoundations of Capabilities' Development ［J］. Organization Science, 2005, 16 (6): 599–617.

［10］Gibson C. From Knowledge Accumulation to Accommodation: Cycles of Collective Cognition in Work Groups ［J］. Journal of Organizational Behavior, 2001 (22): 121–134.

［11］Hitt M.A., Bierman L., Shimizu K., Kochhar R. Direct and Moderating Effects of Human Capital on Strategy and Performance in Professional Service Firms: A Resource–based Perspective ［J］. Academy of Management Journal, 2001, 44 (1): 13–28.

［12］Kiesler S., Sproull L. Managerial Response to Changing Environments: Perspectives on Problem Sensing from Social Cognition ［J］. Administrative Science Quarterly, 1982, 27(4): 548–570.

［13］Kor Y.Y. Experience–based Top Management Team Competence and Sustained Growth ［J］. Organization Science, 2003, 14 (6): 707–719.

［14］Masten S. E. The Organization of Production: Evidence from the Aerospace Industry ［J］. Journal of Law and Economics, 1984 (27): 403–417.

［15］Ocasio W. Towards an Attention –based View of the Firm ［J］. Strategic Management Journal, 1997 (18): 187–206.

［16］Rivkin J. Imitation of Complex Strategies ［J］. Management Science, 2000 (46): 824–844.

［17］Shelanski H. A. Translation Level Determinants of Transfer Pricing Policy: Evidence from the High Technology Sector［J］. Industrial and Corporate Change, 2004 (13): 943–966.

[18] Siggelkow N. Change in the Presence of Fit: The Rise, the Fall, and the Renaissance of Liz Claiborne[J]. The Academy of Management Journal, 2001, 44 (4): 838-857.

[19] Smith G.F. Defining Managerial Problems: A Framework for Prescriptive Theorizing [J]. Management Science, 1989, 35 (8): 963 - 981.

[20] Suchman M.C. Managing Legitimacy: Strategic and Institutional Approaches [J]. Academy of Management Review, 1995 (20): 571-610.

[21] Teece D. Profiting from Technological Innovation: Implications for Integration, Collaboration, Licensing and Public Policy [J]. Research Policy, 1986 (15): 285-305.

[22] Weick K. E. Sensemaking in Organizations [M]. Thousand Oaks, California: Sage, 1995.

[23] Yang B. Holistic Theory of Knowledge and Adult Learning [J]. Human Resource Development Review, 2003 (2): 106-129.

[24] 曹红军. 企业内生战略性风险及其管理机制与能力研究 [D]. 清华大学博士学位论文, 2010.

[25] 杜德斌. 高层管理团队多样性对组织免疫能力的影响机制研究 [D]. 清华大学博士学位论文, 2010.

[26] 刘军, 吴维库, 刘益. 我国企业领导价值观传递模式研究 [J]. 管理工程学报, 2006 (4).

[27] 刘艳梅. 战略更新的概念界定与必要性分析[J]. 哈尔滨工业大学学报 (社会科学版), 2003 (4).

[28] 刘雯雯. 组织脆弱性研究 [D]. 清华大学博士学位论文, 2010.

[29] 吕萍. 组织免疫机制研究 [D]. 清华大学博士学位论文, 2008.

[30] 明茨伯格. 战略历程 (修订版) [M]. 机械工业出版社, 2006.

[31] 苏晓阳. 企业免疫效能探析 [D]. 清华大学硕士学位论文, 2007.

[32] 王晓东. 动态环境下的企业战略更新研究 [D]. 复旦大学博士学位论文, 2004.

[33] 王以华, 吕萍等. 组织免疫研究初探 [J]. 科学学与科学技术管理, 2006 (6).

[34] 吴维库, 富萍萍, 刘军. 以人为本的真正内涵是以价值观为本[J]. 清华大学学报 (哲学社会科学版), 2003 (S1).

[35] 项国鹏. 西方企业战略变革理论述评及其对我国的启示 [J]. 外国经济与管理, 2002 (7).

[36] 杨震宁. 组织健康捍卫机制研究 [D]. 清华大学博士学位论文, 2009.

[37] 杨百寅. 学习型组织学什么? [J]. 21 世纪商业评论, 2007 (34).

第四部分　风险篇[①]

① 本篇内容主要选自清华大学经济管理学院曹红军同学 2010 年的博士学位论文《战略性内生风险与组织免疫力研究》，由王以华教授指导完成。

第十四章　免疫与风险

　　一直以来，企业如何能够长期地生存和发展是学者、企业家所共同关注的热点议题，尤其是战略管理领域的学者对这一问题的研究格外关注和重视。在理论发展上，自波特提出竞争优势理论后，企业可以通过适应环境的变化，获取持久的竞争优势，以实现可持续发展战略目标，这一观点已成为理论界与实业界的共识（Rumelt et al.，1991）。因而，自 20 世纪 80 年代起，机会与竞争优势发展导向的理论和分析视角就逐渐地发展成为战略管理研究的一个主流范式（Rumelt et al.，1991）。在竞争优势理论的影响下，企业往往会因过于关注可能的发展机会而忽视了自身内部所蕴藏的潜在风险。许多企业也因此在经过了短暂的快速扩张、发展之后走向了衰败和消亡。尽管战略领域内的 SWOT 方法强调进行战略决策时需要对内外环境的机会与威胁进行判断和分析，但将风险的理解仅局限于决策风险就缩小了风险分析的视野而忽视了其他可能的潜在风险因素（Das，2001）。

　　由于风险的冲击而使得企业可持续生存和发展战略目标不能实现的问题引起了学者们的关注。一些学者开始尝试将风险管理引入战略管理领域，开创了战略性风险管理研究这一交叉领域的研究课题（Fiegenbaum，2004）。尽管战略性风险管理的研究试图从风险管理与战略理论相结合的视角出发，探讨企业如何在不确定性的环境中实现可持续生存发展的问题，但现有战略性风险研究受传统风险管理理论和方法的影响过于深重而带有非常明显的财务风险理论的痕迹。在战略管理的背景下，风险分析的概念和内容和方法都发生了根本性的变化，传统风险分析范式开始表现出对竞争战略环境的不适应性。此外，在研究视角和焦点上，现有研究对企业内部因素所萌发的个体战略性风险因素（Individual Strategic Risk）关注不足。从性质上来看，外源的整体性系统风险直接制约和影响的对象是同一类甚至是所有的企业，如国家针对某一行业所出台的宏观经济政策所引起的企业生存空间缩减，影响的是一批而非某个特定企业。这类整体系统性风险对单个企业而言是一种被动承受的风险（Passive Systematic Risk），而内因导致的风险则是企业主动行为引致的个体性风险（Proactive Individual Risk）。从引致因素的可控性上来看，整体的系统性风险往往非单个企业自身努力所能解决。而内源性的战略性风险则不然，是企业内部自身可以控制的因素导致的，因而比环境客观因素形成的系统性风险更容易管理和控制（Chatterjee et al., 1999）。因此，相关的理论研究对企业的风险管理实践也更具有现实意义。

从企业实践来看，国内的很多企业都是因为忽视了其高速发展、扩张过程中自身内部萌生的、威胁其可持续发展的风险因素而使得企业发展走向了失败和灭亡，如"三鹿"集团、"巨人"集团等。随着改革开放的不断深入，我国企业也更深地卷入了全球化所引致的激烈竞争中。因此，无论是行业环境还是整体的外部经济环境，都开始变得更加复杂和动荡。在这种内外交互影响的复杂环境中，如何能够实现自身健康成长和可持续发展，对于中国企业来说是一个非常严峻的挑战。因此，无论从企业实践还是从战略管理理论发展的需要来看，都非常有必要重视企业内部所萌生的、威胁其长期生存和可持续发展的战略性风险。

本研究试图从风险管理与战略理论相结合的研究视角出发，对企业内生战略性风险管理相关问题进行系统的研究和分析。具体而言，本研究主要围绕以下三个相互关联的子问题展开：

（1）威胁企业可持续生存和发展的内生战略性风险是怎样形成的，都有哪些关键的风险构成因素？

（2）对于企业应对这种内生战略性风险有积极影响和支撑作用的企业免疫能力维度、行为机制是什么？

（3）风险管理的行为机制与能力对风险管理绩效以及企业绩效产生积极影响的主要传递路径有哪些？企业又该如何在实践中构建相应的行为机制，开发和培育相关的企业免疫能力？

第十五章　企业内生战略性风险

第一节　企业内生战略性风险的内涵

一、内生战略性风险的概念

如前所述，虽然学者们对于什么是战略性风险没有达成一致的看法，但对于"风险"的涵义则观点一致，即由不确定性所导致的、对预期目标实现的潜在威胁和阻碍，或者说不能实现的差距。在中文词语的解释中"战略性"是一种关于企业全局的、长期的根本利益，是一种重大转折的关键性影响。企业战略管理的终极目标是通过维系持久的竞争优势实现长期生存和发展。因而，从竞争优势与可持续发展结合的角度来理解和界定战略性风险更符合企业战略管理的本质和实践。基于学者 Simons 和 Chatterjee 对战略性风险的理论阐述和文献梳理，本研究对战略性风险做出如下界定和阐释：

内生战略性风险是企业在追求持久竞争优势的过程中，因自身要素与环境变化的要求相背离而对其可持续生存和发展构成根本性威胁、阻碍的内部潜在因素。

首先，战略性风险是对企业可持续生存和发展的一种根本性威胁和阻碍。风险是不确定性导致的整体损失或者与期望目标的差距。但这些差距和损失不一定都会对企业生存和可持续发展构成实质性威胁。而战略性风险则是那些使得企业不能或者无法实现其长期生存发展的阻碍和威胁。从另一个层面上看，克服这些阻碍和不利因素的限制对于企业实现可持续发展的战略目标而言极具战略意义。

其次，战略性风险是需要企业必须在战略的高度上予以重视、管理和消除的特殊风险。战略性风险与财务风险的区别在于它是一种不可保的风险，也即企业不能通过金融等手段予以分化的一类特殊风险。在实践中，企业必须采取切实有效的管理手段，否则这类风险的冲击将会使得企业无法生存和持续发展。这是战略性风险与其他类型风险在性质上的一个区别。

最后，在引致原因上，内生战略性风险源于企业自身内部因素或者由内部因素主导而形成。这是内生战略性风险与外部系统性战略风险（Systematic Strategic Risk）以及其他风险在引致原因和边界上的区别。外部系统性风险是由企业不可控的外部因素所引发的一种对某一批或者某一类别企业生存和发展构成的威胁和阻碍（Chatterjee et al.，1999）。比如，国家宏观调控政策对某一行业进行的约束和限制影响的是整个行业内企业，这对单个企业而言是一种外生性的整体的风险。并且，这类外源性的战略性风险对个体企业来说是一种被动性的风险（Passive Risk），而相对来说其内部自身因素萌生的战略性风险则是一种主动的风险（Proactive Risk），也即企业主观理念引导的行动偏差而引致的风险。

因此，内生战略性风险（Endogenous Strategic Risk）同一般意义战略的风险（Risk of Strategies）以及外源战略性风险（Exogenous Strategic Risk）在引致原因和外延范围上有着很大的区别，若无特别说明和标注，本研究以下部分中与战略性风险相关的表述均指这种内生战略性风险。

二、与相关概念的比较分析

1. 与企业危机的联系和区别

战略性风险与通常意义上的危机既有联系也有区别。在联系上，危机往往是引发战略性风险从而对企业生存造成威胁的关键因素和导火索。内生战略性风险大多隐蔽在企业内部，积压到一定程度后，在若干危机事件冲击下才逐渐显露出来。这样的危机事件就直接地构成了战略性风险爆发的导火索和表现形式。比如，"三鹿奶粉事件"的发生，其根本原因在于其成长和发展过程中，"三鹿"本身的生产模式、产品技术隐含了重大质量和安全隐患。当幼儿结石致死的危机出现后，"三鹿"隐藏在自身内部的威胁其生存和发展的风险被全面揭露、激发出来。因此，当企业的战略性风险已经酝酿生成并且对企业生存构成实质性威胁时，其中某些方面的因素和事件会以危机的形式爆发，从而引致整个战略性风险对企业的冲击和破坏。这种情况下，危机事件构成了战略性风险负向作用于企业成长、发展的某个环节和过程。

企业的战略性风险与危机还存在很大的区别，在引致原因、处理方式和对企业的影响上都有显著的差别。引致危机的原因可能会是虚假信息的谣传、企业行为和关键人员言语不当等因素（Collins et al.，1996）。在内容和性质上危机与战略性风险也有所不同。一般而言，危机事件通常都是不正常的突发事件，对企业家以及员工心理震撼比较大。危机事件发生后企业必须在时间紧迫及人力、财力、物力资源缺乏和信息不充分的情况下，机敏、灵活地进行决策和处理（Mitroff & Shrivastava，1987）。因此，企业危机实际上是一种发展态势不确定的，对企业全局以及利益相关者的利益有严重威胁的，需要在时间紧迫、信息不充分的情势下机敏决策和快速处置的事件、情境或状态（Pauchant & Douville，1993）。很多危机事件对企业的威胁和影响只是短暂的，在企业采取公布信息和及时沟通等有效措施后，危机事件及其消极影响会消除（Pearson & Clair，1998）。但企业的战略性风险对企业的生存和发展的威胁是长久的，往往需要通过相当长的时间才能予以控制和消除。比如，当企业技术落后于市场主流趋势而面临被市场淘汰的境地时，企业需要通过大量的投入以及经过长时间的技术创新才能够将战略性风险予以消除。而此时处理危机的方法和手段对战略性风险管理通常不能奏效。

2. 与企业风险的关系比较

从概念表述以及涵义上看，企业风险（Corporate Risk）是一个比战略性风险更广泛的概念。对于企业风险而言，从不同的管理角度出发可以有不同的概念描述。从财务管理的角度，企业风险可定义为预期收入可能的波动程度，即不能达到期望收入的可能性。基于这种观点，可以把企业风险分为经营风险和财务风险。经营风险实际上是企业生产经营的不确定性带来的风险，在企业管理实践中体现为企业利息及税前预期收入的波动程度，也即现金流不确定性风险（Palmer & Wiseman，1999；Miller & Bromiley，1990）。经营风险独立于企业的资本结构，由企业的资产、产品及原材料等情况决定。财务风险是因负债融资而增加的风险，也叫融资风险。财务风险反映了税后每股收益的波动程度。因此，从内涵上来看，企业风险指企业整体损失的不确定性（Miller & Bromiley，1990），但企业的战略性风险则是指对其生存和发展的根本性的威胁和阻碍（Chatterjee et al.，1999；Simons et al.，1999）。这两者之间既有交叉又有不同：损失的不确定性不一定会威胁到企业的生存，而威胁到企业生存的损失一定满足企业风险的内涵和标准。从内容来看，企业风险更关注引起收益变化的财务风险和纯风险领域，而内生战略性风险则更多地关注企业发展的规模、速度、方向和手段等主动性行为中所蕴含的威胁企业可持续发展的不利因素。

从管理过程和结果来看，作为企业风险主要形态的财务风险可以通过金融工具来减小风险损失，并通过投资组合来分散风险。纯粹的损失性风险也可通过专业承保来规避。因此，从总体上来讲，财务风险是一种可保风险。但战略性风险是一种不可保风险，也无法通过套期保值等金融工具来减小损失。因此，企业的战略性风险在管理上难度更大。

3. 与机会的区别和联系

风险与机会之间是相互联系并且相互转化的辩证统一关系，但企业战略性风险与机会的性质是完全不同的。首先战略性风险是对企业可持续发展和生存的一种威胁和阻碍，而机会则是对企业成长和竞争优势获取的有利因素集合。然而机会中总是蕴含着风险，尤其是在企业试图通过机会形成的有利因素驱使下去获取竞争优势时，如果没有把握好尺度或者欠缺了基本条件则会使追寻机会演变为风险的陷阱。此外，如果企业很好地应对了风险则有可能会使风险转化为企业成长和竞争优势获取的机会和可能。因此，战略性风险与机会之间既相互区别又相互联系。战略管理目标主要是使企业在不确定性的环境下选择合适的路径获取竞争优势。因而，对企业的战略管理而言，风险又绝对是伴随战略管理过程始终而存在的。战略性风险管理正是试图探讨企业如何有效控制、消除甚至将发展过程中的诸多风险转化为机会的跨领域交叉研究。

在管理实践中，偏好风险的企业和企业管理者会将原本是风险的事件看作机会，而风险厌恶的人则可能将机会视为风险（Kiesler & Sproull，1982）。战略性风险管理研究正是试图提供一种机制和路径，使企业在风险扩散之前而将其控制和消除。因此，相比竞争对手而言，快速、有效和低成本地应对同一战略性风险也将是获取竞争优势的一种途径，同时也是将风险转化为机会的中介和关键之所在。从这个意义上来说，企业战略性风险管理对机会导向的企业成长理论也是一个补充和配合。战略性风险管理相关理论对于引导企业健康有序的成长和发展有重要的启示意义。

第二节 企业内生战略性风险融发的机制

一、企业惯性与内生战略性风险

如前所述,战略管理的经典理论认为,一个在竞争中能够生存并且取得成功的企业必须满足其资源、能力等关键要素与环境动态性之间的相互匹配(Teece et al.,1997)。竞争环境的变化是外部环境变化的主要表现和引发因素。当竞争环境发生变化后企业在新的市场环境树立竞争优势的条件和要求也会因之而发生变化(Daft et al.,1988)。因此,企业能否满足这种新变化的要求就成为能否顺利地生存和发展的关键。如果企业因自身原因而未能满足环境变化所产生的新的要求,那么就会出现不能满足竞争优势持久性需要的战略性风险(Baird & Skromme,1985)。当环境变化产生企业生存、发展的风险和压力时,企业需要调整自己的组织、资源、能力以及技术来积极地响应这些风险和威胁的冲击,否则将会被环境所淘汰和选择(Bacharach,1989;Nelson & Winter,1982)。而企业惯性或者说灵活性的降低会使企业对环境变化的响应延迟,从而使企业与环境之间的失衡关系持续时间更久,程度更加严重。从理论和实践来看,企业惯性或者说灵活性的高低与以下几个方面密切相关:

1. 核心能力引致的核心刚性

资源基础管理理论(RBV)认为,核心能力是企业持续竞争优势的源泉(Prahalad & Hamel,1990)。但是,核心能力形成是一个长期积累的过程,历史事件、实践经验及企业传统都是影响核心能力构建的关键因素。因此,核心能力一旦形成,往往会在一定程度上限定企业战略选择的空间和业务活动的范围。当内外环境发生变化时,已有的核心能力可能成为企业变革的障碍,表现出不易被改变的核心刚性(Leonard-Bardton,1992)。在企业扩张超前和发展滞后的情况下,核心能力的刚性会使企业很难短时间内进行调整和收缩,这会进一步扩大和加速企业自身资源、能力与环境变化趋势匹配的失衡状态,催生风险的形成和爆发。

2. 制度刚性产生的路径依赖

企业的制度规定是企业行为的准则和依据，也是企业行为规则、经验知识和技术操作规范的正式表达和载体（Baum & Oliver, 1991）。在与环境互动的过程中，企业会通过既定的制度安排来应对环境不确定性以及规避交易费用和成本（Besanko et al., 1996）。当企业面对不确定性的情况时，首先会在现有的制度安排中去搜寻，也即遵循以往的惯例和制度安排（Nelson & Winter, 1982）。因此，制度形成以后会在相当长的时期内约束和影响企业中人的行为乃至组织整体的行为。另外，企业制度的制定和生成需要经过一个从讨论、分析到最后成文乃至多次循环的过程。即使已经既定成文的制度要想被人们所接受和认同也需要一个认知、了解和习惯的过程。这往往会使企业制度本身和其约束、影响下的企业行为变化与环境变化发生偏差、错位。即使企业能够及时地发现需要调整制度规定，但新的制度出台和顺利实施也仍然要有一个过程和时间间隔。因此，企业制度的刚性也会引致企业的惯性。企业惯性的存在也同样会导致企业对环境变化进行适应和调整的时滞，甚至会因为管理者对趋势变动价值是否符合企业规范的主观判断而错失良机。这种内生的阻碍和束缚往往是企业与环境匹配失衡的一个主要因素。

3. 认知刚性引致的行动延迟

在企业管理实践中，管理者往往会由于"心智模式"的影响和束缚而产生认知刚性，从而使企业表现出较强的惯性（Tripsas & Gavetti, 2000）。"心智模式"是指支配人们思考问题和采取行为的、深藏在人们思想深处的、作为人行为依据的思想观念和理论假设。在一定程度上，"心智模式"是一种隐性的经验知识。这种隐性的经验知识会影响决策者对环境刺激的反应。面对环境变化的信息刺激，管理者会遵从其成长过程中积累所形成固有价值观念、思维方式以及沉淀的知识、经验去进行决策分析和思考（Bateman & Zeithaml, 1989; Kiesler & Sproull, 1982）。在惯例以及风险偏好等因素的影响下，组织过去的经历必定带来态度、信念和理解的过时，从而带来决策者的认知偏差（Boyd & Fulk, 1996; Bourgeois & Eisenhardt, 1988）。个体决策者之间的心理偏差并不具有相互独立性，而是会基于心理传染或"羊群行为"而导致决策者出现集体性认知偏差，出现一种群体决策极化效应，进而促使集体决策者产生无意识或群体预期出现系统性偏离（Boynton et al., 1993）。这种偏离使企业对环境的变化反应迟钝甚至完全没有响应，无法认识到其行为的偏差，导致企业组织惯性形成（Tripsas & Gavetti，2000；Chen & MacMillan，1992)。

4. 异质性资源流动刚性的影响

企业适应环境变化调整的过程实际上也是一个资源调配和流动的过程 (Cheng & Kesner，1997)。资源基础观理论（RBV）认为，企业成长和竞争优势的形成离不开企业所拥有的资源支撑。在管理实践中，企业极容易出现资源供给不足与战略目标快速提升的"战略缺口"（Strategic Gap）现象。"战略缺口"理论认为，企业的战略目标总是在不断提升和发展的，而企业却不可能拥有能达到目标的所有资源。因此，企业的资源与战略目标之间就存在着一个缺口。根据资源基础观，企业资源不足或者缺口产生于异质性资源流动的刚性或者说不可交易、模仿和复制的特性。资源基础观理论认为，满足这些特性的资源多属于软资产，其存量的形成需要长时间的积累；同时，由于某些资源的存量存在因果模糊性，所以不能完全确定哪些因素在积累过程中发挥作用。显然，其他企业模仿这种资产存量就存在很大难度。更重要的是，很多战略性资源是无法通过市场交易获得的，而且模仿和复制的成本很高。正是由于企业资源的这些特性使对企业发展至关重要的资源难以流动和获得，从而会影响和制约企业适应环境的灵活性，导致企业惯性增强。

5. 组织结构调整的刚性

在企业组织动态适应环境变化的过程中，组织结构刚性是使企业不能及时灵活地做出调整的一个重要阻碍因素（DeCanio et al.，2000），也即组织结构刚性与企业的惯性之间有密切的关联。企业通常由于三个方面的限制而产生结构惯性：一是资产专用性的限制。组织在战略实施过程中所投入的各项投资，由于已转换成特定资产而不易将之转移他用，从而成为组织的"沉没成本"。二是既得利益集团的抵制。三是决策选择的限制，即战略选择行为上的"先天性自然限制"（Wiseman，1996)。在战略决策过程中，由于受成长背景与经验范围的限制，所以造成决策者独特的偏好习性或认知（Grant，2003)。同时，主观的知觉环境与其所处的真实客观环境之间常存在一些信息失真的差距。这就极容易产生选择上的错误，误导或延迟组织采取反应的行为（Chen & MacMillan，1992)。当这种延迟影响到组织战略目标实现时，就会产生战略性风险。

由于企业内部刚性因素的交互影响和作用，企业的惯性会不断地增强。企业惯性的增强也使得企业与环境背离的趋势不断地加大，战略性风险也就越加严重。

二、行业环境对内生战略性风险的影响

以往的战略性风险理论认为企业的战略性风险源于其生存环境的动态不确定性。然而，即使在稳定的环境中，企业仍然会遭遇、显现出战略性风险。因此，环境是否动态并不是战略性风险形成的充分必要条件，但这并不意味着企业内生战略性风险与环境的动态变化毫无关系。从趋势变化方向以及程度上的差异来看，企业外部环境的动态变化会改变企业偏离或者适应环境的相对程度。因此，环境动态性也是分析企业战略性风险生成所必须考虑的一个重要因素和变量。

就企业生存和发展的外部环境而言，种群生态理论认为企业外部最直接的环境是其群落环境（Greiner，1972），也即所谓的行业环境。而行业环境又处于整体外部经济环境中，外部经济环境的诸要素均在行业环境中有所体现和作用，但同时行业环境又具备了自己独特的群落环境特点。这使企业生存的群落环境在企业与整体环境互动过程中的角色和作用尤为关键和特殊（Hannan & Freeman，1977）。一方面，行业环境的动态性使企业组织惯性产生的非均衡性相对放大；另一方面，行业环境的稳定则会抵消部分外部环境冲击的不利影响，而使企业生存的群落环境相对稳定。也即行业环境的动态性是外部环境动态变化与企业交互作用关系之间的一个类似调节作用的阀门和转换中介。

因此，企业与行业环境关系的变化会对企业可持续发展产生重要的影响。如图 15-1 所示，企业生存和发展的空间会随着行业周期从朝阳向衰退的演进而逐步缩小，同时对企业生存的威胁则逐步上升。因此，这两个不同走向和趋势的曲线将企业成长空间分割成不同的情况。处于 C 区的企业，因濒临行业衰退期，环境不利因素对企业生存的威胁比较高，生存空间小，所以犹如陷入死海之中，企业往往处在不死不活的挣扎境地。而处于中间的区域 B 则表明，企业处于行业成熟期，竞争与利益分配格局日趋稳定，是一种需要努力竞争才能获得发展的情况，类似于红海战略中所描述的情景。相对于 C 区而言，B 区中的企业面临的环境不利因素对于生存和发展的威胁较小。而处于区域 A 则表明行业初生时期的广阔发展空间和低生存威胁的情况，类似企业发展的蓝海。

企业成长的产业生命周期理论认为，企业生存的行业环境会从初生的朝阳行业转化为成熟行业，继而衰退乃至消亡。如图 15-1 所示，当产业环境沿着这一周期演进时，企业会相继经历蓝海（A）、红海（B）和死海（C）的区域，这是

在企业生命周期同行业生命周期一致的情况下所得出的结论。如若企业的生命周期与行业的生命周期不一致，那么企业的情况就会发生很大的变化。当企业的发展滞后于产业生命周期，企业成长空间曲线以及生存威胁曲线的位置会相应地被改变。在企业成长空间曲线位置不动的情况下，仅仅由于企业滞后于行业生命周期，或者说行业生命周期变动后，企业生存威胁曲线就会被抬高，实线与虚线间的距离即是被行业环境变动所放大的风险。此种情况下，企业生存可能经历的红海区域和死海区域都被放大，而蓝海区域显著缩小。

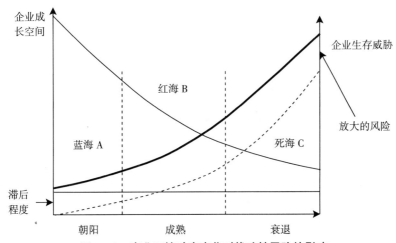

图 15-1　产业环境动态变化对战略性风险的影响

因此，行业环境直接与企业密切相关，是整体外部环境的集中缩影和体现。由于行业环境对企业作用得更加直接和关键，当企业外部行业环境动态变化与整体环境动态变化叠加和重合时，无论是内部风险还是外部风险，对企业成长和可持续发展的威胁都会被放大；而当行业环境比较稳定和适合企业发展时，即使遭遇了不利因素的冲击，也会因行业环境的舒适和适度而抵消其消极的影响，从而在一定程度上延续企业的竞争优势。因此，企业所处行业环境动态性高低对内生战略性风险的形成有反向趋势变动的影响。

三、企业内生战略性风险融发机制模型

基于上面的阐述和分析，本研究设计构建了企业战略性风险生成的融发机制的概念模型。如图 15-2 所示，企业赖以生存和获得资源、信息的外部环境变化是客观的，不以企业的意志为转移。客观环境动态变化和风险是绝对的，伴随企

业成长和发展过程的始终，而环境的稳定则是相对的和暂时的。外部环境的动态变化会通过行业环境调节而被放大或者缩小，从而共同影响和改变企业树立竞争优势所需要满足的条件与要求。而这一变化了的树立竞争优势的条件和要求构成了企业战略性风险生成的驱动因子（吴思华，2002）。驱动因子是指此项因子必须存在的条件下风险才能被驱动而发生，它是风险的主要外部根源。但仅有外部驱动因子的作用尚不能形成内生战略性风险。例如，若此时企业所处的行业环境稳定，而且企业尚能保持一定的灵活性和适应性，则企业能够通过调整和变动，

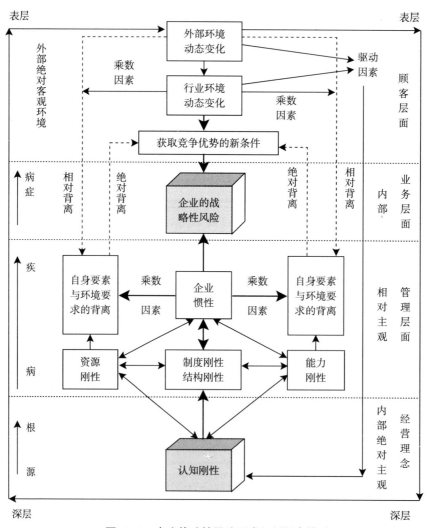

图 15-2 内生战略性风险形成机制概念模型

纠正与内外环境关系间的失衡的偏差，以重新适应树立新的竞争优势所需要的要求和条件。因此，驱动因子只是内生战略性风险生成的一个诱发因素。

当环境变化后，企业会沿着"认知—行为调整—环境适应—竞争优势"的路径来适应环境的变化（Benoit & Rangaraj，1999）。在管理实践中，"认知"影响着企业的组织行为（Milliken，1987）。因此，环境变化后，企业是否能够及时地感知和正确地认识到环境的变化，并进行组织行为的调整、适应就显得非常关键（Beal，2000）。而如前所述，当环境变化后，组织认知刚性首先导致了对外部环境变化响应的缓慢。由于组织认知的刚性，企业仍然延续了对以往制度安排和结构的偏好。而制度和结构的刚性则进一步造成了资源和能力的刚性（DeCanio et al.，2000）。这些引致企业惯性的能力、认知因素之间的相互影响会使企业的惯性急速增强（Tripsas & Gavetti，2000），从而使企业对环境不确定性的感知发生错误与错位（Boynton et al.，1993）。因此，从作用方向和趋势的相对性来看，行业环境动态性与企业惯性之间实际是相互对立和转化的一对变量。两者之间任何一方背离另一方的趋势的增强都会使相对差距变大。例如，当企业惯性增强时，行业环境的动态性则显得相对较高；而当行业环境动态性变高时，企业的惯性也相对变得较强。这两者之间的关系与宏观经济增长模型——哈罗德多马模型中的乘数加速数原理相类似。因此，当认知刚性通过制度刚性、结构刚性以及能力和资源刚性的内部交互作用形成企业惯性后，就形成了催生战略性风险的乘数因子。乘数因子是指当驱动因子存在时，若乘数因子也存在，则风险发生的概率与可能性也就越大（吴思华，2002），风险发生后的压力与破坏程度也越严重。单一因子的存在会成为潜在的风险诱因，只有当二类因子同时存在时，才会生成对企业生存和可持续发展构成实质性和根本性威胁的战略性风险。因为当仅出现驱动因子而不具备乘数因子时，企业还可以通过灵活变革和适应以及行业环境的缓冲和壁垒作用来抵消风险对其生存、发展的不利影响。但一旦驱动因子和乘数因子同时存在并交互作用，风险对企业生存和可持续发展的威胁就会持续加剧而难以被消除，进而会使企业陷入艰苦挣扎甚至消亡的困境，这也在一定程度上表明企业战略性风险的内生性。企业惯性和行业环境动态性两个乘数因子的交互作用会使企业与内外环境之间的非均衡程度、风险的破坏程度和冲击力度都被放大，并且由于企业惯性的作用，这种不利影响和冲击持续的时间更长。

从静态纵向的解剖来看，内生战略性风险的融发与企业组织层面存在着一定的层级对应关系。如果将战略性风险从根源到表象由深到浅的纵线依次划分为

"根源—病灶—表征"的层次，同时也将企业组织的层级区分为从深到浅的"经营理念—组织管理—业务层面—顾客层面"，那么战略性风险会与这些不同的层级形成对应关系。

从图 15-2 可以看出，企业认知是企业对外部环境的感知状态，在管理实践中企业组织的认知在一定程度上会制约和影响企业经营理念。如前所述，内生战略性风险源于在追求竞争优势的过程中，企业自身要素与环境互动匹配的失衡。这种企业自身要素的失衡直接源于企业成长与发展的路径、方向等行为层面的因素。当环境变化后，企业首先因惯性的作用显现行为与环境关系的失衡。而企业行为的调整受认知的引导和制约。因此，战略性风险萌生的根源因素与企业层级中最深层的经营理念层级相对应。从理论和逻辑上来看，内生战略性风险的根源在于以认知为具体体现的经营理念未能符合环境变化产生新的树立竞争优势的条件和要求。当战略性风险开始侵入企业组织肌体后，会形成主要以能力刚性、资源刚性以及制度和结构刚性为主要问题症结的战略性风险病灶。与此同时，这些病灶在企业惯性的乘数作用下，进一步形成了战略要素与树立竞争优势要求不适应的具体风险病症。在这一层面，企业的组织行为和健康状况因而会呈现出某种病态。当这一病态继续恶化后，就会形成具体业务层面的风险事件和表象，也即具体的战略性风险因素。

总体而言，内生战略性风险的形成过程是包涵了企业自身因素、环境因素等多因素交互影响的一个较为复杂的动态过程（Collins et al.，1996）。从这一风险模型来看，内生战略性风险是风险驱动因素与乘数因素共同交互作用沿着企业组织不同层级不断递进的一个过程。从前文对这些风险引致因素客观性的辩证分析上来看，这些客观因素的相对性会因企业不同的历史演进、行业以及所有制的变动而发生变化。但总体而言，外部环境的风险是较为客观的，只要创立企业，进入商界就会有遭遇风险的可能。但并非所有的企业遭受风险冲击后都会死亡，关键还在于这些企业能否很好地把握相对主观与绝对主观的内部因素。因此，从理论逻辑上来看，内部因素会在战略性风险融发过程中起到更关键和显著的作用。

第三节　企业内生战略性风险的性质和构成

一、企业内生战略性风险的性质

1. 隐蔽性

如前所述，内生战略性风险是其发展和扩张过程中致使可持续发展战略目标不能实现的一种潜在威胁和阻碍因素。这些潜在风险因素经过一段时间的积累，在一定的诱发因素和条件下才会爆发。

首先，隐蔽性是指这些风险因素往往潜伏在企业内部多年而不为管理者所发现。另外，企业出于维护自身形象和保守经营秘密的原因，即使在企业内部也不是所有人员都能接触到有关企业经营管理的全部信息。因此，企业自身往往很难感知到这类风险因素的存在。

其次，外界和社会公众也不容易发现企业内部潜伏的这种风险因素。由于信息不对称和监管成本，企业外部的公众很难细致、深入地了解到企业具体的运营信息，并且人们对某些企业萌生风险信息的了解都是事后的。因此，对外界而言，这种内生的风险也较为隐蔽。

内生战略性风险的隐蔽性使风险对企业实现可持续生存和发展战略目标的威胁性更高，风险的后果也更加严重。

2. 多变性

战略性风险的状态并不是一成不变的，而是随着企业内外部环境的交互作用而不断发生变化，或强或弱，难以判断。从总体情况来说，战略性风险可能会有各种演进的结果，甚至会从对企业发展的威胁、阻碍转化为有利的推动因素。但这种演进和转变必须以企业的某种变革为条件，也即企业战略性风险会因各种因素的影响而在状态和影响结果上发生变化。这种变化仍然是多因素共同作用的综合结果，同样难以预料和臆测。这种多变性无形地加大了战略性风险管理和控制的难度。

3. 致命性

战略性风险对于企业的影响往往是致命性的，是对其生存发展的一种潜在的、根本性的威胁和阻碍。企业如果不能妥善恰当地对其内部萌生的这类风险因素进行控制、管理和消除而任由其发作，就会使企业走向失败。如"三鹿"集团对其产品质量安全方面的麻痹大意和放任自由，最终导致企业迅速破产倒闭。因此，战略性风险的致命性要求企业管理者必须对这种风险予以高度重视。

4. 可控性

战略性风险是一种不可保的风险，也即这种风险是不能通过金融工具的运作予以化解和规避的。但这并不意味着这种风险是无法控制和消除的。对于企业内生战略性风险而言，企业可通过采取针对性的措施，使其处于可控的状态，甚至将其逆转为企业发展的机会。例如，企业通过自身变革来提高对环境要求的适应程度，从而突破企业发展的各种限制和阻碍，使企业发展蒸蒸日上。从这个角度来看，这种风险在一定的条件和情况下又是可控的。企业管理者可以通过机制设计或者其他途径来消除潜在的内部战略性风险因素对可持续生存和发展战略目标实现的威胁和阻碍。

二、企业内生战略性风险的演变

从内生战略性风险生成机制的模型阐述来看，这种复杂的风险状态会因多种因素的影响而发生变化。除自身因素外，风险持续时间与风险管理措施都会影响风险状态的变化（如图 15-3 所示）。

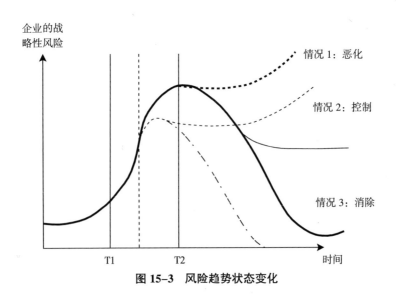

图 15-3 风险趋势状态变化

就风险状态与时间的关系来看，随着作用时间的不断延长，战略性风险对其可持续发展的威胁和阻碍也越加严重。当战略性风险形成、爆发后，如果企业没能采取恰当的措施予以管理和控制，则风险对企业生存和发展的威胁、破坏会持续上升。因而，当这种根本性的威胁和阻碍形成后，短时间内消除的难度会很大。除介入风险管理时间的早晚对风险后果有不同影响外，具体的应对措施正确与否以及力度大小也将对风险演变的状态产生影响。具体而言，如果企业介入和应对风险的措施得当，则会使风险威胁的总体水平下降，如图中粗黑曲线走势所示。企业介入风险管理的时机越早，对风险的处理也就会越容易，从而更容易控制和消除风险。由于介入时间早，风险的威胁处于较低水平，所以，比介入晚的时候，风险曲线要有位差，如图 15-3 中虚线风险趋势线和其他曲线之间的差。

从上面的分析可以看出，风险状态的转变直接受制于两个方面的因素：

一是企业是否能够及时地采取应对措施，也即风险管控措施介入的时间。一般而言，在风险因素刚开始萌发、尚未真正形成根本性和实质性威胁和阻碍时，采取措施比较容易控制和消除风险。但尚未形成实质性威胁风险因素往往迹象不明显，甚至与企业所认为的发展机会交织在一起而较难被发现。这就需要企业具备一套灵敏而且有效的风险监控机制。这套风险管理控制机制能够使企业密切关注内外环境的变化，并能够迅速、准确地对变化的趋势和影响作出分析和判断。

二是企业采取的风险管理控制措施正确有效并能够顺利实施。一方面，企业是否能及时发现其风险并采取正确有效的应对措施，与该企业的风险管理控制机制、模式有直接的关系；另一方面，尽管企业的机制和模式选择正确，但缺乏足够的能力支撑，也会使其风险应对措施的作用受到限制，风险管理的效能也无法提高。

因此，从风险态势演变的角度来看，企业需要一个迅速有效和保持平衡适度的风险管理动态机制以及具体企业能力的支撑，这样才能更好地应对风险因素对其可持续生存和发展的威胁和阻碍。

三、企业内生战略性风险的构成维度

企业成长和发展过程中会因各种风险因素的冲击而陷入困境，进而阻碍长期可持续发展战略目标的实现。因此，学者们对于战略性风险的具体因素和构成十分关注，也从不同的角度和理论进行了分析：

学者 Slywotzky（2005）曾明确地指出，因专利过期和流程过时而被市场所淘汰是企业可能遭遇的"行业技术"战略性风险。更重要的是，顾客偏好的转移和销售量的下降还会导致企业遭遇"顾客风险"。

学者 Chatterjee et al.（1999）则指出了如果欠缺将企业同市场波动隔离开来的某些资源，则企业就会遭遇战略性风险。同时，Simons et al.（1999）和 Slywotzky（2005）都强调了品牌和市场信誉丧失的风险。

Robert 和 Devin（2001）特别强调了企业的重要战略决策失误，如投资决策失误会给企业引来致命的风险。

依据 Slywotzky，Chatterjee，Simons，Robert 等上述学者的理论和论述并结合研究设计，将本研究所梳理和归纳的风险因素事件命名和界定如下（如图 15-4 所示）：

产品技术落后的战略性风险：企业的核心产品和技术的更新落后于竞争对手以及市场发展趋势，从而对其可持续发展形成的潜在的威胁和阻碍。

市场信誉丧失的战略性风险：由于产品以及服务瑕疵，使企业在消费者和社会公众心目中的信誉降低而对其可持续发展形成的威胁和限制。

组织管理缺失的战略性风险：由于管理能力不足、组织机构不完善而对企业可持续发展形成的潜在的威胁和限制。

资源供给不足的战略性风险：维持企业生存和发展所需要的关键性人力资源、财务资源以及原料、生产设备等资源短缺或者流动性不足，从而对企业可持续发展形成的限制和阻碍。

投资决策失误的战略性风险：企业后续再投资的方向、重点以及业务选择失误对企业可持续发展形成的威胁和阻碍。

违反法规引致的战略性风险：企业采用违反法律规范以及社会道德的方法、途径获取竞争优势、利益的行为受到法律制裁、惩处后给企业发展造成的不利影响和冲击。

结合企业的事例我们可以发现，上述这些阻碍和威胁可持续发展的风险因素和事件也曾普遍地出现在其他企业管理实践中。比如"巨人"、"爱多"等企业就是因这些因素的综合作用而最终倒闭、消亡的。因此，这些因素是对企业成长和可持续发展有根本性影响的、带有一定普遍性的潜在威胁因素。

需要指出的是，企业未能实现可持续发展的战略目标往往是这些因素综合交互共同作用的结果。虽然在某一时期会有个别风险因素比较突出，但战略性风险并不是由单独的某一个因素所构成的。因此，在理论上和实践中，这六个方面的战略性风险维度相互之间会存在一定的关联性。

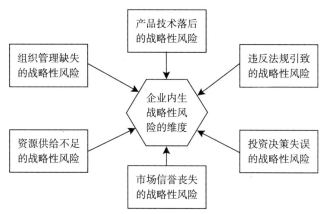

图 15-4 企业内生战略性风险的构成维度

参考文献

[1] Ansoff H. I. The Emerging Paradigm of Strategic Behavior [J]. Strategic Management Journal, 1987, 8 (6): 501-515.

[2] Bacharach S. B. Organizational Theories: Some Criteria for Evaluation [J]. Academy of Management Review, 1989, 14 (4): 496-515.

[3] Baird, Skromme Thomas. Toward a Contingency Model of Strategic Risk Taking [J]. Academy of Management Review, 1985, 10 (2): 230-243.

[4] Bateman T. S., Zeithaml C. P. The Psychological Context of Strategic Decisions: A model and Convergent Experimental Findings [J]. Strategic Management Journal, 1989, 10 (1): 59-74.

[5] Barney J. Firm Resources and Sustained Competitive Advantage [J]. Journal of Management, 1991 (17): 99-120.

[6] Baum J. C., Oliver C. Institutional Linkages and Organizational Mortality [J]. Administrative Science Quarterly, 1991, 36 (2): 187-218.

[7] Beal R. M. Competing Effectively: Environmental Scanning, Competitive Strategy and Organizational Performance in Small Manufacturing Firms [J]. Journal of Small Business Management, 2000, 38 (1): 27-48.

[8] Benoit M., Rangaraj R. Through the Looking Glass of Complexity: The Dynamics of Organizations as Adaptive and Evolving Systems [J]. Organization Science, 1999, 10 (3): 278-293.

[9] Besanko D., Dranove D. Shanley M. The Economics of Strategy [M]. John Wiley & Son, 1996.

[10] Bourgeois L. J., Eisenhardt K. M. Strategy Decision Process in High Velocity Environments: Four Cases in the Microcomputer Industry [J]. Management Science, 1988, 34 (7): 816-835.

[11] Boyd B. K., Fulk J. Executive Scanning and Perceived Uncertainty: A Multimensional Model [J]. Journal of Management, 1996, 22 (1): 1–21.

[12] Boynton A. C., Gales L. M., Blackburn R. S. Managerial Search Activity: The Impact of Perceived Role Uncertainty and Role Threat[J]. Journal of Management, 1993, 19 (4): 725–747.

[13] Collins T. Ruefli. W. Strategic Risk: A State–define Approach [M]. Kluwer Academic Publishers, 1996.

[14] Chatterjee, Lubatkin M. Toward a Strategic Theory of Risk Premium: Moving Beyond CAPM [J]. Academy of Management Review, 1999, 24 (3): 556–587.

[15] Chen M. J., MacMillan I. C. Nonresponse and Delayed Response to Competitive Moves: The Roles of Competitor Dependence and Action Irreversibility[J]. Academy of Management Journal, 1992, 35 (3): 539–570.

[16] Cheng J. L. C., Kesner I. F. Organizational Slack and Response to Environmental Shifts: The Impact of Resource Allocation Patterns[J]. Journal of Management, 1997, 23 (1): 1–18.

[17] Daft R. L., Sormunen J., Parks D. Chief Executive Scanning, Environmental Character-istics, and Company Performance: An Empirical Study[J]. Strategic Management Journal, 1988, 9 (2): 123–139.

[18] Das. Strategic Risk Behavior and its Temporalities: Between Risk Propensity and Decision Context[J]. Journal of Management Study, 2001, 38 (4): 515–534.

[19] DeCanio S. J., Dibble C., Amir–Atefi K. The Importance of Organizational Structure for the Adoption of Innovations[J]. Management Science, 2000, 46 (10): 1285–1299.

[20] Fiegenbaum T. Strategic Risk and Competitive Advantage: an Integrative Perspective [J]. European Management Review, 2004, 1: 84–95.

[21] Hannan M. T., J. H.Freeman. The Population Ecology of Organizations [J]. American Journal of Sociology, 1977 (82): 929–964.

[22] Grant R. M. Strategic Planning in a Turbulent Environment: Evidence from the Oil Majors [J]. Strategic Management Journal, 2003, 24 (6): 491–517.

[23] Greiner L. E. Evolution and Revolution as Organizations Grow [J]. Harvard Business Review, 1972, 50 (4): 37–46.

[24] Kiesler S., Sproull L. Managerial Response to Changing Environments: Perspectives on Problem Sensing from Social Cognition[J]. Administrative Science Quarterly, 1982, 27 (4): 548–570.

[25] Leonard–Barton D. Core Capabilities and Core Rigidities: A Paradox in Managing New Product Development [J]. Strategic Management Journal, 1992, 13 (8): 111.

[26] Miller, Bromiley. Strategic Risk and Corporate Performance: An Analysis of Alternative

Risk Measures[J]. Academy of Management Journal, 1990, 33 (4): 756–779.

[27] Milliken F. J. Three Types of Perceived Uncertainty about the Environment: State, Effect, and Response Uncertainty[J]. Academy of Management Review, 1987, 12 (1): 133–143.

[28] Mitroff, II, Shrivastava P. Strategic Management of Corporate Crises[J]. Columbia Journal of World Business, 1987, 22 (1): 5–11.

[29] Nelson R., Winter S. G. An Evolutionary Theory of Economic Change [M] . Belknap Press: Cambridge, MA, 1982.

[30] Pauchant T. C., Douville R. Recent Research in Crisis Management: A Study of 24 Authors' Publications from 1986–1991[J]. Industrial and Environmental Crisis Quarterly, 1993(7): 43–61.

[31] Palmer, Wiseman. Decoupling Risk Taking from Income Stream Uncertainty: A Holistic Model of Risk[J]. Strategic Management Journal, 1999 (20): 1037–1062.

[32] Pearson C. M., Clair J. A. Reframing Crisis Management [J]. Academy of Manaement Review, 1998, 23 (1): 59–76.

[33] Robert B., Devin A. Locke.A Multidimensional Model of Venture Growth [J]. Advanced Management Journal, 2001, 44 (2): 292–303.

[34] Prahalad C. K., Hamel G. The Core Competence of the Corporation[J]. Harvard Business Review, 1990, 68 (3): 79–91.

[35] Rumelt R. P., Schendel D., Teece D. J. Strategic Management and Economics [J]. Strategic Manaement Journal, 1991 (12): 5–29.

[36] Simons T., Pelled L. H., Smith K. A. Making Use of Difference: Diversity, Debate, and Decision Comprehensiveness in Top Management Teams [J]. Academy of Management Journal, 1999, 42 (6): 662–673.

[37] Slywotzky Drzik. Countering the Biggest Risk of All [M]. Harvard Business Review, 2005.

[38] Tripsas, Gavetti. Capabilities, Cognition and Inertia: Evidence from Digital Imaging [J]. Strategic Management Journal, 2000 (21): 1147–1161.

[39] Teece D.J., Pisano G., Shuen A. Dynamic Capabilities and Strategic Management [J]. Strategic Management Journal, 1997, 18 (7): 509–533.

[40] Wiseman. Toward a Model of Risk in Declining Organization: An Empirical Examination of Risk Performance and Decline [J]. Organization Science, 1996, 7 (5).

[41] 吴思华. 策略九说 [M]. 上海: 复旦大学出版社, 2002.

第五部分　脆弱篇[①]

---

① 本篇内容主要选自清华大学经济管理学院刘雯雯同学 2010 年的博士学位论文《组织脆弱性研究》，由王以华教授指导完成。

第十六章　组织的脆弱性

第一节　问题的提出和基本假设

一、现实背景

可持续发展已经成为企业面临的最急迫的命题之一。随着经济全球化规模不断扩大，竞争范围与范畴不停地被颠覆和扩展，科学技术以迅猛的速度持续更新，企业的生存与发展环境不仅被复杂性、不确定性、不可预测性以及动态性包围，而且其对企业生存和发展提出的挑战前所未有。多项研究指出，曾经名列世界财富500强的企业仍然无法保持基业长青，无法经历时间的锤炼。例如，1970年位列世界财富500强的企业，1/3已经在1983年遭遇破产、分解、被兼并等命运，光环散去黯然隐退。这一现象并非偶然，在1990年到2005年之间，超过半数的世界500强企业都殊途同归，企业持续性成长的愿望与企业的寿命并没有呈现正相关关系。与此同时，百年企业却并非罕见，如瑞典的斯道拉（Stora）创立于1288年，是全球寿命最长的公司。另外，杜邦（创立于1802年）、宝洁（创立于1837年）、雀巢（创立于1874年）等企业的寿命也超过100年，令人兴奋的是，这些百年老店现在仍是充满生机及竞争力。

现实促使我们思考：百年老店的铸就是否存在规律？企业的昙花一现是否存在共性的原因？曾经优异的企业为何与基业长青背道而驰？默默无闻的企业为何仍在运转不息？是什么让面对同样环境挑战的企业拥有不同的命运？在危机的夹击下，为何有的组织仍在坚持并由此通向繁荣，而另外的企业从此一蹶不振，无奈之下关门大吉？剖析组织的脆弱性及其背后的决定因素以及作用机制，不仅可以帮助我们理解企业危机发生的机制，更为重要的是对企业持续发展有着重要的指导和参考意义。

二、理论意义

企业高死亡率的原因一直是组织战略理论关注的问题。Stinchcombe（1965）首先用"新进入缺陷"的概念来解释新创企业脆弱性这一经济现象，他提出新创企业相较于既有企业，面临缺乏行业经验、承担更多内外新角色与任务、缺乏稳定的顾客关系、难以建立投资者信任关系，以及在开发新角色、建立外部联系等方面承担很大的心理冲突和短期无效率等新进入缺陷（Liability of Newness）和组织脆弱的相关问题。对于新企业来说，需要获得适应环境的合法性以确保自己获得资源来生存和成长。学者Makadok（2001）认为，环境中日益加剧的不确定性，如环境变动的高频率、新的竞争背景、全球化等已经迫使我们重新考虑经济分析的一些基本假设。技术进步已经使信息、知识、创新、研发和组织灵活性或柔性变得极为重要。在今天的市场环境下，信息和知识快速变化，战略管理者正借用诸如变化、创新、机会认知、快速响应、灵活性、不确定性、风险和脆弱之类的概念来寻求未来的竞争优势和避免生存危机。而对于已经存在的企业，维持合法性从而获得资源支持和保证，是其必须面对的问题。在这样的动态复杂环境下，现存企业会设法调整自己的战略来有效提高运营效率，这可以被视为一种获得资源和避免脆弱的能力。

企业的脆弱性会影响企业的健康和持续发展。

本研究试图判别影响企业脆弱性变化的因素有哪些，包括增加企业脆弱性的因素和减弱企业脆弱性的因素。从系统观看，这些影响变量应该既有来自企业内部自身的因素，也有来自企业外部的环境因素。本研究试图找出影响因素变量与企业脆弱性状态之间的相互作用机制，以及这些影响因素变量相互之间的作用机制，并探索组织脆弱性与危机发生可能性以及危机发生后组织恢复力之间的关系，从而希望对企业进行有效的危机管理起到指导作用。

基于以上分析，本研究侧重讨论以下问题：

第一，借鉴自然和社会科学中关于脆弱性的研究，提出组织脆弱性的多维度概念。

第二，对组织脆弱性的三个维度——暴露性、易感性以及适应性进行系统探讨，力图揭示组织脆弱性的本质。

第三，通过实证研究，探索组织脆弱性与危机发生可能性以及危机后组织恢复力之间的关系，系统揭示危机发生机制和危机恢复机制，并提出纳入组织脆弱性分析的主动式危机管理模式。

第四，初步探索组织脆弱性评价指标体系的构建问题。

三、研究前提假设

"任何管理行为都取决于某种假定、命题和假设。"（McGregor，1960）。理论是实践经验的归纳、总结与提升，因此，任何理论研究都需要提出一些基本假设。

现代系统论认为，企业是一个人造的开放系统，它具有所有人造系统的基本特征：集合性，即企业组织系统是由许多相互区别的要素组成；相关性，即基本要素之间互相影响、互相依存，它们的相互作用决定了企业的绩效；目的性，即企业组织是一个有着明确目标和任务的系统，企业的组织战略则是该组织存在和发展的目的；整体性，即整体大于各要素之和；开放性，即组织系统与外界或它所处的外部环境有物质、能量和信息的交流。在尊重企业作为开放系统的基本特征基础上，组织脆弱性研究将以下列基本假设为前提条件：

（1）组织系统存在着内在的不稳定性。

（2）组织系统对内外压力的干扰比较敏感。

（3）在压力干扰的胁迫下，组织系统容易遭受危机，产生某种程度的危机损失。

（4）导致组织脆弱性的因素可能来自组织内部以及外部等多个方面，且有多种表征。

第二节　组织脆弱性的概念及特征

一、组织脆弱性的界定

一个系统的脆弱性代表这个系统对抗危机事件的程度和能力（Kelly & Adger，2002；Turner et al.，2003）。系统脆弱性独立于危机事件（Sarewitz et al.，2003）。Watts 和 Bohle（1993）认为系统的脆弱性可以在三个方面有所体现，即这个系统暴露于危机事件的程度，对抗危机影响的能力和从危机事件中恢复的能力。系统脆弱性本身不能触发危机，但是一个系统可以与危机事件相互作用，从而起到调节危机事件的影响的作用。这个调节作用可以理解为危机事件和危机结果之间的易感性关系。对于不同的系统，同样的危机事件能够导致不同的灾害结果，只有在指定危机事件后才能识别和理解系统的脆弱性（Brooks，2003）。

本研究认为，组织脆弱性探讨的是组织内外部的相互耦合作用及其对危机的驱动力、抑制机制和响应能力的影响。因此，笔者对组织脆弱性进行了如下界定：组织脆弱性是由组织对危机因子的暴露程度、受危机因子干扰的程度以及组织的适应能力共同决定的状态。

从过程角度看，组织脆弱性是一种动态的发展变化过程。随着环境的变化以及企业内部素质的提高，脆弱性也将随之发生变化。

从状态角度看，组织脆弱性是组织内外部因素导致的一种状态，该状态描述组织所受危机因子影响以及自我保护的程度。组织脆弱性越强，抗御危机和从危机影响中恢复的能力就越差。

组织脆弱性是一个相对概念。从系统角度来说，组织脆弱性就是对组织在面临各种危机因子的压力和干扰下出现危机的程度的一个衡量。可见，组织的脆弱性可以从广义和狭义两个方面进行理解。狭义的组织脆弱性是指因来自外部环境和组织自身的威胁和破坏而导致表现出不利于可持续发展的各个方面的问题；广义的组织脆弱性还包括组织在其发展过程中所表现出的不如其他组织的弱势和缺陷。也就是说，任何一个组织都有脆弱性的一面，其脆弱性有共性。但每个组织的脆弱性也表现在不同的方面，具有各自的偏重。

根据脆弱性的相关文献，我们提出，组织脆弱性是一个合并型多维构念（Aggregate Multidimensional Construct），所有维度共同组成了构念（Law et al.，1998）。组织脆弱性由三个维度构成：暴露性（Exposure）、易感性（Sensitivity）以及适应性（Adaptive Capacity）（如图16-1所示）。

图16-1　组织脆弱性的三个维度

多维构念的类型判断主要是看维度在多维构念中的地位和作用。当研究者在研究假设中包含了一个多维构念时，首先需要定义整体多维构念与其各维度之间的关系，否则研究者就只是用了一个概括性的标签来代表一组相关概念，研究将无法得到该构念与其相关构念理论网络中其他构念之间关系的科学结论，所以对构念类型进行定义是科学研究的基础。

为展开对组织脆弱性构念前因后果的系统研究，首先必须明确组织脆弱性与其维度（暴露性、易感性及适应性）之间的关系。通过前文对组织脆弱性内涵的解析，我们认为组织脆弱性是一个多维合并型构念，三个维度分别代表了组织脆弱性的不同层面，是组织脆弱性的不同组成部分。组织脆弱性的多层次性决定了组织脆弱性是三个维度的线性函数，每个维度都是组织脆弱性的决定因素，缺少任何一个层面都不是真正的组织脆弱性。

二、组织脆弱性的特征和表现

1. 组织脆弱性的复合性

组织脆弱性来自两个方面：一个是组织自身的脆弱，即组织固有的、内在的、潜在的脆弱因素所表现出来的脆弱性，是内因，可称为潜在脆弱性；另一个是外界干扰对组织的影响，即组织所承受的、外在的、胁迫的脆弱因素所表现出来的脆弱性，是外因，可称为胁迫脆弱性。组织实际所表现出的脆弱性是潜在脆弱性和胁迫脆弱性的综合，可称为现实脆弱性。

2. 组织脆弱性的动态性

由于组织自身的发展变化以及内外部环境的变化，组织所表现出的脆弱性是动态变化的。潜在脆弱性因自身的内部资源能力等决定了其先天存在的不稳定性和易感性，属于结构型脆弱，是比较稳定的。相对于潜在脆弱性而言，胁迫脆弱性及现实脆弱性随着危机因素干扰方式和干扰强度的不同而不同，是动态变化的。从本质上说，环境对组织的影响有积极的一面，也有消极的一面。环境中的危机因素有时加强、有时削弱，现实脆弱性是在考虑环境中的干扰影响所产生的效应基础上对潜在脆弱性的一种修正。

3. 组织脆弱性的相对性

绝对稳定的组织是不存在的，即使相对稳定的组织系统，在存在超过其本身阈值限度的外部干扰的情况下也会产生组织危机。组织脆弱性既体现了组织在环境干扰影响下所表现出的敏感性，也体现了组织本身存在的适应性的增减，其脆弱性程度可以发生变化。组织脆弱性是相对而言的，无论潜在脆弱性、胁迫脆弱性还是现实脆弱性，从组织环境及组织发展演变来看，随着时间的推移，组织外部环境和组织内部环境都将发生变化，判断组织脆弱性的程度只能相对而言。

4. 组织脆弱性的可控性

组织脆弱性的成因包括外在因素和内在因素，但内在因素是主因。组织脆弱性不仅可以通过资源和能力的积累及有效运用得到改善，而且组织可以通过其战略行为对环境中的干扰因素进行调节，在一定程度上抵御环境中的干扰而保持系统的稳定。因此，在不同战略方式及行为的影响下，组织脆弱性会有不同的表现，如脆弱性增强导致组织危机发生甚至组织失败，或脆弱性减弱促使组织持续稳定发展，这就说明组织脆弱性是可以调控的。

第三节　暴露性

企业作为一个开放系统，其生存和发展都有赖于其与外在环境之间进行的持续的物质和信息交换。一方面，企业需要适应环境对组织带来的挑战和变化；另一方面，企业力图实现自身存在的目的和意义。任何企业的战略和行为都是在一定的环境中完成的，环境对企业而言既是压力又是动力。虽然能力学派、组织学习理论、企业内生理论都强调了企业作为能动个体的积极作用，但仍不能忽视环境对企业的限制意义。从企业作为有机生命体的适应角度看，其存在于由自然、经济、政治、社会等构成的宏观环境和由企业本身、顾客、竞争对手、供应商等组成的微观环境中，只有适应环境才能生存和发展。

企业所在的环境中包含多种因素，其中对企业生存和成长造成不利影响的因素就构成了企业的危机因子。危机因子的存在具有客观的必然性，危机因子并不一定造成危机，甚至可以转换为企业的机会。第一，企业需要科学地、正确地监控和评价现实及潜在的危机因子；第二，企业将其判定为引发危机的危机因子予以事前处理，这在一定意义上可以规避危机的产生；第三，企业根据自身的资源和能力，能动地操控危机因子，努力将其不良效应控制在允许的范围，同时不失去可能带来积极影响的危机因子所提供的机会。

本研究将暴露性和危机因子界定如下：暴露性是指组织接触危机因子的程

度。危机因子是指来自组织内外部可能导致组织危机的事件。

危机可以看作是包含了一系列相互作用危机因子的动态系统。几乎任何一个危机的产生都涉及多个危机因子而非单个危机因子。正如朱延智（2003）所提出的，危机的产生是两个或两个以上的危机因子结合的结果。危机因子会对企业产生巨大的干扰，有时会成为危机突发的直接原因，不仅影响到企业的战略性活动，而且对企业氛围和员工的心理都会产生强大的冲击。因此，了解并掌控危机因子无疑对企业危机管理意义重大。

对于危机因子的分类方式有几种，其中普遍采用的是将危机因子划分为内部危机因子和外部危机因子。外部危机因子是指来源于企业外部环境的干扰因素，外部危机因子主要是由环境的变化产生的。内外危机因子是指来自企业内部的跟企业内在运行相关的可能导致危机发生的因素。

Lubomir（2002）提出了三类内部危机因子，即财务因子、经营因子和治理因子。财务危机因子包括财务管理的失败（Edmister，1972）、现金流障碍（Blum，1974）、资产流动性障碍（陈瑜，2000）。大量研究都证实了财务危机因子对企业持续经营的影响（Lubomir，2002；陈静，1999；吴世农和卢贤义，2001）。经营危机因子源于行业专用性资产配置运用不当和低效（Lubomir，2002）。治理危机因子包括失去有效制约的控股股东，侵吞中小股东利益而使企业财务或经营风险增加，缺乏有效的激励和约束，管理层产生 X 低效率（Lubomir，2002）。陈朝晖（1999）发现不良的公司治理机制是亚洲发生金融危机和大量企业失败的重要原因。实际上，环境中的任何变化都可能为企业带来机遇和风险，那些阻碍企业正常运行甚至迫使企业遭受损失的因素就构成了企业的危机因子。不可否认的是，此时的危机因子可以通过企业的努力转变为企业的机会因子，从而对企业生存发展产生积极的作用。值得注意的是，企业本身对大多数危机因子是无法控制和回避的。本研究认为，组织脆弱性体现了企业自身危机因子进行博弈的过程，这种博弈的砝码就是企业的适应性或适应能力。

第四节　易感性

一、易感性的界定

危机的发生多数是经过了渐变、量表和质变的过程（Booth，1993）。危机因子本身不一定导致危机的产生，危机因子的恶性扩散和传导是危机应对的重要内容之一。具体来说，危机因子对于组织而言只是一种外在的约束条件，而企业真正陷入危机，不但表现为企业被动地承担危机因子的不利冲击，更表现为这些危机因子的干扰通过不良传导，转变为组织不能以正确的内部管理方式去适应环境的挑战。否则的话，就无法解释为什么在相同的危机因子下，具有许多相同特征（规模、技术、市场和资源等）的企业中，一部分企业越搞越活，而另一部分企业却深陷于困境之中。本研究将易感性界定如下：易感性是指组织缺乏吸收干扰和承受压力的能力，或者缺乏在危机因子的干扰下保持基本结构、关键功能以及运行机制不发生根本变化的缓冲能力。

二、危机因子扩散模型

易感性可以通过危机因子的扩散路径进行观察。组织系统受到外部打击时，危机因子在其内部子系统间传播扩散，其基本形式可以归纳为如下三种情况（李琦等，2005）：

（1）"多米诺骨牌"模型。复杂系统内部的子系统呈链状结构关系，以每一块骨牌代表一个子系统，以每两块骨牌之间的距离表示子系统间的脆弱性关联度。当某个子系统发生崩溃时，可能激发相邻子系统的崩溃，最后导致整个大系统的崩溃（如图16-2所示）。

（2）金字塔模型。在复杂系统内部的子系统呈由上至下的层次关系，以每一个点表示一个子系统，以点与点的距离表示子系统间的脆弱性关联度。当上层的某个子系统发生崩溃，将激发相邻下层子系统的崩溃，层层传递最后导致整个大系统的崩溃（如图16-2所示）。

（3）倒金字塔模型。和金字塔模型相对应，复杂系统内部子系统呈从下至上

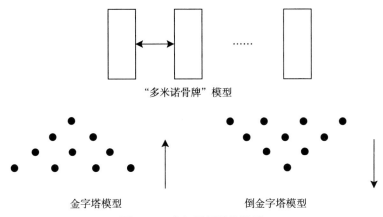

"多米诺骨牌"模型

金字塔模型　　　　　　　　　　　　倒金字塔模型

图 16-2　危机因子扩散模型

的层次关系，以每一个点表示一个子系统，以点与点的距离表示子系统间的脆弱性关联度。当下层的某个子系统发生崩溃，将激发相邻上层子系统的崩溃，层层传递，最后导致整个大系统的崩溃（如图 16-2 所示）。

　　由于复杂系统内各个子系统的联系十分复杂，脆弱性在复杂系统内部扩展传播和扩张往往有各种各样的复杂形式，但不管何种形式，都是由以上三种基本形式的组合和变换而成的。

　　从企业内部活动中进行危机因子的传导分析，可以首先将企业活动进行划分，这样可以清楚地展现具体活动起到的不同作用。从企业涉及的基本活动和管理功能的角度，一般可以将企业分成三个层次和六项活动（Barton，1992；姚小涛和席酉民，2001）。具体而言：第一层是表层，即企业与外界的接触层，体现了企业的物质方面，表层包括企业的产品、服务以及生产流程等内容；第二层是中间层，体现了企业的内部管理能力，主要包括管理职能、组织结构、内部控制方式等内容；第三层是内核层，体现了企业的核心竞争能力，包括企业的战略和管理机制等内容；如果从自组织视角观察企业的活动，企业作为自组织系统其内核层类似于人的中枢神经，掌控着企业的发展方向和总体运作，而中间层和表层更像是骨骼和肌肉，企业的各项运营活动都是通过这两层来进行的。中间层和表层接受内核层的指导和控制，同时，内核层为中间层和表层传送信息并调配资源。

　　按照三个层次和六项活动来分析危机因子在企业的扩散过程，危机因子在企业内一般按照两种路径进行扩散和传播，如图 16-3 所示的路径 1 和路径 2。首先，两种传导路径在方向上是不同的，路径 1 是从内核层向表层进行传导，而路径2是从表层向内核层进行传导。其次，两种路径的传导效果是不同的。路径1的传导效果强烈，会对企业在短期内造成严重的干扰，因为危机因子首先触动的是企业的内核，即企业的战略和机制，这就像对人的中枢神经进行破坏一样，其影响会迅速扩散到其他区域，而且难以控制扩散的势态。路径2的传导相对路径1来说破坏性较弱，因为危机因子是从表层开始扩散的，只要通过适当的措施予以控制，危机因子就不会动摇企业的根基或基本的运营。

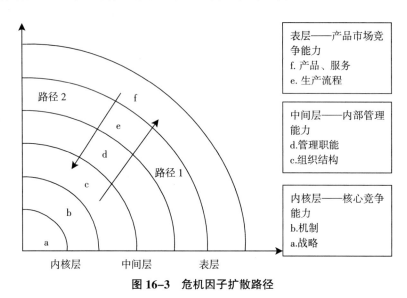

图16-3　危机因子扩散路径

第五节　适应性

在实践中我们发现，面对相同环境挑战的企业，其结果可能大相径庭，面对相同的危机因子企业的表现也可能有天壤之别。虽然环境对企业的生存发展会产生巨大的影响，但环境不能完全掌控企业的命运，危机管理需要对内在和外在因素进行综合的考虑。本研究认为，适应性是影响组织脆弱性的重要组成部分，对企业应对危机的成败起到关键作用。

一、适应性的界定

我们认为，组织适应是组织在应激环境中的应对过程，即组织面临环境情境的压力时，如何通过认知和行为上的努力，获取与压力环境的匹配关系。组织适应性是组织稳定性与灵活性之间的桥梁。也就是说，基于企业与其所处的内部环境和外部环境变化的互动性，组织适应是获取组织系统与动态环境相匹配（Fit）的过程。本研究将组织适应性界定如下：面对实际发生的或预计到的内外干扰和压力及其各种影响（不利的或者有利的）而对组织系统内进行调整的能力。

危机的根源可以归纳为企业内部因素与外部客观环境之间存在的不适应、偏差甚至冲突。危机管理的过程可以理解为企业内部素质与外部环境之间进行的博弈，其中，企业的适应性或适应能力就成为博弈的砝码，决定着企业在危机管理中的表现。面对同样的危机因子和相同的危机因子传导，具有较强适应性的企业能够更好地应对，从而将危机因子予以控制，而适应性较差的企业则容易出现危机，甚至在危机发生后遭受更严重的打击。需要注意的是，不同的时期对企业适应性的要求亦有所不同。

图 16-4 运用适应力链条对企业适应性和危机发生可能性之间的关系进行剖析。由于不同的时期企业对适应性的要求不同，因此随着时间的变化对企业适应力的要求也在发生变化。一般来说，随着环境的动态性和不确定性增强，企业对适应能力的要求逐步提高。当原有的适应能力不能达到环境的要求或者不能满足企业的生存和发展时，企业要么培育出新的适应力要么面对危机可能性增加的局面。具体来说，在 0-T_1 时间段，企业只需具备适应能力 1 即可应对环境的变化，保证其与环境的适配性。但是在 T_1 时间后，企业原有的适应水平已经无法满足环境的要求了。也就是说，适应能力 1 已经不能满足新阶段的适应要求。如果此时企业培育出新的适应能力 2，则企业依旧能够保持与环境的匹配状态并稳定发展。同样道理，在 T_2 时间后，企业需要培育新的适应能力 3。否则，企业的适应能力链条就发生了断裂，如图中的 C 点，这时企业原有的适应能力不能满足环境要求，企业在应对环境中出现了能力的缺失或断档，危机很有可能爆发。所以，企业需要不断更新和培育新的适应能力，避免适应能力的链条出现断裂，从而减少发生危机的可能性。

本研究认为，主要影响组织适应性的因素有三个：组织冗余、组织学习和组织情感，以下小节分别探讨这三个方面。

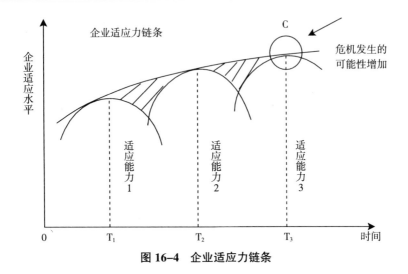

图 16-4　企业适应力链条

二、组织冗余

20 世纪 60 年代以来，在组织领域中组织冗余（Organizational Slack）的概念开始得到关注。组织冗余常常被用来解释不同的组织现象，包括权力斗争、效率、创新和组织目标的冲突（Nohria & Gulati，1996）。最初，学者将冗余资源界定为，存在于组织内部被个人或小团体控制的超出实际需要的资源，其用途为对环境变化的应对（Cyert & March，1963）。同样地，Bourgeois（1981）提出，组织冗余是现实或潜在的应对环境变化的资源缓冲物。在适应性理论中，对组织冗余的界定采用 20 世纪 80 年代初 Bourgeois（1981）的定义，即组织冗余（Slack）是一种过量的、能随意使用的以缓冲组织内外部环境变化的资源。Nohria 和 Gulati（1996）认为，在一定产出水平下，组织冗余是组织超出必须投入的那一部分，包括未使用的资本、员工、设备等，同时也包括各种可能帮助组织提高产出水平但未被开发的机遇。

对组织冗余作用的认识，存在着两种对立的观点：其一，一些组织学者将组织冗余当作组织不必要的成本（Leibenstein，1969），他们认为组织冗余不仅不能帮助解决委托—代理关系的冲突，而且组织冗余是组织的一种浪费，会导致组织内的权力争斗加剧。其二，对组织冗余持有赞成态度的学者认为，组织冗余不仅能够为保持组织的和谐产生正向影响，而且能够帮助改善组织内部利益联盟之间的目标冲击；另外，组织冗余还是一种促进创新和组织变化的重要的催化剂，可以缓解组织与环境之间的冲突。当前关于组织冗余的研究越来越多地倾向于发挥冗余的积极作用，侧重探讨组织冗余与创新和组织绩效之间的关系（Nohria 和 Gulati，1997；Cheng & Kesner，1997；Gresham，1999）。

对于组织冗余的分类，Bourgeois（1981）做了基础性的工作。根据 Bourgeois 的研究，可以从不同角度对冗余资源进行分类。一般认为，组织冗余可以分为三类：可利用的组织冗余、可开发的组织冗余以及潜在的组织冗余（Sharfman et al.，1988）。其中，可利用的组织冗余特指没有被运用于当前组织运营、流程和设计的资源。可开发的组织冗余是指成本很高而且已经用于组织运营、流程和设计的资源，组织可以通过有效的管理将此类资源的成本降低到正常水平。潜在的组织冗余是组织可以通过特定方式，如增股和负债等，从外部获得的未来资源。另外，对组织冗余的划分还有：Sharfman 等（1988）将组织冗余根据能否被多方面使用进行划分，Singh（1986）根据组织冗余的不同状态进行划分。

总而言之，对于组织冗余的积极作用学术界已经进行了明确的肯定，因为组织很难保持最优化运行，所以积累一些多余的资源和未开发的机会或许能够成为企业面对困难时期的一种缓冲（March & Simon，1958；Singh，1986）。从适应性的角度，我们认为，组织冗余不仅构成了组织适应性的物质基础，而且对企业应对危机以及危机后的恢复都起到正向的积极作用。

三、组织学习

组织学习是企业应对急剧变化的不确定性环境的根本手段之一。无论是有意识地选择学习（主动学习）还是无意识地被动学习，都是企业维持生存的基础条件。彼得·圣吉（1998）在对 400 多家企业历经 10 年的跟踪调研之后，在其著名的《第五项修炼》中阐明了这样一个观点："（组织）未来的唯一持久的优势是有能力比它的竞争对手学习得更快。"那些能长久持续成长的企业就是那些不断学习的企业，就是那些更善于学习的企业。从危机管理的角度看，组织学习有助于有效地进行危机管理，企业危机防范是从组织学习开始的。Stead & Smallman（1999）通过案例研究发现危机具有周期性的特征，他们提出，组织内存在的某些预设条件是危机发生周期的本质原因。因此，组织减少危机的重要条件之一就是改变危机的预设条件。另外，他们提出组织学习在危机管理中的重要作用是其能够帮助组织改变影响危机发生的预设条件。此外，Kim（1998）通过对现代公司与福特公司合作案例的研究发现，危机与组织学习之间存在密切而相关的影响。一方面，危机本身是组织学习的有效机制之一，通过危机，组织的学习能力和经验都可以得到提升；另一方面，通过组织学习可以帮助企业规避危机的发生。同样地，Nathan（2000）也肯定了危机是组织关键的学习过程，通过这个过程，组织得到了很好的学习机会，并且危机促使组织内凝聚力提高和组织氛围改善，因为在危机管理的整个过程中，员工愿意更多地为组织努力，同时团队精神也在应对危机的过程中升华。从危机中学习并将学习的经验应用于未来的危机管理，促进组织作为一个有机整体获取危机的经验教训，同时也促进组织内部的资源更好地发挥作用，提高组织的适应能力（Pearson et al.，1993）。

环境要求企业不断进行新陈代谢，组织学习能够改变组织适应性。通过组织学习，企业能够重置知识资源、开发组织知识和促进新技术利用；通过对环境知识的学习，企业可以加快组织适应力的改进与转变以应对环境的变化。Dodgson（1993）和 Goh（1998）将组织学习定义为通过不断应用相关方法和工具增强企业适应性和竞争力的方式。彼得·圣吉（1998）认为只有通过组织系统思考和系统学习，企业成长才能避免"组织智障"和"成长陷阱"。本研究从适应性的角度出发，认为组织学习对组织适应环境以及进行危机管理起到重要作用。

1. 对环境的洞悉

实践证明，未能发现或重视环境变化而遭遇危机或陷入困境的企业屡见不鲜。对环境的敏锐洞察力、密切监视和深刻理解是组织学习的基础，环境提供给组织的信息是组织学习的前提。组织学习不是封闭的过程，而是需要不断地与外部环境进行信息交流。可以这样说，组织的外部环境提供了组织学习的外部情景和资源条件，例如，组织从技术环境中获取科技的信息帮助企业技术能力提升。组织的内部环境决定了组织学习的效果，例如，组织内部环境中的员工和管理者影响了整个组织的学习能力和适应能力。组织学习动因是把握组织外部环境的变化，而组织学习的效果取决于内部环境的支持。组织学习将从组织内外部环境中汲取信息和知识，其中包括对机会和威胁的识别判断。另外，组织面临着内外环境中更大的复杂性和不确定性，环境的动态变化对组织学习提出了更高的要求，其中对环境的洞察将影响组织的决策、计划和控制等，因为战略规划与实施是离不开信息和知识的。

在组织内，对环境的洞悉不能仅仅依靠组织的高层管理者，如果组织成员只是执行高层管理者对环境的判断和感知，势必会给企业带来灾难。因为从环境中获取信息、分析信息和评估信息是组织员工的责任也是其学习过程。将对环境的洞悉作为组织学习的必要方式，将会促进企业的决策水平提高。第一，组织的员工参与到组织对环境的学习中就可以对企业的宏观环境有更充分的理解和把握。例如，客户需求的变化、技术领域中研发的趋势、法律法规的修正等都是需要通过员工获取的。第二，组织对环境的洞悉帮助组织成员提高其分析、判断和评估的能力，使企业能够对机会和威胁保持更高的敏感度和警觉性。第三，对环境的洞悉促使组织学习成为有依托、有目的、有计划的活动，如果与企业的战略制定联系在一起，组织学习的效率和效果都将大幅度提高。

2. 从经验中学习

从经验中学习是一种有效的学习方式，并且对企业的战略规划产生很大的影响。因为路径依赖的存在，企业如果不能够从过去的经验中学习就会犯相同的错误，遭遇类似的危机。组织学习的一项重要内容就是从过去的经验中学习，即重新审视公司过去的成败得失，系统而客观地进行评价，并让全体员工参与，从而有助于组织的健康成长。另外，从经验中学习的方法是一种节约成本的学习方法，它无需组织支付额外的成本，并且因为亲身经历的缘故，从经验中学习会为其组织成员留下深刻的记忆。

首先，组织从过去经验中学习，需要组织成员对过去经历进行客观性评价，分析经验带来的体会和教训。其次，组织从过去经验中学习，需要组织成员对过去经历进行举一反三的探讨，从而把握过去经历的事件的本质和事物规律。再次，从过去经验中学习，需要组织建立从错误中学习的正确态度和氛围，帮助员工认真诚恳地进行分析，并不影响员工士气。Zahra 等（2006）提出，不管是新创企业还是成熟企业，都需要通过试错学习（Trial-and-error Learning）应对环境的变化。因此，从某种意义上说，失败和错误比成功具有更大的学习价值，因为失败也许就是看透事物的本质及其发展规律的机会。在组织适应环境的过程中，失败是不可避免的，正如前文所述，危机的存在具有客观的必然性，但失败也为组织适应过程提供了经验教训，因而对失败进行深入的分析，提炼出精华，就可以指导未来的组织适应活动。但是对失败的反思往往要比回顾成功困难得多，这就是组织从失败的经验中学习的障碍。一方面，与喜欢回忆成功的辉煌相比，人们不愿意提及失败的痛苦经历；另一方面，在组织中，对失败的反思会涉及责任承担和利益的再划分等棘手问题，因此难以促成有效的组织学习。

3. 领导支持并参与学习

直接参与学习的领导者才能更好地带动整个组织参与学习，缺乏领导的支持和参与，组织学习便成为一项例行公事的活动，无法激发员工的热情和保证组织学习的持续性。彼得·圣吉（1998）提出，组织学习的五大原则也可以被看作是领导原则。领导者从观察者真正地转变为参与者是实现系统思考的重要一环，组织学习需要出色的领导者的参与和支持。如果将领导和组织学习分隔开，就难以成就优秀的学习型组织，也难以塑造优秀的领导者。以参与者身份进行组织学习的领导摒弃了传统领导者所依靠的目标设置、标准制定、控制实施等方法，而是以自身参与促进组织的学习，并积极地引导组织学习过程。在领导的参与和支持中，整个组织系统就可以形成"参与性自组织"状态（王凤彬，2005）。此外，领导参与组织学习还可以同时完成战略思考的分享、组织文化的培养、人力资源的开发等多项职能，并通过学习过程，全方位地提升组织的适应能力。

四、组织情感

智力与情绪在20世纪前半期分别属于相对独立的研究领域（Mayer & Geher，1996），在此期间，虽然智力领域的研究得到了很大的发展，但很少涉及情绪的因素。在20世纪中期，对于情绪的研究开始得到关注，但仍然存在很多研究的空白，研究者认为情绪是与认知无关的（Strongman，2002）。直到20世纪后半期，对于情绪的研究开始融入智力研究的成分（Mayer，2001），此时，大量的心理学研究将情绪和认知之间的关系作为其研究对象，试图从新的角度探讨情绪的内容。随后，情绪劳动力（Emotional Labor）概念的提出将情绪引入组织研究的领域，并且随着组织行为学将情绪纳入其研究范畴，情绪的作用和地位也越来越多地得到研究和实践领域的认可和重视（张辉华等，2006）。

Salovey和Mayer（1990）在借鉴心理学、社会学和教育学研究成果的基础上提出了情绪智力的概念。他们明确地将情绪提升到智力的高度，把情绪能力纳入智力的范畴，这一研究开拓了智力研究的领域，也是情绪智力的标志性研究之一。Salovey和Mayer（1990）将情绪智力界定为对自己、对他人情绪进行表达、控制和评价的能力。然后，他们从五个方面描述了情绪智力：第一，理解自身和对直觉感知的能力，这是情绪智力的核心，体现为对自身情绪的认知。第二，对自身情绪进行合理的控制管理，并能够适应多种变化，体现为对自身情绪的理解和掌控。第三，能够不断为自己树立目标产生激励，并促使情感的专注，体现为自身的动机能力。第四，认知并理解他人的情绪，体现为对他人情绪具有情感归向。第五，与他人交往的能力，体现为能够保持良好的人际关系。

随着情绪智力理论的发展，其在组织行为学中的应用也越来越多。从情绪智力角度研究人力资源的实践已经取得一定的成就。目前在组织行为学领域，已经探讨了情绪智力与组织绩效、组织发展、组织文化之间的关系，并将情绪智力纳入员工甄选、职业规划、人力资源培训和开发等管理实践中。例如，McClelland（1998）的研究认为，拥有高情绪智力的部门经理比拥有低情绪智力的部门经理会为公司带来更多的年利润。例如，Cherniss（2002）指出，高情绪智力的员工具有更好的团队合作精神，另外其沟通能力也比较强，促使工作完成得更为顺利。还有的研究探讨了情绪智力在领导中的作用，提出情绪智力帮助领导者更好地处理组织冲突，更好地维护组织的氛围以及组织内员工的关系。此外，不少研究探讨了情绪智力与员工工作绩效之间的关系，普遍认为，高情绪智力的员工通过对自己情绪的控制和管理，能够营造和维护和谐的工作环境，并与同级和上级保持良好的关系。因此，高情绪智力员工的工作满意度比低情绪智力员工高，并更具有组织忠诚感。

组织情感研究（Organizational Emotion）是以个人的情绪智力理论为基础，从个体层次转向组织层次的研究。从进化的角度看，情感发挥着有机体适应环境的功能，情感是由自然选择塑造的一种协调状态。有机体根据环境的变化不断调节着心理和行为的反应，以利用和处置进化过程中反复出现的机会和威胁。因此，基本情感特点与调节是与经常影响着适应的具体情境要求相匹配的。情感影响动机、学习和决策，因而也影响行为，最终影响适应（Nesse & Berridge，1997）。与个人情感一样，组织情感是组织适应现代市场的强大决定因素。组织和个人一样，如果情感处于有序的协调状态，就能把一个组织的精力集中在事件上，为组织提供机会，产生动力性支持，这对组织适应变化环境的持久努力是必要的。组织对其管理者和员工的情绪管理是组织适应环境的要求（Lewis，2000；Day，2006），因为在环境变化的压力下，情绪不仅影响组织的绩效，而且影响组织应对突发事件和危机干扰的能力。

Huy（1999）提出，组织能力不仅涉及知识和惯例，还包括情感。他认为，"很难想象还有比忠实成员的情感力量更为隐性和不同寻常的内在能力了"。企业能力的情感因素（企业的情感能力）是指企业感知、理解、监测、管理和运用其成员情感的能力，而这一能力通过组织的惯例和结构表现出来（Huy，1999）。从组织变革管理的视角来看，研究情感能力对企业绩效的影响对当今动态环境中的组织业绩非常重要（Huy，2002）。环境动态观（Evironmental Dynamism）描述了企业外在环境变化的速度和不可预测性（Dess & Robinson，1984），并认为环境的动态性对企业情感能力和绩效之间的关系产生了影响（Grieves，2000）。

实证研究也指出，在变化的环境中，组织对员工情感管理的技巧能够帮助改进企业的绩效，从而使得组织与环境成功匹配，帮助企业培养持续且有效适应的能力。Baum和Ingram（1998）提出了情感关系因子这一概念，即组织内员工之间的交往情况、彼此之间的友好亲近的情感关系以及员工拥有的良好的情感关系，将会大大提高沟通和交流的频率，使员工之间表现出互相关心、工作支援、学习互助等行为，促进组织内部知识共享和创新。不少学者从信任角度研究了组织情感对组织适应过程的影响，Kyan（2004）认为，信任形成于个体所在的社会与组织中，影响个体对生活和社会的理解，它来自对他人能力或可靠性的判断，同时也是个人情感上的结合。信任可以为组织及员工提供许多利益（Kramer，1999），人们会根据此预期完成其所知觉的义务。McAllister（1995）将信任分为认知信任（Cognitive-based Trust）和情感信任（Affect-based Trust），其中认知信任只对被信任者单方面的能力进行评价，而情感信任涉及信任双方共同（Shared）的情感关系。在组织适应过程中，情感信任不仅能够促进组织正常地运转，并且能使其具备必要的应对复杂环境变化的能力。

在危机管理研究中，Mitroff（2002）提出，背叛感或辜负感（Feelings of Betrayal）是人类所经历的最深刻的感觉，因此，它也是正常事故（Normal Accidents）和非正常事故（Abnormal Accidents）对组织所带来的最不利的情感，能够极大地影响组织的危机管理。美国管理学家罗伯特·赫勒提出的情绪反应模型很好地描述了组织经历危机等变化时员工的情绪变化。因为组织在应对危机时采用的主要手段就是变革，而变革将使现有已知的东西变得模糊不清和不确定，这就意味着组织要打破原有的心理平衡，破坏某些员工的职业认同感、依赖感，从而常常出现剧烈的情绪反应，如内心很大的冲突与波动、压力与紧张、混乱与恐慌（如图16-5所示）。

2005年，Mitroff又提出有效的危机管理要求组织实现的七个重要战略：健康的情感（Right Heart）、正确的思考（Right Thinking）、积极的精神（Right Soul）、合适的社会与政治技巧（Right Social and Political Skills）、必要的技术技巧（Right Technical Skills）、恰当的整合（Right Integration）、适时的转变（Right Transfer）。其中，健康的情感是指有效的危机管理要求组织具备强大的情感能力（Emotional Capacity）或者情感韧性（Emotional Resiliency）来应付危机对组织所提出的情感上（Emotional）的挑战。值得注意的是，Mitroff（2005）将组织情感

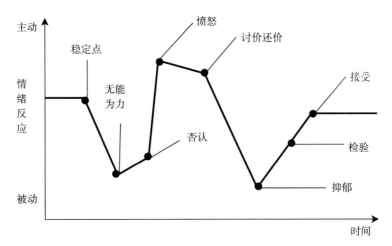

图 16-5 组织变革的情绪反应

放在了有效危机管理的战略首位。

组织中存在两种意义的环境，一种是客观的物理环境，另一种是员工的心理环境。尽管大量研究证明，客观环境变量会影响组织的适应，但不能忽视心理环境的重要性。其中，组织情感是心理环境的重要构成因素，处于同样的客观环境内的组织心理环境可能是不同的。因此，我们认为，组织情感是影响组织适应的重要因素，其不仅影响企业的适应性水平，而且对危机的规避和危机发生后的恢复都起到不可忽视的作用。

第十七章 组织脆弱性与危机形成机制

危机诱因和危机形成机制是复杂而难以把握的，这极大地降低了危机管理的有效性。本章试图多角度对危机形成机制进行剖析，并揭示组织脆弱性与危机形成之间的关系。

危机的形成通常并不是用一种或一个因素就能解释清楚的。Argenti（1976）在列举十二大危机诱因的基础上，提出企业危机是各种要素的组合作用结果。所以，运用单一方法研究危机的形成难以把握危机产生的机制（Shrivastava，1983），因为单一方法无法判断危机形成中错综复杂的因素，基于单一方法的危机管理不仅不能帮助企业规避危机，而且会触发更为严重的危机，从而导致企业难以摆脱失败的泥潭。危机形成的复杂性向企业管理学界提出了巨大的挑战，学者纷纷从不同的角度对危机产生的诱因进行分析，试图抓住危机背后的普遍规律。

第一节 危机内部诱因研究概述

对于危机内部诱因的探索为危机形成机制的研究做出了重要的贡献，在此方面的研究众多且始终是学者关注的重要领域。本研究从以下几个方面对危机发生的内部诱因进行文献综述：其一是企业文化因素。不少研究者提出，组织文化、组织氛围、员工的心理状态、组织一致性等是危机产生的内部诱因。相关研究如：Rosenthal 和 Pijnenbug（1991）、Weick（1993）、Pidgeon（1997）、Pauchant 和 Mitroff（1992）。其二是组织结构因素。有的研究指出组织结构与战略的匹配性、组织结构的弹性和组织控制结构特征都会影响企业危机的产生。相关研究如：Perrow（1994）、Greiner（1972）等。其三是信息沟通因素。研究认为组织对外界信息获取受阻、信息不对称、信息质量都会造成危机的发生。相关研究如：Lukaszewski（2006）、Huang（2006）、Fishman（1999）、Boin（2000）、Pearson（1993）、Coombs（1999；2003）、Banks（1996）、McGregor（1960）和 Scott（1991）。

　　另外，还有部分学者提出了引起危机发生的其他内部诱因。例如，有研究者认为，危机的根本原因可能是由组织缺乏集体共同愿景（Shared Vision）及相关执行机制引起的，他认为缺乏清晰的愿景是近年来许多组织陷入危机的主要原因。Ross 和 Kami（1973）提出了十大诱发企业危机的原因，分析这十大原因可以看出，多数属于企业的内部诱因，例如，董事会作用的缺失、管理者的一意孤行、组织结构与战略的不匹配、战略决策重要性的忽视、内部控制系统的漏洞等。同样地，有研究者对企业破产七大诱因的识别也更多地强调内部因素，例如，组织结构偏离组织战略、组织缺乏竞争能力、不健康的组织氛围等。

第二节　危机外部诱因研究概述

　　外部诱因也是危机形成的重要因素，因为组织作为开放的系统，需要与外部环境时刻保持物质和信息交换，而环境的变化随着复杂性和不确定性的提高会成为危机发生的重要原因。Shrivastava（1983）提出，环境对于企业危机管理的重要性不可忽视，甚至在危机的传导和扩大过程中仍然发挥巨大作用。在学术界，多位学者都从外部环境角度对危机形成机制进行了探讨，例如，Barton（1992）、Shrivastava（1983）、Mitroff（2005）等。

　　概括来说，危机外部诱因主要有三类：第一类是企业间的竞争。企业间的竞争是多方面、多时点、多阶段的竞争，企业间的激烈竞争是促使企业发生危机的重要外部诱因。第二类是消费者需求的变化。当企业无法满足消费者需求以及对消费者需求变化无法适应时，企业将面临极大的危机，且多数是生存危机。可以说，企业间的竞争最终在于对消费者的竞争，但对消费者需求的了解和满足相当复杂，因为影响消费者需求的因素是多样且多变的。第三类是企业一般环境（General Environment），包括自然环境、经济环境、社会环境、政治环境等。自然环境是企业生产运作所受到的自然条件束缚，包括气候环境、地理区域环境和自然资源环境等。例如，一些以自然资源为原料的企业必然会面对自然环境对其生产经营的限制。社会环境主要包括人口环境和文化环境，如人类学因素、历史、风俗等。经济环境包括经济发展水平、经济制度、产业结构、消费结构等，经济环境是企业产生危机的重要原因。例如，经济危机对企业的影响总是巨大且持久的。政治环境包括政治制度、方针政策、法律法规等。政策环境可以帮助企业规避危机，但也会触发企业危机。环境因素对企业而言是客观存在的，环境因素在不同时期会对企业产生不同的影响。需要指出的是，环境的变化对企业带来的或许是危机，但也有可能是机会。所以，对待环境因素等外部诱因，我们应该全面而客观地评价。

第三节　危机内外部诱因研究概述

对于危机内部和外部诱因的揭示并不足以说明危机发生的机制，很多时候危机是内外部诱因共同作用的结果。企业的内在和外在因素共同引发危机，企业战略、组织结构、内部控制、管理机制等属于内在因素范畴，这些因素是企业可以控制和改变的。外部因素指的是企业所处的外部环境，在很大程度上，企业对外部因素缺乏有效的控制。朱延智（2003）首次提出"企业痛苦指数"，并将其运用到危机管理中。企业痛苦指数侧重三个方面的指标设置：企业竞争能力差距、企业市场占有率和市场需求变化。企业痛苦指数越高，则表示企业发生危机的可能性越高。其实，企业痛苦指标的设置涵盖了危机内部和外部诱因两个方面。刘刚（2004）分别讨论了三类危机诱因：内生型危机，由人为的主观因素导致的危机，主要是由于企业内部管理不善所引发的危机；外生型危机，由于外部环境变化造成的企业危机；内外双生型危机，即危机是由内部和外部共同作用造成的。

由上述研究可以看出，对于危机诱因的把握主要从内部、外部和内外部共同作用三个方面进行分析。目前，学者们虽然在这一领域已经取得了相当的研究成果，但对危机形成的机制仍缺乏深刻的分析。另外，学者们已经意识到危机不是单一诱因导致的，而是由一系列危机诱因相互作用引起的，但目前仍然缺少对企业危机诱因的系统性研究，多数文献只是列举危机诱因，缺少一个系统性的危机诱因模型对危机的根源进行解释。最后，虽然研究已经意识到危机是内部与外部诱因共同作用的结果，但对两者之间的作用机制还没有进行深入的探讨，缺乏全面而系统的分析企业危机诱因的研究，对危机本质的把握不足，对危机深层次原因的理解不够，这势必会影响企业危机管理的全局。

第四节 组织脆弱性与危机发生可能性

从组织脆弱性角度探讨危机发生的机制，最初的研究是杰弗里·R.卡波尼格罗的《危机顾问：有效预防、控制与管理企业危机》一书，作者在书中阐述了其对危机管理过程的深刻理解，即认为危机管理是循环反复的过程，而非单独、短暂性的活动或行为。另外，作者提到在危机管理的过程中需要增加对组织脆弱性的分析。也就是说，危机管理开始于组织脆弱性判断，结束于组织脆弱性评估。但作者并没有详细描述组织脆弱性分析的内容和方法。

从系统论的角度分析，组织的内部环境和外部环境构成了组织的整个系统，组织系统是多层次的、多面向的，组织依靠输入（Input）、输出（Output）、过程（Process）和反馈（Feedback）进行与外界的交流，维持生存和发展。但组织作为系统需要不断地维持其外部与内部的稳定状态，否则组织系统就会因出现失控而导致危机产生（Banks，1996）。而组织稳定状态的维持取决于组织系统对偏差和变化的应对能力，包括能够忍受一定的偏差存在而不影响组织的正常运行，对偏差具备一定的修正能力，在偏差尚未超出组织控制范围时将其纠正等。本质上，危机的爆发就是组织系统的失控，当组织系统不能控制出现的偏差，或者放任干扰因素的扩大，都会打破组织系统稳定的状态，危及组织系统的正常运作。对于组织而言，危机管理应该是一个系统，这个系统如果能够在危机发生之前就对其脆弱性进行评估，则可以避免某些危机发生的可能。另外，查找并修补组织脆弱的环节或流程，也帮助组织在危机发生后减轻损失，并尽快从危机中恢复。

从对组织脆弱性内涵的探讨可以看出，组织脆弱性体现了组织的正常维持稳定的力量（适应性）和导致组织出现偏差的力量（对于危机因子的暴露性和易感性）之间的相互作用。因此，我们认为，组织脆弱性与危机发生可能性之间存在正相关关系，即脆弱性越高，危机发生可能性越高；反之亦然。如果将组织脆弱性纳入危机管理，不仅将体现脆弱性分析帮助企业规避一定危机的作用，而且将主动式（Proactive）危机管理较反应式（Reactive）危机管理的优势清晰地展示出来。

反应式危机管理是组织在危机已发生的情况下，按照预先制定好的危机处理程序实施危机响应的一种危机管理模式，此时组织处于被动地位，危机处理的结果取决于危机处理程序的完备性。若对危机处理不当，危机将是一场灾难，会导致企业遭遇严重挫折，甚至最终被危机吞噬。与此相对应地，主动式危机管理则是一种组织主动考虑危机发生可能性，并预先做出防范以尽量避免危机爆发的管理模式。主动式危机管理在危机前阶段就将脆弱性分析引入，将危机管理蕴含于企业日常经营管理过程之中，通过脆弱性评估规避一些危机的发生，并提高企业的危机预防意识，尽可能将各种可能的危机因子消除于酝酿阶段，杜绝危机的爆发。而在危机后阶段的脆弱性分析则可以帮助企业辨识新的脆弱点，并提高组织危机后的恢复能力。

第十八章　组织脆弱性与危机后组织恢复机制

第一节　危机发生的客观必然性

危机发生的客观必然性是由两个因素共同导致的，即组织环境的不确定性和组织的复杂性。

一、组织环境的不确定性

不确定性（Uncertainty）一直是组织理论研究中的重要领域，学者们从不同的侧面对不确定性进行了研究，例如种群生态学视角、权变理论视角、资源依附视角等（Duncan，1972；Milliken，1987；Wholey & Brittain，1989）。随着环境不确定性程度的提高，对组织的战略决策、组织结构、内部控制系统、管理体系提出的挑战和要求也就随之增高，正如 1967 年 Thompson 在其著作 Organizations in Action 中所阐述的，不确定是任何企业不可回避的问题，是管理者必须妥善处理的基本问题之一。

对不确定性的解释，不同的学科有着不同的视角。其中，经济学领域对不确定性的理解是建立在对风险的认识和判断上。风险是对概率评估的可靠性并且将风险处理成一种可控制成本的可能性，有人将风险和不确定性从事件结果的可预见性角度进行了区分。不确定性与可评估或者可预见的风险是不同的，不确定性是指人们缺乏对事件基本性质的信息，缺乏对可能出现的事件结果的了解，不确定性难以通过已有的理论或经验进行定量的分析和预测，这就表明，不确定性与风险具有根本的区别。另外，Priem（2002）研究了决策与不确定性之间的关系，将环境的不确定性从经济学角度界定为不可预测的变化，着重探讨决策研究中的风险和模糊性与不确定性的关系。对不确定性的研究，系统科学地试图从复杂性的角度进行探索。事实上，复杂性与不确定性也存在本质的区别。复杂性作为一个静态概念，描述的是一种既定的客观存在，并以环境和事物的客观确定性作为前提，复杂性的侧重点在于提出人的认知能力和客观事物本身结构具有的交错繁乱；但不确定性是一个动态概念，它从未来的角度，说明事物的属性或状态是不稳定和无法确定的，即处于现在某一时间点的人无法对下一时间点的人、事件乃至整个世界进行准确的预测（汪浩瀚，2001）。

环境不确定性的概念产生于将不确定性的描述对象指向组织环境。Milliken（1987）指出，对于"环境不确定性"的界定及其在组织理论中的研究遭遇"巨大的矛盾"，这一"矛盾"是指"环境不确定性"的概念被混乱地运用于组织环境状态的描述，同时又被用来对缺少环境关键信息的状态进行描述。这两者存在显著的不同，前者意味着对环境的刻画立足于客观的不确定性实际，而后者强调的是人们对环境的认知。这体现了在进行环境不确定性研究时，学者们对"不确定性"两重特征难以分割与区别对待的矛盾。Milliken（1987）认为，当人们提及"环境不确定性"时，大多数情况下是将其按照一种认知现象进行界定，但当其被用来描述人们所经历的不确定性的本质时，这一概念却又脱离了认知的涵义。虽然如此，Milliken认为，由于受到认知理解能力的限制，主观不确定性和客观不确定性因素之间并不存在一一对应的关系，原因在于认知是情境因素的函数（Pfeffer，1983），对于人类而言，感知到的（Perceived）现实和客观存在（Objective）的现实往往存在差距。

Milliken对环境不确定性的研究一直影响着组织理论对相关问题的研究。Milliken（1987）认为，不确定性是指由于缺乏信息或者没有能力区别相关的和不相关的数据，个体感到的不能准确预测（组织环境）的状态。另外，Milliken（1987）划分了三种感知到的不确定性：状态的不确定性（State Uncertainty）、效果的不确定性（Effect Uncertainty 或 Perceived Environmental Uncertainty）和反应的不确定性（Response Uncertainty）。具体而言，状态的不确定性是指对环境客观状态的不确定，个体无法了解环境中的要素如何变化，要素之间的组合会发生怎样的改变以及要素变化的频率、时限等；效果的不确定性是指个体缺乏对环境未来的状态对组织产生怎样影响的预测能力；反应的不确定性是指个体对相关决策的可能性结果缺乏预测的能力。Milliken（1987）认为，对于环境不确定性的研究应该从状态、影响和反应三个不同的方面进行。

其他学者围绕不确定性的概念从不同的侧面提供了对环境不确定性的认识。Manolis 等（1997）认为，不确定性是一个多维概念，存在一个启发式结构（Heuristic Structure），不确定性包括事物多方面的属性和特征，因此，在研究环境不确定性时应该注意各种相关因素之间的互动关系，例如，任务环境的不确定性、经济环境的不确定性、制度环境的不确定性、文化环境的不确定性和社会环境的不确定性等。对于环境不确定性的划分，Robbins 和 Coulter（1997）采用了变化程度和复杂程度两个维度，他们将环境划分为简单稳态、简单动态、复杂稳态和复杂动态四种类型。这一划分方法帮助人们获取了一种简单的分析工具，但同时存在着片面性，因为组织面临的环境常常是复杂而模糊的，将其归类于某一类型总是很牵强，甚至会导致人们对环境不确定性所具备的动态特征的错误理解。

从环境不确定性角度来看，组织发生危机存在着客观必然性。一方面，组织面对多个任务环境、多个利益相关者以及多个资源提供者；另一方面，环境时常处于不断变化之中，对未来环境的准确预测难以实现（Brown & Eisenhardt, 1998）。Morgan（1998）试图通过绘制出一张环境压力图来呈现未来环境的发展趋势，他在图中标识出可能会对现代企业产生影响的 47 种关键环境趋势，以及在这些趋势中存在的 2000 多种直接互动的潜在线索，这充分揭示了组织环境的复杂性以及组织进行环境分析所面临的巨大难度。但考虑到环境要素的变化引发要素之间的复杂混沌性变化，Morgan 的压力图远远不能满足破解环境不确定性的要求，因而在环境不确定性的压力下，危机的发生对组织而言成为一种客观的存在。

二、组织的复杂性

组织的复杂性是危机发生客观必然性的另一个重要原因。在组织领域中，复杂性科学的观点已经被学者所接受，并成为人们从另一个不同视角探索组织的重要途径（Kernick, 2002）。正如 Van Eijnatten 等（2003）所提出的："组织是一个复杂的、动态的、非线性的、共同创造的、远离平衡态的系统，而在这个智能生命体内混乱和秩序总是同时存在，并且永远共存。"

组织的复杂性（Organizational Complexity）使构成组织的不同元素和不同层次相互作用，并使组织整体表现出多样性、变异性、动态性、不可预知性等复杂特征（Damanpour，1996；Fiorett & Visser，2004）。一般来说，复杂系统具有以下特征：①复杂系统由多个子系统组成，系统内各个单元之间存在着广泛紧密的联系，各个子系统和单元构成一个庞大的网络。网络中任何一个单元的变化都牵连其他单元的变化，同时其他单元的变化也会影响本单元的变化形态。②复杂系统是开放的，与环境存在密切联系，并与环境进行相互作用。③复杂系统内外部关系错综复杂，复杂系统的行为可能是静止的、周期的、混沌的或不稳定的，具有很强的多样性。④复杂系统具有非线性结构，普通线性系统的叠加原理不适应复杂系统。⑤复杂系统具备动态性特征，其不断处于发展变化中，系统本身对未来的发展变化有一定的预测能力。⑥人们对复杂系统的认识是不完备的，因为复杂系统存在大量的不确定因素。基于复杂系统的不确定性特征，复杂系统内的相互作用以及复杂系统与外部的相互作用会导致难以预测的结果或者"意外行为"的发生（Burton，2002；Harkema，2003），这从一定意义上解释了危机发生的客观必然性。

组织的复杂性可以从环境驱动角度进行解读，一方面，由于环境与组织是相互作用的，组织产生的某些行为是为了满足环境提出的要求，同时也需要从环境获得必要的资源来支持这些行为。简单的环境需要简单的组织，复杂的环境需要复杂的组织。另一方面，组织作为所处环境的一个组成部分，也是其他组织的环境内容，其行为的复杂性必将导致环境的进一步复杂。组织复杂性与环境复杂性是互动的，组织复杂性与环境复杂性有不断提高的趋势。随着环境复杂性、动态性的增加，以及组织的成长发展，组织的复杂性越来越凸显出来。为了有效地应付外部不断变化的环境，组织需要成立一系列的独立且相关的小单位，每一个单位负责应对外部环境提出的某个方面或几个方面的要求，因此，组织的各个单位需要分散化管理，但分散化管理又迫使每个单位在应对环境时产生了特定的模式，这些模式又会引起单位之间的潜在冲突。如果将组织看作机器系统，组织本身不会产生复杂的行为，组织的复杂性是由于组织内部存在大量单元或子系统，即组织结构存在水平复杂性和垂直复杂性。为了抵御外部环境因素的干扰，或在外部干扰消除以后能够恢复到原来状态，组织需要建立相应的组织结构和运行机制对组织产生保护作用，并帮助组织抗拒干扰或者将干扰作用降到最低。

从内在结构的角度，管理学家Thompson（1967）指出，组织复杂性来自组织单元之间的相互关系，来自构成组织的个体行为以及它们之间、与环境之间的相互作用关系。作为一个复杂系统表现为结构复杂性和动态复杂性两方面。如对企业组织来说，系统的要素（第一层，如职能部门、子公司）本身是一个复杂的子系统，由于该子系统内部的动态作用，要素行为体现出多样性，要素间的相互联系也是多样的，并在与环境的交互作用中引起整个组织的动态变化；而子系统的要素（第二层，如部门、团队及非正式群体）又是多样的，原因是该子系统内部要素（第三层）的多样性和动态变化，层层嵌入。

另外，如果组织内部结构是动态变化的且具有不确定性，单位之间及其与环境之间存在着相互作用和反馈关系，那么根据复杂适应组织理论，其中任一个单位的行为发生变化都会引起其他相关单位行为的调整，从而连锁地引起整个组织行为的动态变化。组织内的各个单位之间彼此存在相互依赖和自然演化的作用，而这些作用从自组织角度看是没有特意策划、组织、控制的。组织系统可以进行自我调整，这种自我调整不仅是被动地反应，也存在积极地应对，复杂系统处于发生、发展、老化、突变的过程不一定是在外力的作用下，从复杂系统的本质看，系统的矛盾对立统一规律表现为发展与稳定的统一，连续性与间断性的统一，纵向等级性与横向类型性的统一等。

组织复杂性对危机管理的影响体现在两个方面：一方面，组织复杂性影响组织的决策。信息是成功决策的必要前提条件。高复杂性可能阻碍管理者收集和理解信息，造成信息的数量不足或者不准确。因此，复杂性通过导致决策的不准确而间接地导致了危机的发生。另一方面，高复杂性组织会产生并且存在一些非线性关系（Perrow，1994），这些非线性关系很难被管理者所理解和应对。在这种情况下，组织的决策和行为可能会导致不确定和难以预测的潜在作用，对组织产生不良影响，从而增加危机发生的可能性。

第二节　恢复力研究综述

源自拉丁文"resilio"的恢复力（Resilience）最初用来形容弹回去的动作。在《牛津英语辞典》中，恢复力的解释包括两种：一种是反弹和回跳动作，另一种则是伸缩性和弹性。对"resilience"一词的翻译在学术界一直存在分歧，不同的研究者对 resilience 有不同的译法，例如，"恢复力"、"压弹"、"韧性"、"弹性"。本研究中，我们采用的是"恢复力"这个翻译，因为这一翻译更能体现"resilience"在组织研究领域中的独特涵义。

恢复力在机械理学中被界定为，在没有完全变形或断裂时，材料由于受力产生形变而储备下的恢复能力（Gordon，1978），这一概念与弹性概念类似。20世纪70年代后，Holling（1973）首先将恢复力引入生态学领域，将其作为引申概念描述承受压力的系统能够恢复到初始状态的能力。Holling的恢复力与其提出的稳定性概念密切联系在一起，Holling认为恢复力是系统在经受干扰后的稳定性表现之一。因此，此时的恢复力概念成为生态系统吸收干扰保持不变稳定性的测量工具。Pimm于1984年对恢复力提出了新观点，他将恢复力作为系统经受干扰后回归其原有平衡状态的速度测量。我们发现，虽然这两个概念共同关注的是系统的结构和功能的维护，但两者之间存在明显的不同。Holling（1973）的恢复力概念基于稳定性，更多侧重系统可以承受的干扰量，但他没有对系统平衡态存在与否提出考虑。与此不同，Pimm（1984）的恢复力概念更多地关注系统经受干扰后的持续性变化，平衡态是Pimm（1984）恢复力概念的核心。

随着恢复力研究在生态学领域的深入，恢复力的概念开始应用于其他学科，例如，恢复力在社会科学及环境变化领域中得到了广泛应用，并强调恢复力主体（社区、组织、国家等）的行为反应。其中，作为最早探讨对气候变化干扰的社会恢复力问题的学者Timmerman，其在1981年将恢复力界定为，在灾害事件的打击和干扰下系统所具备的恢复能力。随后，恢复力的研究更多地与其他学科联系起来，例如，Handmer和Dovers（1996）发展出制度恢复力学，将灾害规划和灾害应对引入恢复力研究，这不仅为全球环境变化研究提供了新的框架性思考，而且恢复力机制越来越多地在各个领域得到运用。同样，Charles（1998）运用马尔可夫方法对恢复力进行了建模，提倡在经济—环境系统的研究分析中应该适当地运用恢复力概念。沿着同一轨迹，越来越多的学者把恢复力研究领域进行了拓展，例如，Mileti（1999）认为，对危机经济损失进行控制的有效手段之一是提升恢复力水平。令人注意的是，Mileti认为，恢复可以作为测度承受灾害能力的指标，这使恢复力的概念更具有应用价值。

随后，恢复力的研究侧重于组织的能力维度。基于Timmerman（1981）的研究，学者们更多地关注人类社会在经历环境变化的干扰后，其承受打击和从中恢复的能力。Buckle等（2001）在澳大利亚应急管理（EMA）报告中，对恢复力的界定分为两个方面：其一，恢复力是组织或群体对干扰和损害的抵御能力；其

二，恢复是组织或群众在遭受损害后能够回到原始状态的能力。同样，Bruneau
等（2003）将恢复力定义为社会单元减轻危机事件的打击、执行有效恢复措施的
能力，他们认为，近年来恢复目标和恢复力培养已经成为危机管理政策和实践在
不断追求的目标。

随着恢复力研究应用实践性的增强，恢复力也被应用到人为危机的研究中，
例如，Kendra 等（2003）从恢复力角度，对"9·11"事件后美国应急行动中心
（Emergency Operations Centre）的重组情况进行了研究，他们指出恢复力概念有
利于理解自然或社会系统经受干扰后维持其功能的过程，虽然应急行动中心的硬
件设施被破坏了，但其危机管理的能力还在。另外，他们提出，对袭击后的恢
复力具有重要贡献的还有冗余资源、组织的应对计划以及组织结构的维持等多
种因素。

从以上文献综述可以看出，恢复力的概念在人类和自然系统等相关领域中得
到了广泛的研究，其越来越具有交叉学科的性质。当然，恢复力也被纳入脆弱性
的研究范畴中。危机管理研究的一个重要内容是如何在经历危机后快速高效地恢
复起来，而恢复力正体现了危机管理的主动性，因此，恢复力在危机管理中的意
义越来越受到重视。例如，罗伯特·希斯（2011）在其《危机管理》一书中，提出
了一套较为规范、系统而全面的企业危机管理的理论框架，涵盖了风险评估、危
机预警与防范、危机应对及准备计划、危机沟通、危机处理、危机管理评价的内
容。他指出，管理者和主管应该考虑如何缩减危机情境的发生，如何做好危机管
理的准备工作，如何规划以及如何培训员工以应对危机局面（或从中很快恢复），
这四个方面构成了基本的危机管理。他用 4R 模式表示：缩减（Reduction）、准
备（Readiness）、反应（Response）、恢复（Recovery），认为有效危机管理是对
4R 模式所有方面的整合，并且总结了 4R 模式的结果，提出了第五个 R，即恢复
力（Resilience）。在组织研究领域中，学者对恢复力的概念没有达成共识，因此，
组织恢复力的概念界定根据研究的设计而不同。此外，组织恢复力与组织脆弱性
作为两个新兴研究领域，对其之间的关系也缺乏深入的探讨和研究。

第三节　组织恢复力概念界定

组织恢复力越来越多地得到了组织领域的关注。当组织面对重大变化时，恢复力在帮助组织有效反应的过程中起到关键作用，恢复力极大地影响了组织对环境变化的响应。同样，Hamel 和 Valikangas（2003）也认为，当环境变化时，组织恢复力通过帮助组织再造其商业模式和战略而促进组织适应。在组织适应性研究领域，可以根据组织所面对的逆境水平和组织的适应结果对组织进行分类，如图 18-1 所示。组织恢复力所研究的是那些面对巨大逆境，但最终得到有利结果的组织（图 18-1 中的第四类组织）。

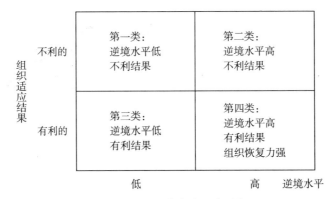

图 18-1　组织恢复力研究对象

我们可以从广义和狭义两个方面对组织恢复力进行界定。广义的组织恢复力是指组织对危机打击的抵御能力和组织在危机后恢复的能力；狭义的组织恢复力可以从组织在危机后应对、重建和恢复的角度进行界定。对组织恢复力的特征可以通过组织在危机后的恢复速度、组织从危机中恢复到稳定状态所需要的时间，以及组织危机后达到的恢复水平等来体现。恢复力强的组织能够降低可能的危机损失，及时从危机中恢复到正常状态，恢复力弱的组织则正好相反。本研究对组织恢复力进行了如下概念界定：组织恢复力是指组织承受危机事件的打击并从中恢复的能力。

Liu 和 Wang（2008）提出，组织恢复力体现在两个方面：危机损失和从危机中恢复的时间（如图18-2所示）。

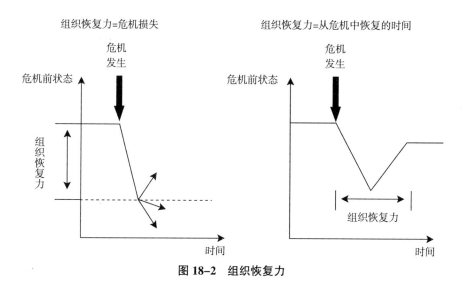

图 18-2　组织恢复力

　　组织恢复力不仅是一种状态量，而且是一种过程量。组织在遭受危机打击的情况下，通过组织的有效应对，可以将危机损失控制在一定范围内，并从危机中尽快地恢复起来。在组织恢复的过程中，对于危机损失的控制反映了组织恢复力的静态特征，而从危机中恢复的时间则体现了组织恢复力的动态特征。组织恢复力的研究虽然侧重的是危机发生后组织的应对过程，但组织恢复力的培养和提高过程却贯彻危机前、危机中和危机后整个阶段。首先，组织需要在危机发生之前就发展其恢复能力，只有这样才能有效地抵御危机的干扰与打击。其次，危机中的组织恢复力管理侧重于识别组织恢复力的"短板"和缺口，从而为组织提供对其恢复力提升途径和计划的参考。最后，在危机后阶段，组织恢复力的水平能够得到检验和评价。

第四节　组织脆弱性与恢复力

　　目前在组织研究领域中，组织脆弱性的研究和恢复力的研究虽然同时进行，但对于两者之间的关系，研究者持有不同的观点。概括来说，危机管理中对恢复力和脆弱性的关系可以划分为两大类：一类观点以 Folke（2002）等为代表。他们将恢复力和脆弱性看作相对立的两面，认为系统的脆弱性必然会导致其低脆弱性，恢复力体现的是系统能够抵制破坏并从中恢复的特性。所以，这一类观点将脆弱性和恢复力之间的关系看作简单的负相关关系。另一类观点则以 Buckle（2001）等为代表。他们认为脆弱性与恢复力之间的关系不是简单的线性关系，其之间存在互相依存、互相制约的交叉层面和尺度关系，对于脆弱性和恢复力之间的关系应该侧重两者之间密不可分的联系，但两者之间是存在正相关还是负相关，Buckle 等认为都有可能。从以上的两类观点，我们可以看出，脆弱性与恢复力之间的关系对环境情景的依存度很大，在不同的情景下两者之间的关系会不同。这也符合脆弱性和恢复力本身的特点，因为两者都具有单因素决定的性质，且两者会随着组织外部环境的变化和组织内在能力资源的改变而不同。

本研究认为，组织脆弱性与组织恢复力之间是曲线关系（Curvilinear），其中，低水平或高水平的危险因子均与低组织脆弱性相对应，而只有中等水平的组织脆弱性才与高组织恢复力相对应。该模型的思想是，适度的压力/逆境水平可以使组织学习到如何战胜压力/逆境，而如果暴露在过于严重的危机因子中，则组织可能无法成功应对。该模型认为，组织适当地面对一些压力和逆境可能是有益的，因为这样它们能够有机会去提高其恢复能力。危机因子必须具有一定的挑战性，并能引发组织的应对反应，这样组织才能从应对压力和逆境中获益（如图18-3 所示）。

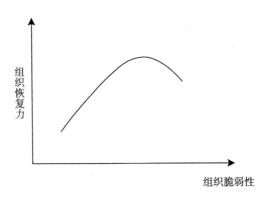

图 18-3　组织脆弱性与组织恢复力

组织恢复力可以对组织的危机管理产生巨大影响。如果将危机看作外部环境变化的一种表现形式，则组织恢复力体现了组织适应外部环境的能力，并在组织恢复过程中为组织积累和总结了重要的经验，这将指导组织应对下一次的挑战。所以，可以将组织恢复力看作组织进行危机管理的学习、反馈和记忆机制。当然，组织的资源状况、组织学习能力以及组织情感都会影响组织的恢复力。此外，组织恢复力还可以帮助企业降低危机发生的可能性，且高恢复力的组织比低恢复力的组织具有更多应对危机的资源和能力，这些资源和能力在一定程度上会帮助企业规避部分危机的发生。

第十九章 组织脆弱性研究总结与展望

本章是结论与总结部分，主要完成以下两个任务：第一，总结本研究的结论、创新点和实践意义，并进行必要的讨论；第二，讨论本研究存在的不足之处并指明未来的研究方向。

第一节 研究结论与创新

一、结论与讨论

开放系统理论认为组织要满足自身的各种需要，要生存和发展下去，就必须与其所处的环境进行物质、能量和信息等各个方面的交换，否则就会死亡。因此，组织必须像生物体一样对环境开放，建立一种与周围环境相融洽的关系。但是，开放的组织就一定可以持续生存吗？组织的开放性并不是无条件的，过度地暴露于环境下的组织，其生存也会受到挑战。权变理论更进一步告诉我们，组织除了要对环境开放外，还必须考虑如何适应环境的问题。在动态复杂的环境中，组织始终面临着各种危机因子的压力和干扰，本研究基于危机管理、适应性和可持续发展等理论，试图构建组织脆弱性理论，并从组织脆弱性这一新的研究视角，揭示组织内部、外部的相互耦合作用及其对危机的驱动力、抑制机制和响应能力的影响。通过理论分析，本研究主要对组织脆弱性的命题进行了以下几个方面的探索，并得到如下结论：

第一，组织脆弱性由暴露性、易感性和适应性三个理论维度共同构成，组织脆弱性是一个多维度构成型构念。组织脆弱性揭示了组织在各种内外危机因子的压力和干扰下，难以维持自身结构均衡、功能运行正常、社会关系和谐、环境适应性强的健康状态，而可能出现危机的一种组织特征。它体现了组织成长过程中内外关系不耦合时，一种驱动危机的、难以避免的组织状态。

　　暴露性是指组织对来自内外部可能导致危机的事件的接触程度；易感性是指组织缺乏吸收干扰的能力，或者缺乏在危机因子的干扰下保持基本结构、关键功能以及运行机制不发生根本变化的缓冲能力；适应性是指为了应对实际发生的或预计到的变化及其各种影响，而在组织系统内进行调整的能力。研究中，我们把组织适应性进一步用组织冗余资源、组织学习和组织情感进行构建和解释。组织脆弱性研究是对暴露性、易感性及适应性三者耦合的研究（如图19-1所示）。这三个变量（暴露性、易感性及适应性）对组织脆弱性的影响程度是有差异的。

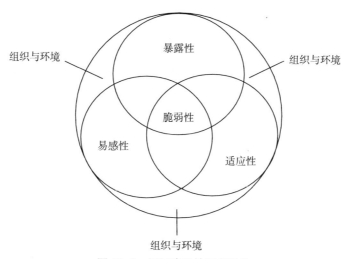

图 19-1　组织脆弱性研究结构

　　第二，暴露性、易感性和适应性分别体现了组织脆弱性的不同方面，组织脆弱性与危机发生的可能性存在正相关关系。

　　（1）组织暴露于激烈且不确定的竞争环境中增加了组织的脆弱性。竞争是商品经济的基本范畴，是组织之间的基本经济关系，也是组织面临的基本生存环境。组织暴露于激烈竞争的环境中，是每个组织必须面对的基本问题。种群生态理论也认为，由于面临其他组织的竞争及资源的稀缺性，暴露于环境外的组织中只有"最适应"环境的组织才能生存。从短期看，改善经营管理、加强经济核算、节约开支、降低成本是组织可供选择的"适应"环境的有效途径。从长远看，不断进行技术创新，取得一定时期的技术优势，是维持组织长久生存、减缓组织脆弱以及维护组织健康的手段。组织的暴露性，仅仅是组织脆弱性的一个来源，组织暴露于外部竞争环境并不必然导致组织的脆弱性，但是敏感的和适应性差的组织，暴露于激烈且充满不确定性的竞争环境中，其组织脆弱性一定高。

（2）组织对外部危机缺乏吸收干扰和承受压力的能力，或者缺乏应对危机的缓冲能力，则会增加组织脆弱性越。虽然多数组织是通过遵从环境和选择环境来获得持续发展，但是这种发展方式都不是主动的组织行为。有研究者认为，组织需要先发制人地获得持续发展所需要的资源支持，在这样的情况下，要求管理者不仅是简单地在现有观念中进行选择，还必须积极地对环境现实进行新的解释。组织应对激烈竞争的环境，需要具备缓冲能力。组织发展过程敏感地受组织系统的初始状态、机会和刺激条件的影响，这个过程具有自我强化的功能，使环境成为适合自身生存的生态场。组织发展过程的缓冲能力表现为组织对环境影响、不确定性的预测能力和把握能力，这样的组织缓冲能力可以帮助组织沿着固有的、大体一致的箱体运转，大大降低危机因子的影响程度。因此，组织对环境的易感性影响了组织的脆弱程度。

（3）适应性强的组织，其组织脆弱性程度低，能通过积极的环境适应性行为，提升组织的可持续发展能力。研究中所指的组织适应性是组织拥有冗余资源、善于学习并积极使用和影响组织情感的组织特性，是组织为了应对实际发生的或预计到的变化及其各种影响，而在组织系统内进行调整的能力。如果组织的易感性强调组织生存状态依存的路径依赖（对环境不具备缓冲能力），而适应性则强调组织在相同的初始条件、机会和刺激条件下，由于行动者行为的差异性而影响组织长期的发展结果。组织需要在一定的发展路径箱体内预测环境，但更需要在"干中学"或者"学中干"的过程中提高行动者的行为能力。组织行动者的冗余资源、学习过程以及使用组织情感的文化控制能力，能在组织内形成积极的反馈，这样解决不确定性问题的成功率将大大提高。

第三，组织脆弱性与组织恢复力之间存在曲线关系，组织年龄和组织规模会影响组织脆弱性进而影响组织恢复力。

（1）在组织的成长过程中，影响适度的脆弱性有助于增强组织恢复力，推动组织动态地趋近健康状态，即实现可持续发展。在不确定环境中生存的企业不可避免地面对内外危机因子的挑战。如果组织能有意识地调整自己的暴露性、易感性和适应性，使一次次的干扰和压力控制在可以承受的范围内，则组织就可以由脆弱变得坚强，在"组织脆弱——组织危机——组织恢复"的循环过程中，动态地趋近组织理想的健康状态，即适度的结构均衡性、功能活跃性、社会和谐性、环境适应性，实现组织的可持续发展。可以说，"组织脆弱——组织危机——组织恢复——组织健康"的动态循环是不确定环境中组织的成长范式。

但是，组织恢复力存在极限，一旦组织脆弱性过度，组织就会不堪一击。组织需要保持适度弹性，这种适度弹性是组织恢复力的表现，体现为组织可以理解自身所处的位置、发展定制化的反应并反馈组织对自身的解释，使组织从危机过程中得以恢复。组织理论中对组织恢复力的讨论经常发生在恐怖分子袭击、经济大萧条和其他对组织产生实质性破坏的情况下，这些环境特征是不可预测的、高度不确定性的和破坏性的；也发生在组织内部产生了相应的不确定性和危机因子的情况下（杨震宁，2010）。组织恢复力可以使组织学习到更多的环境状况，通过组织合作行为充分使用自己的资源和能力，利用合理的资源安排鼓励组织成员承担风险、尝试新想法，使组织成员能够从成功和失败的经验中学习，从而获得韧性，避免组织危机的发生。

（2）对于年轻的"新组织"，其组织脆弱性更强，组织越不容易从危机中恢复。对于"新组织困境"的解释，很多学者从不同角度分析并获得了结论支持。Hannan 和 Freeman（1984）首先在社会学研究中讨论了组织年龄和组织失灵之间的关系，并提出了所谓的"新组织困境"（Liability of Newness）的观点，认为新组织比年龄大的组织更容易消亡，年龄大的组织的状态优于新组织。"新组织困境"主要是基于两个问题的讨论：组织内部过程和外部环境关系。有效的组织要求成员之间互相信任，而信任的建立需要时间；同样，设立和改进组织内部的角色分工和日常程序，熟悉环境状况以及与已有组织建立起良好关系都需要时间。因此，组织的可信赖性和可解释性会随着年龄增加而增强，消亡率随年龄增加而降低。杨震宁（2010）从组织健康的视角进行了实证检验，认为"新组织"不容易达到结构均衡性、功能活跃性、社会和谐性和环境适应性，进而证明了"新组织"的功能性缺失。而本研究从一个新的视角"组织脆弱性"验证了"新组织困境"，成为这一理论的又一佐证。

（3）具备规模效应的"大组织"比"小组织"更容易解决组织脆弱性问题，并且在危机发生时更容易从危机中恢复。人们普遍接受和认同"小组织困境"这一观点，即规模大的组织比规模小的组织更容易存活。经济学中的"规模经济"是被广泛运用的理论基础，而组织学中，Hannan 和 Freeman（1977）提出，组织的规模能缓冲自然选择的压力，即大型组织业绩不良面临危机时，可以选择缩小组织规模，把运行不良的部分去除，从而不至于立刻消亡；而小型的组织则几乎没有收缩的空间，一旦面临危机将马上失败，其受到环境的威胁较大。另外，小组织很小的变动（如失去一个关键的合同或者一个关键的员工）都将对组织造成大的冲击；而对于大型组织来说，它们更容易从交易伙伴和管理部门那里获得更多的资源，从而获得更好的恢复力（杨震宁，2010）。关于组织规模和组织脆弱性、组织恢复力关系的实证研究不多，但研究结论都比较一致地支持"小组织困境"的假设，如 Dobrev（1998）的相关研究。本研究是"小组织困境"的又一个佐证。

二、创新点

本研究试图从组织脆弱性角度探讨组织内外部相互耦合作用及其对危机的驱动力、抑制机制和响应能力的影响。由于企业面临日益严峻的挑战，所以对有说服力和指导作用的组织战略理论的需求更为强烈（杨震宁和王以华，2008）。组织脆弱性试图从一个崭新的视角揭示组织危机发生和恢复的机制。本研究认为，组织脆弱性是由组织对危机因子的暴露程度、受危机因子的干扰程度以及组织的适应能力共同决定的状态。本研究将组织脆弱性界定为一个合并型多维构念，其包含三个维度，即暴露性、易感性及适应性。本研究根据 Churchill 的量表开发原则进行了量表的开发，在数据收集并处理后的基础上通过探索性因子分析和验证性因子分析等统计方法确保量表的效度和信度，最终得到比较有效且可靠的组织脆弱性量表。

第二节　研究的局限与展望

一、研究局限

本研究在提出一些创新性学术观点的同时，也存在一定的研究局限性。

首先，本研究遵循实证主义（Positivism）研究范式，采用量化研究方法，通过问卷调查方式收集数据，然后进行实证研究。此研究方法在数据收集上具有一定的优势，例如，可以收集到不同类型企业的数据，增强研究结论的普适性。但由于数据收集只是在某一时点进行的，所以数据是静态截面数据，只能进行横向研究（Cross-sectional）。尽管组织脆弱性模型得到较好的验证，相关的假设也得到检验，但不可否认的是危机管理不是短暂、片刻的行为活动，而是长期且复杂的过程，影响到企业生存和发展的整个过程。因此，纵向研究（Longitudinal Study）和时间序列分析会对组织脆弱性模型和相关假设提出更多有益的结果，并且能够提高研究的信度和效度。

其次，在核心概念的构思与测量上存在局限。对于组织脆弱性的研究主要还在于概念拓展和理论阐述。本研究在构建组织脆弱性多维度模型时，主要通过对前人理论性的研究结论进行推导来确定构思框架，进而通过访谈研究丰富构思框架的内容。在随后进行的实证研究中，也缺乏可参照的成熟量表。虽然在工具开发过程中，我们严格遵循科学流程和方法，并尽可能地分维度借鉴以往相应的成熟量表，而且实证数据也表明测量工具的有效性和可信性都达到了令人满意的程度，但是，由于受研究条件所限，测量工具仍没有做到大样本的反复检验。另外，对量表条目的评判一般有两种方法：正向和反向评分法。由于被访谈者在填写问卷时往往会有提防心理（Anderson & West，1998），所以正向评分容易出现误差，而反向评分可以减少填写者的偏见，但本研究采用的是正向评分法，因而其回答的有效性可能受到影响。在今后的研究中，非常有必要对组织脆弱性的概念构思和测量进行反复修正和验证。

最后，由于时间和预算等多种因素影响，本研究开展实证研究的广度和深度均较为有限，调查内容也有待深入，因而使研究结论对组织决策的指导作用受到影响。另外，在条件允许的情况下，应该在不同的情景下抽取样本，以增加量表的效度。由于这是首次调查，也是单次调查，所以测评结果有如下缺陷：单次调查无法完全证实模型和指标体系的科学性，无法进行区域间的横向比较。

二、研究展望

上述研究局限的存在，也预示了未来的研究内容：

第一，拓展组织脆弱性的影响因素。除了考虑暴露性、易感性及适应性以外，可以将更多的因素考虑进去。例如，组织免疫（Organizational Immunity）通过强调组织适应性与稳定性之间的辩证关系，从生物视角研究理解组织的生存和发展问题，其研究偏重系统观和动态演化分析，并提出组织免疫功能对组织生存发展的"双刃剑"作用（杨震宁和王以华，2008）。另外，杨震宁（2010）认为，组织免疫通过监视、防御和记忆来捍卫组织健康 (Organizational Health)，组织健康是组织适应环境与学习的结果，因此，组织脆弱性会对组织健康产生直接或间接的影响。在未来的组织脆弱性研究中，只有综合分析组织脆弱性的决定因素才能增加本研究所构建模型的鲁棒性。

第二，引入纵向研究等实证研究方法。如果有可能，应该选择多个企业进行跟踪研究。今后的研究可以以不同的变革背景、不同类型的企业为研究样本，进一步找出其组织脆弱性的结构维度与关键特征，并考察其在各类组织发展背景下的作用机制。另外，采取多时点的跟踪调研有利于剖析"危机前组织脆弱状态—危机发生过程—危机后组织恢复"整个过程，增强研究的深度和广度。

第三，进行面向多重危机因子的组织脆弱性评价研究。组织通常暴露于多尺度、相互作用的多重干扰，这一观点在脆弱性研究中已达成共识 (Turner et al.，2003)，但目前脆弱性研究中多为针对单一干扰的脆弱性评价，虽然也有学者尝试双重干扰下的脆弱性评价 (O'Brien et al.，2004)，但关于扰动间的相互作用关系、各种扰动对组织脆弱性影响程度的差异以及组织对多重干扰的非线性响应过程等仍未得到很好的阐述。

第四，探索组织脆弱性阈值。在设定了具体的指标体系之后，依据企业的历史数据和资料以及行业的平均水平确定各项指标的阈值。超过了阈值就要采取必要的组织干预措施。对于一些难以量化的指标，也应探索便于识别和判断的阈值。

参考文献

[1] Anderson N. R., West A. M. Measuring Climate for Work Group Innovation: Development and Validation of the Team Climate Inventory [J]. Journal of Organizational Behavior, 1998 (19): 235-258.

[2] Argenti J. Corporate Collapse: The Cases and Symptoms [M]. London: McGraw-Hill, 1976.

[3] Banks K. F. Crisis Communications: A Casebook Approach [M]. New Jersey: Lawrence Erlbaum Association, 1996.

[4] Barton D. L. Core Capability and Core Rigidities: A paradox in Management New Product Development[J]. Strategic Management Journal, 1992 (13): 111-125.

[5] Baum J. A. C., Ingram P. Survival-enhancing Learning in the Manhattan Hotel Industry [J]. Management Science, 1998 (44): 996-1016.

[6] Blum M.P. Failing Company Discriminant Analysis [J]. Journal of Accounting Research, 1974, 18 (2): 23–27.

[7] Boin A., Lagdec P. Preparing for the Future, Critical Challenges in Crisis Management [J]. Journal of Contingencies and Crisis Management, 2000, 8 (4): 19–34.

[8] Booth S. A. Crisis Management Strategy: Competition and Change in Modern Enterprises [M]. London: T. J. Press Ltd., 1993.

[9] Bourgeois L. J. On the Measurement of Organizational Slack [J]. Academy of Management Review, 1981, 6 (1): 29–39.

[10] Brooks N. Vulnerability, Risk and Adaptation: A Conceptual Framework [D]. Working Paper No. 38, Tyndall Center, 2003.

[11] Brown S. L., Eisenhardt K. M. Competing on the Edge [M]. Harvard Business School Press, 1998.

[12] Bruneau M., Chang S., Eguchi R. A Framework to Quantitatively Assess and Enhance Seismic Resilience of Communities[J]. Earthquake Spectra, 2003, 19 (4): 733–752.

[13] Buckle P., Graham M., Smale S. Assessing Resilience and Vulnerability: Principles, Strategies and Actions. Emergency Management Australia, Department of Defense Project 15, 2001.

[14] Burton C. Introduction to Complexity [M]. In Complexity and Healthcare, An Introduction (Sweeney K. & Griffiths F., Eds), Radcliffe Medical Press, Abingdon, Oxon, 2002: 1–18.

[15] Charles P. Resilience in the Dynamics of Economy–environment Systems [J]. Environmental and Resource Economics, 1998, 11 (3/4): 503–520.

[16] Cheng J. L. C., Kesner I. F. Organizational Slack and Response to Environmental Shifts: The Impact of Resource Allocation Patterns[J]. Journal of Management, 1997: 23 (1): 1–18.

[17] Cherniss C. Emotional Intelligence and the Good Community [J]. American Journal of Community Psychology, 2002 (1): 1–11.

[18] Coombs W. T. On Going Crisis Communication–Planning, Managing and Responding[M]. London: Sage Publication Inc., 1999.

[19] Coombs W. T. Strategic Communication in Crisis Management: Lessons from the Airline Industry[J]. Journal of Contingencies and Crisis Management, 2003, 11 (3): 12–25.

[20] Cyert R. M., March J. G. A Behavioral Theory of the Firm [M]. Prentice–Hall, Englewood Cliffs, NJ, 1963.

[21] Damanpour F. Organizational Complexity and Innovation: Developing and Testing Multiple Contingency Models[J]. Management Science, 1996, 42 (5): 693–716.

[22] Day D. V. Leadership Development: A Review in Context [J]. The Leadership Quarterly, 2006 (11): 581–613.

[23] Dess G. G., Robinson R. B. Jr. Measuring Organizational Performance in the Absence of Objective Measures: The Case of the Privately-held Firm and Conglomerate Business Unit [J]. Strategic Management Journal, 1984, 5 (3): 265-273.

[24] Dodgson M. Organizational Learning: A Review of Some Literature[J]. Organization Studies, 1993 (2): 25-34.

[25] Dobrev, Stanislav D. Decreasing Concentration and Reversibility of the Resource Partitioning Model: Supply Shortages and Deregulation in the Bulgarian Newspaper Industry, 1987-1992 [D]. Working Paper, Tulane University, 1998.

[26] Duncan R. B. Characteristics of Organizational Environments and Perceived Environmental Uncertainty[J]. Administrative Science Quarterly, 1972 (17): 313-327.

[27] Edmister R.O. An Empirical Test of Financial Ratio Analysis for Small Business Failure Prediction [J]. Journal of Financial and Quantitative Analysis, 1972, 15 (4): 33-38.

[28] Fiorett G., Visser B. A Cognitive Interpretation of Organizational Complexity [J]. Emergence, 2004, 6 (1/2): 11-23.

[29] Fishman D. A. Crisis Communication Theory Blended and Extended [J]. Communication Quarterly, 1999, 47 (4): 347-348.

[30] Folke C., Carpenter S., Elmqvist T. Resilience and Sustainable Development: Building Adaptive Capacity in a World of Transformations. Environmental Advisory Council to the Swedish Government, Stockholm, Sweden, Galbraith, J. Designing Complex Organizations. Reading, MA: Addision-Wesley, 2002.

[31] Goh S. C. Toward Learning Organization: The Strategic Building Block[J]. Sam Advanced Management Journal, 1998 (9): 15-22.

[32] Gordon J. E. Structures [M]. Harmondsworth, UK: Penguin Books, 1978.

[33] Greiner, L. E. Evolution and Revolution as Organizations Grow[J]. Harvard Business Review, 1972, 50 (1): 37-46.

[34] Grieves, J. Introduction: The Origins of Organizational Development [J]. Journal of Management Development, 2000 (5): 345-447.

[35] Gresham M. T. A Study of Organizational Capability Management as a Mediator of Successful Innovation Implementation and Innovation Problems [D]. Doctoral Dissertation, The Ohio State University, 1999.

[36] Hamel G., Valikangas L. The Quest for Resilience [J]. Harvard Business Review, 2003, 81 (9): 52-63.

[37] Handmer J. W., Dovers S. R. A Typology of Resilience: Rethinking Institutions for Sustainable Development [J]. Industrial and Environmental Crisis Quarterly, 1996, 9 (4): 482-

511.

[38] Hannan M. T., Freeman J. The Population Ecology of Organizations [J]. The American Journal of Sociology, 1977, 82 (5): 929–964.

[39] Hannan M. T., Freeman J. Structural Inertia and Organizational Change [J]. American Sociological Review, 1984 (49): 149–164.

[40] Harkema S. A Complex Adaptive Perspective on Learning within Innovation Projects[J]. The Learning Organization, 2003, 10 (6): 340–346.

[41] Holling C. S. Resilience and Stability of Ecological Systems[J]. Annual Review of Ecology and Systematics, 1973 (4): 1–23.

[42] Huang Y. H. Crisis Situations, Communication Strategies, and Media Coverage [J]. Communication Research, 2006, 33 (3): 180–205.

[43] Huy Q. N. Emotional Capability, Emotional Intelligence and Radical Change[J]. Academy of Management Review, 1999, 24 (2): 325–345.

[44] Huy Q. N. Emotional Balancing of Organizational Continuity and Radical Change: the Contribution of Middle Managers[J]. Administrative Science Quarterly, 2002, 47 (1): 31–69.

[45] Kelly P. M., W. N. Adger. Theory and Practice in Assessing Vulnerability to Climate Change and Facilitating Adaptation[J]. Climatic Change, 2002, 47 (4): 325–352.

[46] Kendra M., Wachtendorf T. Elements of Resilience after the World Trade Center Disaster: Reconstituting New York's Emergency Operations Centre[J]. Disasters, 2003, 27 (1): 37–53.

[47] Kernick D. Complexity and Healthcare Organization [M]. In Complexity and Healthcare, An Introduction (Sweeney K. & Griffiths F., Eds), Radcliffe Medical Press, Abingdon, Oxon, 2002, 93–121.

[48] Kim L. Crisis Construction and Organizational Learning: Capability Building in Catching-up at Hyundai Motor[J]. Organization Science, 1998, 9 (4): 45–62.

[49] Kramer R. M. Trust and Distrust in Organizations: Emerging Perspectives: Ending Questions [J]. Annual Review of Psychological, 1999 (50): 569–598.

[50] Kyan A. Organizational Learning from Performance Feedback: A Behavioral Perspcetive on Innovation and Change[J]. Administrative Science Quarterly, 2004, 49 (3): 490–494.

[51] Law K. S., Wong C. S., Mobley W. H. Towards Taxonomy of Multidimensional Constructs [J]. Academy of Management Review, 1998, 23 (4): 741–755.

[52] Leibenstein H. Organizational or Frictional Equilibria, X–efficiency, and the Rate of Innovation[J]. Quarterly Journal of Economics, 1969 (83): 600–625.

[53] Lewis K. M. When Leaders Display Emotion: How Followers Respond to Negative Emotional Expression of Male and Female Leaders [J]. Journal of Organizational Behavior, 2000 (21): 221–

234.

[54] Liu W.W., Wang Y.H. Resilience: The Emergence of a Perspective for Organizational Adaptation Analyses [C]. Presented in Academy of Management Annual Meeting 2008, Anaheim, USA, 2008.

[55] Lubomir L. Determinants of Financial Distress: What Drives Bankruptcy in a Transition Economy? [EB/OL]. The Czech Republic Case, http://working paper in www.ssrn.com, 2002.

[56] Lukaszewski J. E. Crisis Communication Models: Smooth Crisis Situations with Systematic Response Mechanisms [J]. Public Relations Tactics, 2006, 13 (7): 545–578.

[57] Manolis, C., Nygaard A., Stillerud, B. 1997. Uncertainty and Vertical Control: an International Investigation[J]. International Business Review, 1997, 6 (5): 501–518.

[58] March J. G., Simon H. A. Organizations [M]. Wiley, New York, 1958.

[59] Makadok K. Toward a Synthesis of the Resource–based and Dynamic–capability Views of Rent Creation[J]. Strategic Management Journal, 2001 (22): 387–401.

[60] Mayer J.D. A Field Guide to Emotional Intelligence [J]. In Ciarrochi, J. Forgas, J. P., Mayer, J. D (Eds.). Emotional Intelligence in Everyday Life: AScientific Inquiry. Philadelphia: Psychology Press: 2001: 3–24.

[61] Mayer J. D. & Geher G. Emotional Intelligence and the Identification of Emotion [J]. Intelligence, 1996, 22: 89–113.

[62] McAllister D. Affect and Cognition–based Trust as Foundations for Interpersonal Cooperation in Organizations[J]. Academy of Management Journal, 1995, 38 (1): 24–59.

[63] MeClelland D. C. Identifying Competencies with Behavioral Event Interviews [J]. Psychological Science, 1998 (9): 331–339.

[64] McGregor D. The Human Side of Enterprise [M]. McGraw–Hill, New York, 1960.

[65] Meyer A. D. Adapting to Environmental Jolts [J]. Administration Science Quarterly, 1982 (27): 51–63.

[66] Mileti D. Disasters by Design: A Reassessment of Natural Hazards in the United States [M]. Washington DC: Joseph Henry Press, 1999.

[67] Milliken F. J. Three Types of Perceived Uncertainty about the Environment: State, Effect, and Response Uncertainty[J]. Academy of Management Review, 1987, 12 (1): 133–143.

[68] Mitroff I. I. Crisis Leaning: The Lessons of Failure[J]. The Futurist, 2002, 36 (5): 19.

[69] Mitroff I. I. Crisis Leadership[J]. Leadership Excellence, 2005 (22): 10–11.

[70] Morgan G. Images of Organization: The Executive Edition [M]. San Francisco: Berrett–Koehler, 1998.

[71] Nathan M. The Paradoxical Nature of Crisis[J]. Review of Business, 2000, 23 (3): 23–

37.

[72] Nesse R.M., Berridge K.C. Psychoactive Drug Use in Evolutionary Perspective [J]. Science, 1997 (278): 63–66.

[73] Nohria N., Gulati R. Is Slack Good or Bad for Innovation? [J]. Academy of Management Journal, 1996, 39 (5): 1245–1264.

[74] Nohria N., Gulati R. What is the Optimum Amount of Organizational Slack? [J]. A Study of the Relationship between Slack and Innovation in Multinational Firm [J]. European Management Journal, 1997, 15 (6): 603–611.

[75] O'Brien K., Leichenkob R., Kelkar U. Mapping Vulnerability to Multiple Stressors: Climate Change and Globalization in India[J]. Global Environmental Change, 2004,14 (4): 303–313.

[76] Pauchant T., Mitroff I. I. Transforming the Crisis-prone Organizations [M]. San Francisco: Jossey-Bass, 1992.

[77] Perrow C. The Limits of Safety: The Enhancement of a Theory of Accidents[J]. Journal of Contingencies and Crisis Management, 1994, 2 (4): 212–220.

[78] Pearson C. M. From Crisis Prone to Crisis Prepared: A Framework for Crisis Management [J]. Academy of Management Executive, 1993, 7 (1): 234–256.

[79] Pfeffer J. Organizational Demography [J]. Research in Organizational Behavior, 1983 (5): 299–357.

[80] Pidgeon N. The Limits to Safety? Culture, Politics, Learning and Man-made Disasters [J]. Journal of Contingencies and Crisis Management, 1997,5 (1): 1–14.

[81] Pimm S. L. The Complexity and Stability of Ecosystems [J]. Nature, 1984 (307): 321–326.

[82] Priem R. L., Love L. G., Shaffer, M. A. Executives' Perceptions of Uncertainty Sources: A Numerical Taxonomy and Underlying Dimensions [J]. Journal of Management, 2002, 28 (6): 725–746.

[83] Robbins S. P., Coulter M. Management (Eighth edition) [M]. NJ: Prentice Hall, 1997.

[84] Rosenthal U., Pijnenburg B. Simulation Oriented Scenarios [M]. Kluwer Dordrecht, 1991.

[85] Ross J. E., Kami M. J. Corporate management in crisis: why they might fail? [M]. New York: Prentice-Hill Inc, 1973.

[86] Salovey P., Mayer J. D. Emotional Intelligence: Imagination, Cognition and Personality, 1990 (9): 155–211.

[87] Sarewitz D., Pielke R., Keykhah M. Vulnerability and Risk: Some Thoughts from a Political and Policy perspective[J]. Risk Analysis, 2003, 23 (4): 805–810.

[88] Scott J. Social Network Analysis-A Handbook [M]. London: Sage Publications, 1991.

[89] Sharfman M., Wolf G., Chase R., Tansik D. Antecedents of Organizational Slack[J]. Academy of Management Review, 1988 (13): 601-614.

[90] Shrivastava P. A Typology of Organizational Learning Systems [J]. Journal of Management Studies, 1983 (20): 7-8.

[91] Singh J. V. Performance, Slack, and Risk Taking in Organizational Decision Making[J]. Academy of Management Journal, 1986 (29): 562-585.

[92] Stead E., Smallman C. Understanding Business Failure: Learning and Unlearning Lessons from Industrial Crisis [J]. Journal of Contingencies and Crisis Management, 1999, 7 (3): 115-143.

[93] Stinchcombe A. Social Structure and Organizations. In Handbook of Organizations [M]. J. G. March, ed. Chicago: Rank McNally, 1965.

[94] Strongman K.T. The Psychology of Emotion: Theories of Emotion in Perspective [M]. Massachusetts: The MIT Press Cambridge, 2002.

[95] Timmerman P. Vulnerability, Resilience and the Collapse of Society: A Review of Models and Possible Climatic Applications [M]. Toronto, Canada: Institute for Environmental Studies, University of Toronto, 1981.

[96] Thompson J. D. Organizations in Action: Social Science Bases of Administration Theory [M]. NY: McGraw-Hill Book Company, 1967.

[97] Turner II B.L., Kasperson R.E. A Framework for Vulnerability Analysis in Sustainability Science [J]. PNAS, 2003, 100 (14): 8074-8079.

[98] Van Eijnatten F.M., Van Galen M.C., Fitzgerald L.A.. Learning Dialogically: the Art of Chaos-informed Transformation [J]. The Learning Organization, 2003, 10 (6): 361-367.

[99] Watts M. J., H. G. Bohle. The Space of Vulnerability: the Causal Structure of Hunger and Famine [J]. Progress in Human Geography, 1993, 17 (1): 43-67.

[100] Weick K. E. The Collapse of Sensemaking in Organizations: the Mann Gulch Disaster [J]. Administrative Science Quarterly, 1993 (38): 628-652.

[101] Wholey D. R., Brittain J. Characterizing Environmental Varimion [J]. Academy of Management Journal, 1989, 32 (4): 867-882.

[102] Zahra S.A., Sapienza H. J., Davidsson P. Entrepreneurship and Dynamic Capabilities: A Review, Model and Research Agenda [J]. Journl of Management Studies, 2006, 43 (4): 917-955.

[103] 彼得·圣吉. 第五项修炼 [M]. 郭进隆译. 上海: 上海三联书店, 1998.

[104] 陈静. 上市公司财务恶化预测的实证分析 [J]. 会计研究, 1999 (4): 31-38.

[105] 陈朝晖. 论持续经营不确定性 [J]. 会计研究, 1999 (7): 15-22.

[106] 陈瑜. 对我国证券市场 ST 公司预测的实证研究 [J]. 经济科学，2000 (6)：57-67.

[107] 李琦，金鸿章，林德明. 复杂系统的脆性模型及分析方法 [J]. 系统工程，2005，23 (1)：9-12.

[108] 刘刚. 危机管理 [M]. 北京：中国经济出版社，2004.

[109] 罗伯特·希斯. 危机管理 [M]. 王成，宋炳辉，金瑛译. 北京：中信出版社，2011.

[110] 王凤彬. 组织层面学习与组织学习过程研究的新进展 [J]. 经济理论与经济管理，2005 (7)：63-68.

[111] 汪浩瀚. 从确定性到复杂性——经济理论和分析方法的变革 [J]. 福建论坛（经济社会版），2001 (5)：34-38.

[112] 吴世农，卢贤义. 我国上市公司财务困境的预测模型研究 [J]. 经济研究，2001(6)：46-55.

[113] 姚小涛，席酉民. 以知识积累为基础的企业竞争战略观 [J]. 中国软科学，2001(2)：100-105.

[114] 杨震宁，王以华. 基于免疫的组织健康捍卫机制构建：一个案例 [J]. 南开管理评论，2008，11 (5)：102-112.

[115] 杨震宁. 组织健康的理论维度与捍卫机制研究 [M]. 北京：中国社会科学出版社，2010.

[116] 张辉华，凌文辁，方俐洛. "情绪工作" 研究概况 [J]. 心理科学进展，2006，14 (1)：111-119.

[117] 朱延智. 企业危机管理 [M]. 北京：中国纺织出版社，2003.

第六部分　能力篇①

① 本篇内容主要选自清华大学经济管理学院曹红军同学 2010 年的博士学位论文《战略性内生风险与组织免疫力研究》，由王以华教授指导完成。

第二十章　战略性风险管理的动态机制

第一节　企业战略性风险管理的动态机制

在战略性风险管理研究中，需要关注一些重要的关键因素。

首先，以往的战略性风险控制模型没有强调和突出风险响应的迅速性和准确性问题。如前所述，企业有效地管理和控制风险的关键在于能够及早地发现并准确地对风险进行辨别，采取恰当的措施和手段。在这一过程当中，风险的识别、经验的学习和记忆以及相关的信息传递具有十分重要和关键的作用，尤其是经验的学习和传递，对企业快速、准确地识别风险，采取应对措施有至关重要的意义和作用。这一环节的缺失将使得企业对风险响应的效率和准确性受到直接影响，从而也就制约了风险管理效能的提高。

其次，以往的战略性风险管理模型忽略了风险管理控制本身的平衡和适度问题。尽管以往战略性风险管理模型特别突出了对风险大小的度量和估计，但忽略了成功的风险管理和控制才能够使风险抗力和风险压力适度匹配与均衡，才能够使企业健康成长。但这些战略性风险管理机制和模型设计都忽略了这一点。

综上所述，我们必须重新构建战略性风险管理的动态机制。这一新的风险管理机制必须能够同时满足：①使得企业能够在第一时间内发现潜在的风险威胁，并且对威胁企业成长和发展的战略性风险类型、性质和威胁程度做出客观准确的判别；②在使得企业能够保持与内外环境关系适度平衡的同时，也最大限度地实现风险管理控制过程本身的适度和平衡。

案例 5

"小肥羊"发展成功之道的启示

"小肥羊"从 2004 年底开始对其组织结构、管理制度等方面进行了大规模的整顿和改革，并试图通过这次整改来实现管理规范化、国际化的战略目标。整改的根本目的是扭转以往旧的发展方式、管理理念、制度和方法，全面提升"小肥羊"成长的健康程度。"小肥羊"试图通过这次整改为实现做强、做久再做大的战略目标奠定基础。盲目高速扩张和发展形成的诸多问题使得"小肥羊"创始人以及高层管理者认识到了对企业整体发展风险进行监控的必要性和重要性。因此，在组织整改的措施上，"小肥羊"针对餐饮企业的特点以及后来资本结构变动的需要，设立了一个专门的风险监察部来负责对"小肥羊"日常的经营管理以及金融财务方面可能出现的潜在风险进行全面监控。这一新设立的风险监察部直接隶属于董事会领导，在组织形态上由财务部主管会同产品质量安检部门主管等相关部门负责人组成的矩阵小组构成。

在日常工作内容上，新设立的风险监察部定期或者不定期地对直营店面进行抽查，甚至派出若干管理人员伪装成顾客在"小肥羊"各地的店面进行消费，以真实地从顾客角度对"小肥羊"的产品、服务进行全方位的监督和监控。这些监督巡视员会将搜集的信息向风险监察部进行汇报，由风险监察部负责汇总，并通过内部会议来研讨和分析日常监管、巡视中发现的问题。同时，风险监察部还负责将各地店面日常经营管理过程中遇到的一些特殊事件进行记录和整理，并不定期地进行更新，在全公司范围内进行共享。这些特殊事件包括顾客丢失物品、发生争吵、儿童就餐等一些容易发生纠纷的事件，然后共享对其处理的技巧、原则等经验和教训总结。这些经验总结对于首次遭遇类似事件的店面和管理者来说可以提供可参照的应对模板，因而在处理类似遭遇的问题时将会反应更快，效果更好。通过这样的一个全方位的监控，"小肥羊"管理层对下属各直营店以及其他加盟分店的组织管理和具体的运营状况了如指掌。信息的充分和及时使得"小肥羊"的组织认知刚性被最大限度地降低，整体的灵活性得到了提升。

除了对店面管理依照"监察—识别—应对—经验总结"的模式进行风险事件的管控外，"小肥羊"也借助企业内部现代化信息管理系统将这套做法和模式扩展到了产品原料生产、运输配送环节。风险监察部不仅对这些环节的生产安全、卫生等问题进行监督、管理和控制，更重要的是与物流系统有机结合，密切掌握羊肉、菜品等关键产品原料的存量、流动信息。据此，风险监察部可以对企业的资源供给状况进行全面监控。同时借助于这样严密、全面的质量安全控制机制，"小肥羊"火锅底料、羊肉、菜品的卫生和质量都达到了甚至远远超过了国际同类餐饮质量规定的标准。这使得"小肥羊"迅速地在业内和消费者心目中树立了极高的信誉。"小肥羊"也因此成为包头市政府正式官方宴会指定的会所。

在职责范围上，"小肥羊"所设立的风险监察部同时还负责对企业金融财务风险以及重大交易风险进行监管。如前所述，"小肥羊"的整顿从规范财务管理系统开始，财务主管同时也是风险监察部的组成成员，专门负责对企业财务金融方面的风险进行监控和管理。设立风险监察部后，"小肥羊"的重大投资和项目合作均需要风险监察部下属的财务金融风险主管会同外部审计、咨询公司进行调研、评估、审核。这就使得"小肥羊"最大限度地规避了可能出现的投资决策失误以及其他不规范的交易行为。

凭借这样的一套机制和做法，"小肥羊"的管理层以及董事会能够及时地发现企业内部威胁其可持续生存和发展的潜在风险和不利因素，并迅速地对发现的问题进行研讨、分析、评估，采取针对性的措施。因而，"小肥羊"的这些成功做法和经验为我们构建动态的风险管理机制提供了一个有益的参照。

企业战略性风险管理的动态机制

一套有效的机制设计（Mechanism Design）能够使得企业快速和准确地把握环境动态变化的趋势，因而也会使得企业更容易适应环境的变化（Elenkov，1997；Gardner，1965）。在组织管理中，"机制"往往被理解为一套行为的模式和程序（Boulding，1956）。根据"小肥羊"成功之道的启示以及以往的战略性风险管理控制理论，本研究构建了如图 20-1 所示的动态战略性风险管理机制模型。这一动态循环的模型主要由以下几个关键步骤构成：

步骤一：风险监视

风险监视是指企业通过专门的机构和人员跟踪企业内外环境的变化趋势，以便能够在第一时间内发现威胁企业可持续发展的阻碍因素的过程和行为。如"小肥羊"整改后所设立的风险监察部就是承担和履行这样功能和职责的组织机构。需要特别指出的是，风险监视是贯穿风险管理和控制过程始终的主线，既是风险管理控制的开始，也是某一特定风险管控行为的终结点。如前所述，有效的风险管理机制还要求企业能够随时掌控风险管理和控制过程本身的均衡性。因此，需要风险监视环节和行为与其他步骤和环节有机结合，并贯穿企业成长和风险管理过程的始终，如风险监视必须紧密结合经验学习和传递环节才能更有效地发现风险因素的威胁，而控制和消除过程的均衡和适度也依赖于企业不断地对风险管理具体进展进行监控。因而，风险监视是企业战略性风险管理和控制过程中的一个关键性起始环节。

步骤二：风险识别

风险识别是指企业在风险监视行为和过程的基础上，依据收集到的资料和信息，结合以往的经验积累和学习，对风险的性质、类型、大小以及趋势等相关问题做出分析和判断的过程和行为。如"小肥羊"新设立的风险监察部会通过小组例会集中对监察员搜集、反馈的信息进行进一步分析和甄别，以决定是否将发现的问题作为重大问题上报董事会或是只责令相关部门自行处理。这实质上就是一个企业根据相关的信息和以往经验积累对感知到的问题进行辨识的过程。企业根据前述风险监控环节收集到的各种信息，通过风险识别环节和步骤可对风险的性质、范围、威胁程度等方面做出分析和辨别。在此阶段，企业往往需要根据已有的经验知识和记忆对遭遇到的可能风险威胁进行区分，以辨识该风险是已知风险还是未知风险（Copper & Champan，1998；Jackson & Dutton，1988）。与此同时，还需要根据一些通用的风险评估技术，对风险压力和企业自身的风险抗力进行匹配性分析。

步骤三：风险控制与清除

在前述步骤基础上，企业可依据风险识别步骤对已知和未知风险的识别，以及风险压力和抗力的均衡性的辨识，从而选择具体的控制与清除的路径。具体而言，如果风险为已知，则风险压力和风险抗力的匹配情况可能会有平衡和非平衡两种情况：如果风险为已知并且风险抗力和风险压力大致均衡，则企业可依据以往惯例予以应对；如果风险为已知且风险抗力和风险压力非均衡，则意味着以往的惯例已经难以奏效，企业需要通过搜寻新的惯例及变革、调整已有惯例来应对风险（Nelson & Winter，1982）。若风险为未知，则企业必然处于压力与抗力的非均衡状态，于是进入非均衡—变革调整的路径。

步骤四：经验的学习记忆与传递

当企业通过惯例对风险进行弱化和消除后，就进入到了另一个重要的阶段和

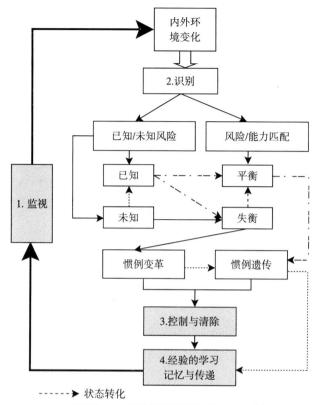

------▶ 状态转化

图 20-1 战略性风险管理的动态机制

过程——经验的总结、学习和记忆过程。如前述部分案例分析所示，这一个环节
和步骤对于"小肥羊"发现和应对阻碍其可持续发展的不利因素有十分关键的作
用。整改后的"小肥羊"特别注意通过有效的信息沟通和媒介对积累的管理经验
在全组织内部进行分享和传递。通过这一举措，"小肥羊"将应对突发性事件和
疑难问题的处理速度、正确程度提高到了极限。这也在一定程度上支持和印证了
学者们所提出的"基于知识基础的制度设计对于战略性风险管理有积极作用"的
论断（Copper & Champan，1998）。对于风险管理而言，经验总结与学习记忆的
过程会对应对风险的全部信息予以编码并转化为企业的知识存量，从而形成较为
永久的组织记忆（Walsh & Ungson，1991；Yates，1990）。这些永久的记忆为企
业风险监视和识别提供了依据和支持。当新的问题和情况出现时，企业可依据以
往的经验和知识总结能动地予以"分析—识别—反应—清除"，以消除内部老化
因素，提高组织活力并保持与环境的动态平衡相适应（杨震宁，2009；吕萍，
2008；王以华等，2006），从而形成新一轮风险管理和控制的动态循环。

与以往的模型相比，图 20-2 所展示的企业战略性风险管理控制动态机制显现出了一些独有的特性：

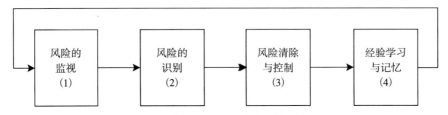

图 20-2　企业战略性风险管理控制动态机制

首先，这一风险管理模型与以往的控制论模型有着明显的区别。传统的控制论实际上仍然是坚持"目标—执行—检查—校正"的一个过程，其前提是在既定的正确目标下，检查执行是否偏离目标的方向和要求，因而传统的控制论是目标导向的被动控制。本研究所构建的战略性风险管理机制模型虽然在本质上也遵循控制理论，但却是一种主动防御的模型，并且包含了传统控制论模型所没有包含的经验总结和记忆环节。

其次，本研究所构建的风险管理机制和模型与以往的战略性风险管理模型也有明显区别。以往的战略性风险管理模型忽略了风险响应准确性、效率性以及平衡性问题。如前所述，经验记忆与学习以及组织管理均会使企业对风险因素的响应更加有效和迅速，应对措施也更加准确和有效。尽管就保持风险管理控制过程本身的平衡与适度而言，企业在经营管理实践中无法具体精确地计算应对风险的最佳力度的阈值，但通过经验记忆以及识别和监视环节的组合，企业可以近似地掌控风险抗力与压力的适度匹配，最大限度地保证风险管理活动自身的适度和均衡。

第二节　战略性风险管理的能力维度

企业需要具备什么样的能力支撑才能更好地应对、消除前述的风险因素所产生的威胁和阻碍是一个非常重要的问题。小肥羊集团从一个简单、普通的火锅餐厅经过短短十余年的发展一跃成为中式餐饮企业的佼佼者，向我们展示了一个较为成功的企业从小变大、从弱变强的发展道路和过程。在不断地成长和发展过程中，"小肥羊"也逐步培育和提升了抵抗风险和不利因素侵袭的自身能力，成功地克服了这些不利因素的阻碍和冲击，将一个传统的火锅企业做成了规范化的国际连锁企业。因此，"小肥羊"发展的成功经验对于企业开发和培育战略性风险管理能力也具有一定的启示意义。

"企业能力"这一概念是一个多维并构的潜变量概念，也是不能够直接观测和测量，必须由若干具体维度予以间接测量和反映的一种潜因子型多维构念。根据"小肥羊"的成功经验并结合现有的相关理论，将其所采取众多措施背后的企业能力划分为企业的信息利用能力、经验学习能力、关系协调能力、资源调配能力这四个具体的企业能力维度。这四个能力维度共同体现了更为本质和一般性的企业风险管理能力。

从"小肥羊"的案例我们可以看出，内生战略性风险管理能力实际上是以信息利用和关系协调为主要支撑，以资源整合、调配为集中体现的综合技能。结合"小肥羊"案例启示以及企业能力理论的相关论述，本研究将这四个风险管理能力的维度界定如下：

1. 信息利用能力

在本研究中，信息利用能力指的是企业搜集和更新与内外部环境变化相关的信息而为企业管理和决策提供支持的综合技能。就企业的生存和发展而言，"信息"有着至关重要的作用和意义，是企业能动地响应环境动态变化的核心和关键（Teece et al.，1997）。Hambrick（1982）指出，在企业管理实践中，有的企业对市场变化的信息比较敏感，注重对竞争对手以及市场需求、政府相关政策变化的信息的收集、分析和利用，因而能够先于竞争对手采取应对措施，这样的企业往往能够很快地对市场变化做出反应，树立先发优势；相反，相当一部分企业不注重收集和分析这些信息，对市场和竞争的变化响应缓慢，导致企业失去了已有或本应该获得的竞争优势（Tan & Litschert，1994）。对于企业的战略性风险管理而言，其整个过程实质上也是一个信息交换和传递的过程，既包括了内部各部分之间的信息沟通和传递，也包括了与外界环境之间的信息交换。因此，企业是否具备一定的信息利用能力对于其风险管理系统能否有效运作发挥功效有直接的影响。

2. 资源调配能力

在本研究中，企业资源调配能力是指根据环境的变化和企业发展的需要而动态地进行资源获取、整合和释放的能力（Eisenhardt & Martin，2000）。强调这一方面的能力是因为"企业能否在行业内激烈的竞争中得以生存并保持持久的竞争优势取决于能否获得需要的关键资源"（Moliterno & Wiersema，2007）。另外，风险管理的过程也是一个资源调配和流转的过程。因而，企业资源整合、获取和释放等基本技能的高低就直接影响和制约了风险管理的效果和效率。

3. 关系协调能力

在本研究中，关系协调能力是指企业能否根据环境变化的需要动态地管理和协调与内外部利益相关者的关系（Capaldo，2007；Lorenzoni & Lipparini，1999）。前述案例分析表明，"小肥羊"应对威胁其可持续发展的各种不利因素措施的落实都离不开关系协调能力的支持。在走出低谷的过程中，"小肥羊"正是通过妥善地协调和管理了企业与消费者、企业内部物流、各店面以及组织内部各部门的关系才使得各项整改措施得以顺利实施。因此，具备一定的关系协调和管理能力对企业成功克服威胁和阻碍其可持续生存和发展的不利因素具有十分重要的影响和作用。

4. 经验学习能力

在本研究中，经验学习能力是指企业能否对相关企业的经验和知识进行编码、记忆存储并在组织范围内共享和传递。如"小肥羊"案例所展示的，这一能力对整体风险管理能力的提升尤为关键和重要，也是企业开发和培育风险管理能力的关键之所在。企业能力理论认为，企业的能力实质上就是一种知识和经验的编码和学习过程。因此，这一能力维度又是提高其他方面维度和效能的基础。

上述的这些企业能力对于"小肥羊"成功地克服其发展过程中的各种不利因素的阻碍和威胁起到了十分关键的积极作用。因此，这些能力维度是企业有效管理和控制其内生的战略性风险，实现长期可持续发展战略目标的重要支撑和基础。这些能力维度的综合作用对于企业战略性风险管理机制的效能以及风险管理绩效、企业绩效都有着积极影响和作用。

需要特别指出的是，本研究所探讨和分析的风险管理能力同其他企业能力之间会有一定的交叉和重叠，尤其是与动态能力的关系最为密切。Eisenhardt 和 Martin（2000）指出，资源的整合、内部资源的组织与重构以及资源的获取和释放是动态能力最为重要的表现形式。因此，从具体构成维度上来看，动态能力中的资源调配和整合以及重构能力是风险管理能力的重要组成和支撑。但两者的初衷和侧重点却各不相同。根据 Teece（1997）的阐述和界定，动态能力是企业根据外部环境变化的要求而动态地更新其核心竞争力的能力。本研究所分析的风险管理能力从内容和目的上强调的是根据环境的变化通过有效的信息利用识别风险因素，采取有效措施，并对相关经验总结记忆，以更好地克服和突破企业内部不利因素对其可持续发展的威胁和阻碍。从更广阔的视角来看，本研究所分析的风险管理能力维度与动态能力都是企业能力的具体形式。因此，两者既有密切关联又有所区别。

第二十一章　战略性风险管理的模型与假设

在前述部分，本研究阐述了内生战略性风险生成的机制，同时根据案例分析的启示构建了一个风险管理行为机制与能力的概念模型。前述"小肥羊"案例也表明，战略性风险的消除和控制是多种措施综合作用的结果。在这一过程中，不同的因素和措施会形成不同的影响途径和效果。但由于定量研究的匮乏，以往的研究鲜有涉及对这些可能的路径以及影响效果的分析和探讨。结合"小肥羊"案例以及战略性风险形成机制的分析阐述，本研究构建了如图 21-1 所示的一个分析框架。本研究试图通过这一定量研究框架的分析，揭示从风险管理行为机制到企业绩效提升的作用机制和传递路径。

第一节　机制、能力与企业绩效

一、战略性风险管理机制与企业绩效

对于战略性风险管理与企业绩效之间关系的研究一直是学者们关注的重点问题。虽然当前战略性风险管理理论对风险与收益之间的相互关系有着不同的看法和解释，但学者们大多认为企业积极的应对措施、行为会对企业绩效以及可持续发展产生积极影响（Wiseman，1996；Jemison，1987）。本研究依据典型案例分析启示，构建了一个"监视—识别—消除—记忆"的动态风险管理行为机制模型。从这一动态机制具体构成的环节和步骤来看，从监视到记忆四个环节也不同程度地同企业的组织管理活动交织重叠在一起。

从行动的对象和内容上来看，监视环节同一般战略理论中的内外环境扫描

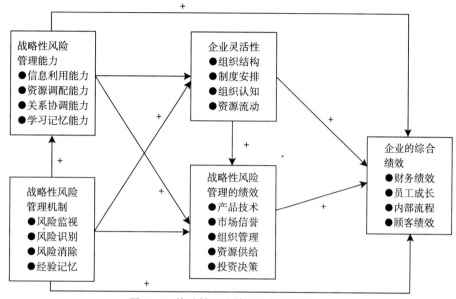

图 21-1 战略性风险管理的框架模型

并无本质区别，同样都是对环境的紧密检测和观察（Boyd et al., 1996）。学者们认为，在动态变化的环境中，企业的这种持续的对内外环境的观测和扫描对于企业绩效的提升会产生积极正向影响作用（Subramanian et al., 1993; Daft et al., 1988）。

在应对环境变化的过程中，正确地区别、辨识环境变化的性质与方向是企业采取有效应对措施的前提和基础。这些有效应对措施也会为企业带来良好的绩效表现（Dess & Keats, 1987）。尤其是高层管理者对问题以及环境变化趋势的识别和判断，对于企业未来的战略发展方向有直接影响（Boynton et al., 1993），也决定了企业能否适应环境的变化而获得竞争优势。因而，风险识别的环节和行动也会对企业绩效产生积极的影响和贡献。

如前所述，"战略性风险"是对企业可持续发展的一种根本性威胁和阻碍，因而，企业必须采取应对措施才能突破这些风险因素对其长期可持续发展的阻碍和威胁。在另一个层面，这些应对措施的顺利实施必将会对企业的绩效产生积极影响和贡献。如"小肥羊"的发展过程以及风险管理实践就很好地证明了这一点。因此，无论是在理论上还是在逻辑上，消除不利于企业长期发展和生存的风险因素必定会对企业整体绩效提升产生积极的影响和作用。

此外，组织学习理论也认为，对于过去和行业内成功企业经验的总结和学习有利于企业应对动态不确定性的环境变化（Brown & Duguid，1991）。因此，经验总结和学习也是企业在超竞争环境中获取竞争优势的一个重要路径。更重要的是，这样的组织和经验学习直接地为企业在动态不确定性环境中的战略决策和管理行为提供了依据和支持（Levitt & March，1988）。企业往往会依据过去和现在的经验，对新问题和趋势作出分析和判断（McGill et al.，1992）。另外，企业对危险和机会的识别与分析后的决策选择与实施也会对企业的绩效有直接的影响（Bourgeois & Eisenhardt，1988；Bourgeois，1985）。

因此，正如"小肥羊"的成功经验和做法所表明的，"监视、识别、清除与记忆"四个行为环节构成的风险监控的行为机制会对企业绩效提升产生积极的作用和影响。

二、战略性风险管理能力与企业绩效

当前，对于企业能力如何影响企业绩效与竞争优势的问题是战略管理研究的一个前沿热点问题。企业能力对于企业绩效以及竞争优势的积极影响和贡献也为众多学者的研究所证实。学者 Lee（2001）通过定量研究验证了企业内部能力与外部网络关系对企业竞争优势的正向影响作用。Darnall 和 Edwards（2006）通过对企业适应环境规制政策变化过程中的企业能力研究发现，企业能力对适应环境变化的绩效和竞争优势有积极的正向影响。Dyer 和 Hatch（2006）等人通过对使用同一供应商的美国、日本汽车生产企业的定量研究发现，由组织网络的限制和生产过程的僵化所造成的能力积累和知识模仿的困难会形成一种与网络关系紧密程度相对应的能力，进而该能力使得共享同一供应商网络的美国和日本企业显现出完全不同的绩效表现。这些学者们的研究和发现有力地支持和印证了企业能力对绩效提升有积极影响的理论观点和论断。

在前述部分本研究对"小肥羊"发展成功之道的经验和做法进行了总结和分析。为了克服发展过程中所遭遇到的阻碍和限制，"小肥羊"先是通过信息系统和财务管理系统建设提升了信息管理和利用能力。同时凭借企业信息能力的提升，利用建设好的网络系统展开了有效的组织经验学习，并对新员工进行培训以提升其管理能力和服务水平。依托信息系统提供的渠道和便利，"小肥羊"快速地将成功经验和模式移植到各地分店管理中，员工的学习与成长绩效得到了极大的提升，进而服务质量的改进也极大地提升了顾客满意度。伴随着企业信息系统的完善，各个店面以及分公司之间的资源调配能力和关系协调能力得到了提升，企业内部流程得到了极大的压缩和改进，而最终这些因素都积极地影响了企业财务绩效。

第二节 机制、能力与企业灵活性

一、战略性风险管理机制、能力与企业灵活性

1. 战略性风险管理机制与企业灵活性

如前所述，企业惯性与内生战略性风险萌发有着十分密切的关联，尤其是企业惯性高低变化对风险状态有着直接的影响和作用。企业灵活性的提升，或者说惯性程度降低会直接改变企业与环境动态失衡的状况，从而会相对缩小风险因素的威胁。因此，企业惯性，或者说灵活性就成为了内生战略性风险管理过程中一个十分重要的中介传递因素。从理论逻辑上来看，企业灵活性的变化与风险管理行为机制之间又存在着十分密切的关联。

风险管理的行为机制对于企业灵活性的提升有积极影响，是实现灵活性提升的重要途径和机制保障。如前所述，监视行为机制能够使企业在第一时间内感知内外环境变化，从而为企业做出应对性调整和变革奠定基础。风险记忆则为企业保留了相关事件处理的经验和教训，在变革时会提供很多有益的惯例遵循，从而减少了企业应对措施和行为的盲目性。

此外，准确的风险识别也直接影响了企业采取应对行动的速度。因此，从理论和逻辑上来看，风险管理的动态行为机制会对企业灵活性的提升产生积极影响和作用。

2. 战略性风险管理能力与企业灵活性

企业灵活性，或者说惯性的降低除了与战略性风险管理的动态机制密切相关外，企业能力对于企业灵活性的提高也有着积极的作用和影响。企业能力的提升在一定程度上会直接对企业灵活性产生积极影响和作用。例如，企业信息利用能力的提高会提升企业获取信息的速度、质量以及准确程度，对消除企业认知障碍（Tripsas & Gavetti，2000）有积极的影响。经验学习能力的提升使企业对过去和行业内企业的成功经验、失败教训总结得更加准确和深刻，传递得更为广泛，利

用得更好。这都会使企业对环境趋势变化的判断更加迅速有效。而资源整合和调配能力的提高会有效地降低企业适应环境的动态调整的障碍（Teece，1997，2007；Winter，2003）。Faraj（2006）等人的研究也发现，内部的关系协调能力越强，企业对外部环境变化的响应也越迅速。因此，总体而言，与企业战略性风险管理活动密切相关的企业能力会对企业灵活性的提升有直接的影响和作用。

二、企业灵活性与战略性风险管理绩效

如前所述，企业战略性风险形成的过程中，企业惯性或者说刚性会加剧企业与内外环境变化趋势背离的程度。因此，企业灵活性的提升或者说惯性、刚性程度的变化会对企业战略性风险势态的变化有直接影响。一方面，即使没有环境变化因素的扰动，企业也会因墨守成规地坚持以往错误的路线和做法而使自身陷入困境。另一方面，当外部环境和内部条件发生变化后，若企业未能及时做出应对变化则会加大企业与环境不适应的程度（Jennings & Seaman，1994）。而这都将会使企业战略性风险对其可持续发展的阻碍和威胁持续增强。反之，当环境变化后，灵活性高的企业则会较为快速地适应新的变化，从而比竞争对手更容易树立竞争优势和获取超额绩效。同时，企业不适应环境要求的差距就会被最大限度地缩小，由此而产生的战略性风险对企业的威胁和阻碍也就会随之降低。因此，企业能否灵活地针对内外环境的变化因时而动就成了战略性风险管理的一个关键性的前瞻步骤。结合前述部分内生战略性风险融发机制模型，我们也可以看出，灵活性也是企业应对内生风险威胁的过程中一个十分重要的转折因素。

三、战略性风险管理机制、能力与风险管理绩效

如前所述，对战略性风险进行管理和控制的效果直接受制于是否建立了完善有效的风险管理行为机制，以及是否具备相应企业能力的支持。因此，战略性风险管理行为机制和能力对风险管理绩效提升有重要的影响。

首先，战略性风险管理的行为机制直接决定和影响了风险管理绩效。企业采取什么样的行为机制和模式去管理和控制战略性风险直接影响和决定了风险管理的结果。没有完善有效的风险管理行为机制，也就谈不上真正意义的风险管理，企业也就很难有效地消除战略性风险的阻碍和威胁。因此，对于战略性风险管理而言，关键是建立一套行之有效的行为机制。如前所述，有效的风险管理取决于

企业是否能够及时准确地发现环境变化的威胁和阻碍以及采取有效的行动和应对措施。因而，能够提升这两个方面的风险管理行为机制就会对风险管理的效果产生积极的正向影响作用。在本研究设计中，作者构建了一个动态的战略性风险管理机制模型。如前所述，风险监视、扫描和识别环节能够使企业在第一时间内捕捉到环境变化，并加以分析（Hambrick，1982）。而经验记忆环节则为企业的监视和识别提供了以往的经验积累和惯例支持，对企业快速准确地判断问题性质、选择匹配的应对措施有积极的影响。更重要的是消除和控制环节是企业风险管理的实体过程和主要支撑，直接决定和影响风险管理的效果。因此，战略性风险管理的行为机制对管理绩效的提升会有直接的影响作用。

其次，企业应对战略性风险因素的威胁的效果还直接受制于企业能力的作用。事实上，风险消除的过程也是企业积极调配各种资源、协调各部门关系的过程（Cheng & Kesner，1997）。战略管理理论认为，企业能力是与资源利用密切相关的综合技能，它能够改变资源整合和利用的效率，提升资源使用的价值产出（Helfat & Peteraf，2003）。因此，企业能力的作用必然会对以资源整合、流转为主要支撑和表现形式的风险管理活动产生积极影响。如前所述，风险管理绩效的提升关键在于能够在第一时间内发现风险因素并采取正确有效的措施。因此，企业信息能力的提升会极大地提高对环境变化的信息处理效率与效果（Hough & White，2004），从而使企业能够及早地发现风险因素的潜在威胁；而关系协调能力的提升则使企业能够更加快速有效地协调各个部门进行资源调配和整合，因而可能使应对风险管理的措施更能有效地得到落实（Faraj & Xiao，2006）。在此过程中，对相关经验进行总结和学习能力的提高也会提升企业对战略性风险辨识的准确程度，从而为企业采取正确应对措施提供支持，而这些都会对企业的战略性风险管理绩效产生积极影响和作用。

第三节　能力、绩效与企业灵活性

如图 21-1 的模型框架所示，本研究设定了风险管理能力、企业灵活性以及风险管理绩效这三个中介传递变量。

本研究之所以考察和分析上述中介变量的影响和作用，是基于以下几个方面的考虑：

第一，在管理定量研究中，如果一个变量能够解释自变量和因变量之间的关系，就可以认为这个变量起到了中介作用。因此，管理定量研究中探索中介变量主要是为了在已知的关系基础上探索产生原有变量关系的内部作用机制。在这一过程中，我们可以把原有的关于同一现象的研究联系在一起而使得已有的理论更为系统。第二，如果把事物之间的影响关系看作是一个因果链条，那么中介变量可以使自变量和因变量之间的关系链更为清晰和完善，可以解释自变量变化与因变量随之变化的过程中发生了什么。第三，基于以上两点，中介变量的分析和研究的意义在于：①整合已有的研究或理论，更适用于理论模型的构建和发展；②解释关系背后的作用机制，对于管理实践更具有指导和启示意义。

就本研究设计而言，一方面，试图通过将战略性风险管理能力、企业灵活性、风险管理绩效这几个变量设定为中介变量，来解释分析风险管理行为机制是如何对风险管理绩效以及企业绩效产生影响和作用的；另一方面，也试图通过机制与风险管理绩效和企业整体绩效之间的中介变量的分析，将以往分散的理论和研究进行有机整合和重构，以更清晰和完善地揭示战略性风险管理发挥作用的背后的机制。

一、中介变量对机制——风险绩效作用关系的影响

在本研究构建的模型框架中，从风险管理行为机制到风险管理绩效的传递路径中涉及了能力和灵活性两个变量。如前所述，战略风险管理绩效的高低首先取决于企业是否具有一套行之有效的风险管理机制，而风险管理机制是否能够发挥作用与企业是否具备相应的能力密切相关。因此，无论在理论上还是实践上，仅仅有机制而不具备相应的能力则企业风险管理行为机制也无法发挥出应有的作用，风险管理行为机制与风险管理能力密切相关。但是，企业能力却不是必须依靠管理机制才能对风险管理产生积极作用的。

更重要的是，从理论和逻辑推理上来看，战略性风险管理能力和机制与风险管理绩效之间并不符合交互变量作用关系成立的现实条件。就战略性风险管理能力与行为机制同管理绩效的关系而言，由于行为机制作用的发挥依赖和受制于企业能力，因此，在企业能力水平既定的情况下，单方面提升管理机制则未必会对风险管理绩效产生积极的刺激作用。对战略性风险管理机制与能力之间的关系进行交互作用变量关系的假设和分析并不符合理论与实践的推理。结合前述部分我

们对中介变量研究意义和目的的阐述，本研究中只探讨战略性风险管理能力对风险管理机制与风险管理绩效之间作用关系的中介影响。

根据前述分析以及假设推导，我们可以看出风险管理行为机制与能力之间存在密切的相关性，同时风险管理行为机制和能力维度都会对风险管理绩效有积极的影响。因此，这就会形成一个"风险管理行为机制—风险管理能力—风险管理绩效"的作用路径。

此外，风险管理能力、企业灵活性均会对风险管理绩效有积极的影响和作用。而企业能力又是企业灵活性提升的重要前提和基础。因此，这就会形成"风险管理行为机制—风险管理能力—企业灵活性—风险管理绩效"的传递路径。

二、中介变量对机制—企业绩效作用关系的影响

在将前述的"管理机制—风险绩效"作用关系中加入企业绩效变量后，还需要考虑企业灵活性与风险管理绩效对风险管理行为机制、能力与企业绩效之间的作用关系可能产生的影响。本研究前述假设关系推导时已经对风险管理行为机制与能力同中介变量——企业灵活性、风险管理绩效的相互关系进行了详细的阐述和分析，故在此不再重复。如果将灵活性与风险管理绩效设定为"机制—企业绩效"作用关系过程中的中介变量，还需要对灵活性、风险管理绩效与企业绩效的关系进行阐述和分析。

就灵活性与企业绩效的相互关系而言，当前战略领域的动态能力理论认为在环境动态变化的背景下，企业必须具备不断更新其核心能力的灵活性才能适应环境的需要而获得竞争优势和超额利润（Teece et al.，1997）。从这一角度来看，企业是否能够适应环境的变化对其绩效的高低会有直接的作用和影响。从战略理论中的环境学派和能力学派的观点来看，如果企业能够比它的竞争对手更快地适应新的变化，则就更容易获取竞争优势和超越竞争对手的超额绩效表现。反之，如果企业未能适应新趋势的变化，则会被市场竞争所淘汰，其绩效也会表现不佳。因此，企业的灵活性会对其绩效表现产生影响。

此外，就战略性风险管理绩效与企业绩效的相互关系而言，一些学者认为应当将战略风险作为影响企业绩效的中介变量予以分析和讨论。如 Knight、Durham和 Locke（2001）的实证研究表明战略性风险的高低对企业的战略目标与绩效之间的作用关系有明显的中介作用。就风险管理绩效与企业绩效的相互关系而言，尽管以往的一些学者认为企业长期绩效的提升会对风险降低有积极的影响，但相

关的实证研究表明企业并未因绩效的提升而降低战略性风险（Miller & Bromiley，1990）。在实践中，表面上企业绩效表现良好，而实际上则可能已经濒临战略性风险即将爆发的阶段。如"三鹿"集团在毒奶粉事件被曝光前其销售业绩、收入以及市场份额一直保持在较高的水平。可见，绩效的提升并没有降低其潜在的风险因素的威胁，但威胁和阻碍企业可持续发展的不利因素的消除则会使企业获得更广阔发展空间。因此，风险管理绩效的提升对于企业绩效提升会产生积极的贡献和作用。

第二十二章 免疫能力研究总结与讨论

第一节 对管理实践的启示

本研究上述的相关分析及其结论对企业的战略性风险管理实践具有十分重要的指导意义和启示：

一、对企业战略性风险管理能力开发与培育的启示

本研究表明，企业应对内部风险因素离不开相关企业能力的支持和作用。因此，企业需要在管理实践中注重战略性风险管理能力的开发和培育。本研究对风险管理能力构成维度的研究和分析为企业在实践中开发、培育和提升这些企业能力提供了一个可供选择的路径和参照。

根据本研究的结果，信息利用能力和关系协调能力是两个最为主要和关键的能力核心节点。因此，这两个维度是企业开发和培育战略性风险管理能力应当重点突破的环节。结果表明，信息利用能力的突破和提升会直接提高企业内部知识传递的速度和范围（Boisot，1998），从而更便于企业在不同组织机构中对组织能力进行复制和移植（Zander & Kogut，1995）。因而，信息利用能力是企业能力开发和培育的关键，对企业能力的提升有十分关键的影响和作用（Brush & Artz，1999），而经验学习和资源整合能力的提升又直接对关系协调能力产生正向影响作用（Levinthal & Mayatt，1994）。此外，企业关系协调能力的增强又会使企业内部信息传递更加便利（Lorenzoni & Lipparini，1999），从而对信息利用能力的提升产生积极的促进作用（Culnan，1983）。这样就形成了如图22-1所示的一个企业战略性风险管理能力开发和培育的路径图。

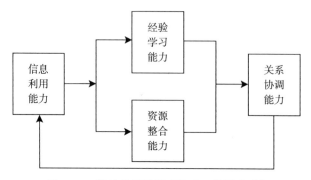

图 22-1　战略性风险管理能力开发培育路径

在信息利用能力的开发和培育上，企业可以通过信息化的投入和建设全面提升内部与外部之间的信息沟通和传递（Segar et al.，1998）。在信息化建设和提升上，企业可以依托 ERP、供应链、财务与库存管理系统等关键性项目和建设的投入来实现（Ethiraj et al.，2005）。在进行相关的硬件和系统建设的同时，更重要的是企业要通过制度和规定建立起企业信息搜集、存储、分析等一系列的信息利用管理制度，借以全面地推进和提升企业的综合信息利用能力。

二、对企业构建战略性风险管理动态机制的启示

本研究的结果表明，风险管理行为机制的各个环节对风险管理绩效以及企业绩效均有积极的正向影响作用。因此，一套行之有效的风险管理行为机制对保障企业健康持续发展来说十分关键和重要。在机制构建的重点上，对于战略风险管理绩效的提升而言，风险识别和清除两个环节的影响最为关键和显著。因此，风险识别和清除是企业构建战略性风险管理机制必须要重点关注和投入的环节。在实践中，企业可从如下几个方面入手加强这两个行为机制环节的构建：

首先，将风险监视与清除机制固化为企业特有的行为模式与制度安排。如前所述，惯例是企业日常经营管理过程中的一种正式或者非正式的约定俗成的做法（Nelson & Winter，1982），对组织的行为有直接的和十分重要的影响。而战略性风险管理机制在一定程度上是一种更为具体和特殊的惯例集合。因此，将这一动态机制通过惯例的方式塑造成企业日常经营管理中较为固定的行为模式和制度安排，是企业构建环境扫描监视机制的一个有效途径（Elenkov，1997）。尤其是要通过制度规定和各种辅助措施来积极地推动风险识别与清除机制的建立与运行。例如，一些生产制造业企业会通过奖励措施积极地鼓励员工及时发现和上报企业

生产技术等相关方面的问题，同时，也有相当一部分的企业通过奖励措施积极地鼓励员工参与生产和管理问题的解决方案设计。类似的奖励与刺激的制度安排和做法对于提升战略性风险管理的绩效有积极的作用（Knight et al.，2001）。因此，将战略性风险管理的行为机制以制度安排和惯例的形式固化为企业特有的行为模式是一个行之有效的做法。

其次，通过组织结构设计和调整为战略性风险管理机制的关键环节提供组织支持和保障。在管理实践中，企业往往会通过在组织结构设计中设立专门的监察部门或者专项问题处理小组的办法来应对风险与危机事件（Lin et al.，2006；Majchrzak & Jarvenpaa，2007）。比如，不少企业针对企业安全生产设立了监察部门，还有一些企业设立了战略情报部门，专门负责收集市场与竞争情报（Tushman & Nadler，1978）。因此，通过相应的组织设计为风险管理明确专门的领导机构和负责部门是这一机制构建的重要表现与步骤。如"小肥羊"正是借对企业进行全面整顿改造的时机，通过设立风险监察部来负责全面实施对其日常经营管理、运营、财务、物流方面的风险监控，有效地保障了其所构建的风险监管机制的良性运转。需要指出的是，战略性风险并非是企业经常性的事件，设立单独的组织部门进行负责会增加企业的运营成本。但若无相应的组织支持，则风险事件爆发后，企业相应的应对行为、举措会因缺乏明确的组织领导而无法顺利展开。因此，可以采取较为灵活的组织设计方式，比如采取跨部门的矩阵设计，由经常性或临时抽调的其他部门的人员组成。这样既保证了组织结构上的灵活性，也最大限度地节约了运营成本，提高了人力资源的整合利用效果（Mark et al.，2008）。因此，通过组织结构的设计和调整设立专门或者兼职的机构，对于战略性风险管理识别与清除机制的完善有重要作用和意义。

最后，通过组织文化的建设，增强企业战略性风险防范的意识。组织文化是企业共同认同和遵守的价值观念与行为方式。因此，组织文化对战略性风险管理机制的构建尤为关键和重要。一套有效的风险管理与防范机制的建立离不开组织文化的建设和支持（Pamela et al.，2004）。如前所述，在战略性风险管理机制的构建中，风险识别与风险清除机制环节最为关键和重要，而这两个环节的建立和机制的形成与组织文化有着密切的直接关联。因而，可以通过企业组织文化的建设来推动这两个机制环节的建立和完善。例如，在组织文化的建设中强调风险意识，及时发现与汇报问题有助于形成浓厚的组织学习与研讨的文化氛围（Pearson & Clair，1998）。同时，善于总结和学习经验教训的企业文化又会直接与风险识别密切相关。此外，战略性风险多以对企业长期发展形成根本性阻碍的事件显现于企业经营管理活动中。这类事情的解决往往需要集思广益，难以单靠个人智慧予以解决。因此，组织文化中体现集体智慧和团结互助的文化因素对于风险清除机制的建立和运行有重要的辅助支持作用。鉴于此，通过组织文化的设计与塑造将文化建设与风险管理机制建设有机地结合起来会起到事半功倍的效果。

三、对企业管理与控制内生战略性风险的重点与方向的启示

如前所述，战略性风险是对企业生存和可持续发展的一种根本性的威胁和阻碍，是企业必须通过努力予以消除和控制的一类特殊的风险因素。而企业内生战略性风险又是其自身所蕴含的多种风险因素交互影响和作用而形成的复杂风险因素的综合。因此，在管理实践中，企业在何时需要对其内部哪些风险因素进行重点关注和控制是一个非常重要而又有意义的问题。结合本研究前述部分的论述和分析可以对此进行进一步的讨论。

首先，企业应当重点关注组织管理缺失、市场信誉丧失以及违反法律规范引致的战略性风险因素。本研究数据分析结果表明，内生战略性风险构成维度之间的交互作用形成了若干风险因素交互网络关系的节点。由于其他风险维度交互作用关系均在这些关键节点上交汇，所以这些节点因素对其他维度的风险因素均会有显著的影响作用。因而，如果放任这些维度的风险因素自由发展和作用，这种交互影响会使其他维度的风险因素产生倍数的协同效应，从而使整体的战略性风险威胁加大。而同样地，当这些关键性的节点风险因素削弱时，其他维度的风险因素也会受其影响而相应弱化。因此，这些风险因素内部网络所形成的风险节点是企业在风险管理控制活动中必须重点关注和密切监视的风险因素。如前述数据分析结果表明：组织管理缺失、市场信誉丧失和违反法律规范的风险维度彼此之间以及与其他风险维度的相互关联最为紧密，并且在所有的风险因素中，其在所调查的企业中出现的频率最高。本研究结论在一定意义上也反映出了我国企业在成长和发展过程中所出现的内生战略性风险的普遍性规律，也即组织管理缺失、市场信誉丧失和违反法律规范引致的风险是威胁我国企业可持续发展的主要的内部风险因素，企业在管理实践中需要重点防范这几个方面的战略性风险。

其次，企业要根据不同的发展阶段动态地关注其内部可能萌生的战略性风险，并且防止这些风险因素的沉积和叠加。如图22-2所示，内生战略性风险不同维度的显现与企业层级、边界以及企业不同的发展阶段存在一定的对应关系，

这从"小肥羊"的案例研究中可见一斑。在"小肥羊"成立发展的初期（1999~2001 年）资源供给不足和组织管理缺失引致的风险因素极大地阻碍和限制了"小肥羊"的快速发展和扩张。而当"小肥羊"进入 2002~2005 年的发展阶段时，由于初步积累了一些资金，企业具备了一些再投资扩张的实力，因而出现了若干再投资方向与企业重点方向的偏差，萌生了投资决策失误的战略性风险。同时，加上自身管理缺失导致的服务和质量下降，企业发展一度因市场信誉丧失而受到重挫。随后，"小肥羊"的品牌知名度逐步提高，引来了竞争对手的模仿和加入，此时企业产品技术落后的战略性风险开始显现。这些风险因素的叠加和累积使得"小肥羊"在 2004~2005 年前后的发展陷入混乱和低谷。经过 2006~2008 年的整改，"小肥羊"才逐步步入了较为成熟、规范的发展阶段。"小肥羊"成功上市后，由于受到投资者以及证券机构越来越多的监督和规范，企业内部隐蔽的违反法律规范、社会道德的做法和行为受到法律制裁的概率也增加了。

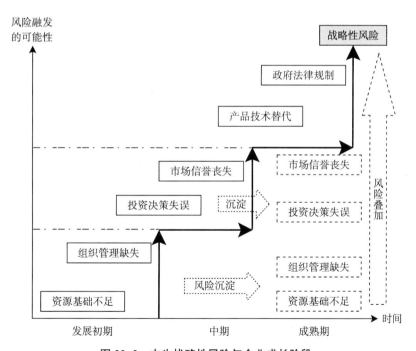

图 22-2 内生战略性风险与企业成长阶段

因此，在企业成立和发展的初期，企业容易萌生资源供给不足和组织管理缺失引致的战略性风险。在企业发展的中期，初步积累了一定资源的企业会采取进一步扩张的策略和举动，因而会出现投资决策失误的战略性风险。而随着消费者对企业以及产品本身了解的增加，则又更容易形成市场信誉丧失的战略性风险。当企业步入发展成熟期时，企业前期一些隐蔽的违法、违规行为会因政府法律以及行业规制不断地完善而逐步显露出来，企业违反法律规制的战略性风险显现的可能性越来越大。由于处于成熟的发展阶段，企业的技术容易落后于行业发展以及后来居上的竞争对手和新进入者，从而更容易萌生产品技术落后的战略性风险。

这种规律性轨迹对于企业风险管理实践具有十分重要的指导作用。需要特别指出的是，"小肥羊"发展历程及其遭遇还表明，在企业不断发展的过程中，前一阶段的风险可能会沉淀而与后一阶段的风险产生叠加。例如，企业经过初期的发展后，如果仍然没有很好地解决资源供给不足和组织管理缺失的战略性风险。则会将威胁延伸至中期或者成熟期，从而对企业可持续发展的威胁和阻碍也就越大。因此，企业在管理实践中需要动态地根据自身发展的阶段和情况有针对性地关注具体的风险因素和维度。

第二节　理论研究的拓展

本研究在对企业管理实践具有指导作用的同时，也对相关问题的理论研究有一定的启示意义。

一、战略性风险管理研究的深化与发展

首先，在研究内容与深度上，本研究深化和发展了已有的战略性风险管理研究的核心主题。如表 22-1 所示，战略性风险管理的研究主要围绕和试图探讨的问题是：①战略性风险是什么？②战略性风险是如何形成的？③企业该如何去管理和控制这类风险？这三个最为核心和关键的问题构成了战略性风险理论和研究的核心。本研究也正是围绕这三个相互关联的问题，对企业内生战略性风险管理的相关问题进行了系统的研究和分析。本研究明确地指出了企业内生战略性风险的构成维度，阐明了内生战略性风险融发机制以及动态风险管理机制模型。由于以往的战略性风险研究对内生战略性风险的研究较为零散，因此本研究对战略性风险理论是一个有益的深化和补充。

表 22-1　本研究对以往战略性风险管理研究的深化与发展

研究的主题	以往研究的进展与状况	本研究对以往研究的深化与发展
什么是战略性风险	仅定性地对风险类型进行了描述，未能明确指出内生战略性风险因素的构成以及这些因素之间的相互关系	风险因素内部维度的影响关系以及企业最容易生成和遭遇的内生战略性风险因素
战略性风险形成的机制	对内生战略性风险形成机制的分析不系统，未能对构成与影响战略性风险的因素之间的关系进行清晰的阐述	对内生战略性风险的形成重新进行了分析和解释
如何管理战略性风险	只突出了风险表现形式与预警的分析，在管理控制思路上仍然延续了传统控制论的思想	指出了战略性风险管理的企业能力的基础；构建了监视—识别—清除—记忆的动态风险管理机制；分析了企业风险管理绩效提升的路径以及关键影响因素的作用角色；指出了风险管理能力以及管理机制构建的路径

资料来源：研究者整理。

二、竞争优势理论研究视角的扩展

从研究视角上来看，本研究坚持竞争优势主导的分析方向的同时，也强调了对可能风险因素的重视。在研究焦点的关注上，本研究对内生战略性风险管理的研究更侧重于企业如何能够可持续地生存发展，而不是仅仅局限于对竞争优势的获取和维系。从理论和逻辑上来看，具有竞争优势并不意味着一定能够健康且可持续地发展。从这一意义上来说，规避追求竞争优势本身可能带来的风险才能真正地保证企业健康可持续地发展。本研究梳理出了企业成长和发展过程中自身因素引致的风险因素。因此，本研究对以往的机会导向的企业成长和竞争优势理论是一个有益的补充和深化。此外，本研究所关注的风险因素，在内容和范围上要比 SWOT 分析仅局限于战略决策过程的风险更为广阔。因而，将战略性风险管理与战略主流理论有机结合起来会使战略理论研究的视角更为广阔，从而对企业成长和发展的相关问题的研究更为系统和深入。

参考文献

［1］Boisot M. H. Knowledge Assets：Securing Competitive Advantage in the Information Economy［M］. Oxford University Press，Oxford，UK，1998.

［2］Boulding K. E. General System Theory：The Skeleton of Science［J］. Management Science，

1956 (2): 197-208.

[3] Bourgeois L. J. Strategic Goals, Perceived Uncertainty, and Economic Performance in Volatile Environments[J]. Academy of Management Journal, 1985, 28 (3): 548-573.

[4] Bourgeois L. J, Eisenhardt K. M. Strategy Decision Process in High Velocity Environments: Four Cases in the Microcomputer Industry[J]. Management Science, 1988, 34 (7): 816-835.

[5] Boyd B. K., Fulk J. Executive Scanning and Perceived Uncertainty: A Multimensional Model [J]. Journal of Management, 1996, 22 (1): 1-21.

[6] Boynton A. C., Gales L. M., Blackburn R. S. Managerial Search Activity: The Impact of Perceived Role Uncertainty and Role Threat[J]. Journal of Management, 1993, 19 (4): 725-747.

[7] Brown L., Duguid P. Organizational Learning and Communities of Practice: Toward a Unified View of Working, Learning, and Innovation[J]. Organization Science, 1991, 2 (1): 40-57.

[8] Brush, Artz. Toward a Contingent Resource -based Theory: The Impact of Information Asymmetry on the Value of Capabilities in Veterinary Medicine [J]. Strategic Management Journal, 1999 (20): 223-250.

[9] Capaldo. Network Structure and Innovation: The Leveraging of Dual Network as a Distinctive Relational Capability[J]. Strategic Management Journal, 2007 (28): 585-608.

[10] Copper H. M., Champan K. B. A Knowledge-based System for Identifying Potential Project Risks[J]. International Journal of Management Science, 1998, 26 (5): 623-638.

[11] Cheng J. L. C., Kesner I. F. Organizational Slack and Response to Environmental Shifts: The Impact of Resource Allocation Patterns[J]. Journal of Management, 1997, 23 (1): 1-18.

[12] Culnan M. J. Environmental Scanning: the Effects of Task Complexity and Source Accessibility on Information Gathering Behavior[J]. Decision Sciences, 1983 (14): 194-206.

[13] Daft R. L., Sormunen J., Parks D. Chief Executive Scanning, Environmental Characteristics, and Company Performance: An Empirical Study [J]. Strategic Management Journal, 1988, 9 (2): 123-139.

[14] Darnall, Edwards. Predicting The Cost of Environmental Management System Adoption: The Role of Capabilities, Resources and Ownership Structure [J]. Strategic Management Journal, 2006, 27 (4): 301-320.

[15] Dess G. G., Keats B. W. Environmental Assessment and Organizational Performance: An Exploratory Field Study[J]. Academy of Management Proceeding, 1987 (2): 21-25.

[16] Dyer, Hatch. Relation-Specific Capabilities and Barriers to Knowledge Transfers: Creating Advantage Through Network Relationships[J]. Strategic Management Journal, 2006, 27(8): 701-719.

[17] Eisenhardt K. M., Martin. Dynamic Capabilities: What are They?[J]. Strategic Management

Journal, 2000 (21): 1105-1121.

[18] Elenkov D. S. Strategic Uncertainty and Environmental Scanning: The Case for Institutional Influences on Scanning Behavior[J]. Strategic Management Journal, 1997, 18 (4): 287-302.

[19] Ethiraj K. S., Kale, Krishnan, Singh. Where Do Capabilities Come from and How Do They Matter? A Study in the Software Services Industry [J]. Strategic Management Journal, 2005 (26): 24-45.

[20] Faraj S., Xiao Y. Coordination in Fast-response Organizations [J]. Management Science, 2006, 52 (8): 1155-1189.

[21] Gardner J. W. How to Prevent Organization Dry Rot [M]. Harpers, 1965.

[22] Hambrick D. C. Environmental Scanning and Organizational Strategy [J]. Strategic Management Journal, 1982, 3 (2): 159-174.

[23] Helfat, Peteraf. The Dynamic Resources-based View: Capability Lifecycles [J]. Strategic Management Journal, 2003 (24): 997-1010.

[24] Hough J. R., White M. A. Scanning Actions and Environmental Dynamism: Gathering Information for Strategic Decision Making[J]. Management Decision, 2004, 42 (6): 781-793.

[25] Jackson S. E., Dutton J. E. Discerning Threats and Opportunities [J]. Administrative Science Quarterly, 1988, 33 (3): 370-387.

[26] Jennings D. F., Seaman S. L. High and Low Levels of Organizational Adaptation: An Empirical Examination of Strategy, Structure, and Performance [J]. Strategic Management Journal, 1994 (15): 459-475.

[27] Jemison. Risk and the Relationship among Strategy, Organization Processes, and Performance [J]. Management Science, 1987, 33 (9): 1087-1101.

[28] Knight, Durham, Locke. The Relationship of Team Goals, Incentives and Efficacy to Strategic Risk, Tactical Implementation and Performance [J]. Academy of Management Journal, 2001, 44 (2): 326-338.

[29] Lee Pennings. Internal Capabilities, External Networks and Performance: A Study on Technology Based Ventures[J]. Strategic Management Journal, 2001 (22): 615-640.

[30] Levinthal, Mayatt. Co-evolution of Capabilities and Industry: The Evolution of Mutual Fund Processing[J]. Strategic Management Journal, 1994 (15): 45-62.

[31] Levitt B., March J. G. Organization Learning [J]. Annual Review of Sociology, 1988(14): 319-340.

[32] Lorenzoni, Lipparini. The Leveraging of Interfirm Relationships as a Distinctive Organizational Capability: A Longitudinal Study[J]. Strategic Management Journal, 1999 (20): 317-338.

[33] Lin Z., Zhao X., Ismail K. M., Carley K. M. Organizational Design and Restructuring in

Response to Crisis: Lessons from Computational Modeling and Real-world Cases [J]. Organization Science, 2006, 17 (5): 598-618.

[34] Majchrzak A., Jarvenpaa S. L., Hollingshead A. B. Coordinating Expertise Among Emergent Groups Responding to Disasters[J]. Organization Science, 2007, 18 (1): 147-161.

[35] Mark P. Sharfman, Chitru S. Fernando. Environmental Risk Management and the Cost of Capital[J]. Strategic Management Journal, 2008, 29 (6): 569-592.

[36] McGill M. E., Slocum J. W., Lei D. Management Practices in Learning Organizations [J]. Organizational Dynamics, 1992, 21 (1): 4-17.

[37] Miller, Bromiley. Strategic Risk and Corporate Performance: An Analysis of Alternative Risk Measures[J]. Academy of Management Journal, 1990, 33 (4): 756-779.

[38] Moliterno, Wiersema. Firm Performance Rent Appropriation and the Strategic Resource Divestment Capability[J]. Strategic Management Journal, 2007 (28): 1065-1087.

[39] Nelson R., Winter S. G. An Evolutionary Theory of Economic Change [M]. Belknap Press: Cambridge, MA, 1982.

[40] Pamela S. Barr, Mary Ann Glynn.Cultural Variations in Strategic Issue Interpretation: Relating Cultural Uncertainty Avoidance to Controllability in Discriminating Threat and Opportunity [J]. Strategic Management Journal, 2004, 25 (1): 59-67.

[41] Pearson C. M., Clair J. A. Reframing Crisis Management [J]. Academy of Management Review, 1998, 23 (1): 59-76.

[42] Segars A. H., Grover V., Teng J. T. C. Strategic Information Systems Planning: Planning System Dimensions, Internal Coalignment, and Implications for Planning Effectiveness [J]. Decision Sciences, 1998, 29 (2): 303-345.

[43] Subramanian R., Fernandes N., Harper E. Environmental Scanning in U.S. Companies: Their Nature and Their Relationship to Performance [J]. Management International Review, 1993, 33 (3): 271-287.

[44] Tan J., Litschert R. J. Environment-strategy Relationship and its Performance Implications: An Empirical Study of the Chinese Electronics Industry [J]. Strategic Management Journal, 1994, 15 (1): 1-20.

[45] Teece D. J., Pisano, Shuen. Dynamic Capabilities and Strategic Management [J]. Strategic Management Journal, 1997 (17), 509-533.

[46] Teece D. J. Explicating Dynamic Capabilities: The Nature and Micro Foundations of (sustainable) Enterprise Performance [J]. Strategic Management Journal, 2007 (28): 1319-1350.

[47] Tripsas, Gavetti. Capabilities, Cognition and Inertia: Evidence from Digital Imaging[J]. Strategic Management Journal, 2000 (21): 1147-1161.

［48］ Tushman M. L., Nadler D. A.. Information Processing as an Integrating Concept in Organizational Design ［J］. Academy of Management Review, 1978, 3（3）: 613-624.

［49］ Walsh J. P., Ungson G. R. Organizational Memory ［J］. Academy of Management Review, 1991, 16（1）: 57-91.

［50］ Wiseman. Toward a Model of Risk in Declining Organization: An Empirical Examination of Risk Performance and Decline ［J］. Organization Science, 1996, 7（5）.

［51］ Winter S. G. Understanding Dynamic Capabilities ［J］. Strategic Management Journal, 2003, 24（10）: 991.

［52］ Yates J. For the Record: The Embodiment of Organizational Memory, 1850-1920［J］. Business and Economic History, 1990, 19（1）: 172-182.

［53］ Zander U., Kogut B. Knowledge and the Speed of the Transfer and Imitation of Organizational Capabilities［J］. Organization Science, 1995, 6（1）: 76-92.

［54］ 吕萍. 组织免疫行为和机制研究 ［D］. 北京: 清华大学博士学位论文, 2008.

［55］ 王以华, 吕萍等. 组织免疫研究初探［J］. 科学学与科学技术管理, 2006（6）.

［56］ 杨震宁. 企业组织健康研究 ［D］. 北京: 清华大学博士学位论文, 2009.

第七部分　团队篇[①]

① 本篇内容主要选自清华大学经济管理学院杜德斌同学 2010 年的博士学位论文《高层管理团队多样性对组织免疫能力的影响研究》，由王以华教授指导完成。

第二十三章　高层管理团队与组织免疫

第一节　问题的提出

近年来，三鹿公司破产和丰田公司的"召回"等类似现象频繁出现，这些事件促使我们思考为什么有的组织不能有效地发现问题和解决问题，从而严重影响组织的生存和健康发展。组织免疫的研究认为，正是企业不能有效建立自己的免疫机制，捍卫自己的健康系统，从而不能有效识别有害"异己"，并对其进行防御和清除，最后才会造成不可挽回的损失。

组织所面临的外部环境越来越复杂和动荡，适应环境变化的组织才能保证自身的生存与发展，不适应环境变化的组织将不得不承受较低的效率和收益率，乃至于最终的消亡。组织免疫系统在组织生存与发展过程中起着重要作用，维护和保卫着组织的健康。组织免疫系统分为中枢免疫系统、专职免疫系统和周边免疫系统，高层管理者组成的高层管理团队就是企业的中枢免疫系统，这个系统是免疫系统的核心，对于生存发展起着至关重要的作用。每个组织的成长、兴旺或失败都与组织的高层管理者密切相关（Daft et al., 1988），组织获得成功的一个关键因素就是拥有具备高水平管理能力的高层管理团队（Hitt et al., 2001）。

组织免疫系统发挥作用的程度和有效性就是组织免疫能力。组织免疫能力强的公司比组织免疫能力弱的公司能够更好地生存和获得更好的发展机会。因此，有必要深入分析中枢免疫系统对于组织免疫能力的影响。高层管理团队对组织免疫具有重要作用，其特征影响着组织免疫能力，尤其是高层管理团队的知识结构和认知特征。本研究试图从高层管理团队知识多样性程度和认知多样性程度两个角度分析高层管理团队多样性对组织免疫能力的影响。

第二节　研究意义

理论研究要解决当前存在或者未来可能产生的某一个或某一类问题，这些问题应该是具有一定代表性的和较为重要的问题，这是研究的现实意义。而只有在其他理论不足以或者不能对这类问题进行很好的解释和解决时，才产生了理论研究的必要，这是学术研究的理论意义。

一、现实意义

当前社会，企业的寿命越来越短，在剧烈变化的外部环境中，企业要想生存和发展必须能够很好地识别企业内外部环境中的机会与威胁，并采取相应的行动。在当前的金融危机时期，不论是大企业还是小企业都经常难逃破产的厄运，这些企业或者是没有发现内部存在的问题，或者是没有能够观测到外部社会和经济环境的变化，或者是发现了问题但没有能够及时地找到解决方案。企业要持续生存和发展，需要有强有力的组织免疫系统捍卫组织健康。组织免疫系统的强弱影响着组织健康的水平，本研究提出组织免疫能力的概念，用以衡量组织免疫系统维护组织健康的能力。

当企业申请破产保护或者宣布破产时，大众和学者经常考问的问题是：企业危机的出现是由于高层管理者的能力不足，还是他们没有尽到应尽的责任和义务？是将罪责归因于 CEO 个人，还是归因于整个高层管理团队？De Geus（1988）的研究显示，多数管理者个人有着高水平的思考能力，但管理队伍的整体思考能力大大低于管理者个人的思考能力。因此，即使是经验丰富的管理者，在决策时可能也要受到整个高层管理团队的影响和约束，因此从高层管理团队知识多样性和认知多样性的角度分析它们对组织免疫能力的影响，有助于企业针对具体的免疫能力缺陷进行组织高管团队多样性的调整。

二、理论意义

本研究的理论意义表现在两个理论研究领域：高层管理团队和组织免疫。

基于有限理性基础上的高级层阶理论（Upper Echelons Theory）认为，管理者的经历、价值观、年龄以及种族等个性特征决定了管理者对公司所面临环境的感知和解释，而这些感知和解释是公司战略行为的基础（Hambrick & Mason，1984；Hambrick et al.，2005）。因为管理者个人受经历和知识背景等因素的影响，所以不同的个体和组织对于环境的判断和解释存在巨大差异。管理者要感知环境变化并做出决策，必须要有识别环境变化和进行决策的全面知识和经验。由于一个人很难具有组织应对环境变化所需要的各类知识和经验，同时复杂多变的环境使组织决策的数量和复杂性极大提高，所以具备多样性的高层管理者团队为组织适应环境变化提供了一个必要条件（Daft，1988）。但是，多样性对于团队来说，既是巨大的机会，又是巨大的挑战（Milliken & Martins，1996）。对于高管团队多样性的研究一般集中在年龄、教育水平、国籍、职业经历、职能背景等关系型多样性和信息类多样性，但研究并没有得出一致的结论（Van Knippenberg，De Dreu & Homan，2004）。目前，对于认知多样性的研究更是相对较少，国内几乎没有对于认知多样性尤其是高层管理团队认知多样性的研究，因此，笔者对这一主题的研究将有利于深化对认知多样性的认识。

在组织免疫研究领域，徐波（2005）提出了组织免疫力的概念并进行了初步论述，通过案例分析验证了部分命题与假设，但是没有深入分析免疫力的内涵和构成。吕萍（2008）提出了组织免疫行为和机制以及组织免疫绩效，将组织免疫行为分为特异性免疫和非特异性免疫，但对于这种机制强弱以及作用大小的研究是不足的。杨震宁（2009）从组织健康的角度分析了组织免疫系统的目标，认为组织免疫就是要保卫组织健康，他将组织健康分为四个维度：结构均衡性、功能活跃性、社会和谐性和环境适应性，但他对于组织免疫系统强弱的研究也没有深入下去。因此，笔者对组织免疫能力的研究有助于弥补组织免疫研究的上述不足。

在已有的组织免疫研究中，尽管他们都提到组织免疫系统分为中枢免疫系统、周边免疫系统和专职免疫系统，但是还没有文献对中枢免疫系统的作用进行深入分析。高管团队多样性会影响组织免疫能力，但是组织免疫能力是一个复杂的过程，通过分析不同的多样性对不同的组织免疫能力的影响，对于组织免疫理论的发展和高管团队多样性的发展都具有一定的理论意义。

第二十四章　组织免疫能力的理论维度

第一节　组织免疫能力

一、组织免疫能力的界定

王以华等（2006）将组织免疫定义为："企业识别外部和内部异己（有益和有害），排除威胁因素并产生记忆，从而维护企业健康的能力。"

然而，尽管提出了"组织免疫力"或"组织免疫"的概念，并且在相关的定义中都出现了"能力"的表述，但是关于"组织免疫能力"的概念还没有真正提出。吕萍（2008）从组织免疫行为发生的有效性上去研究组织免疫，苏晓阳（2007）从组织免疫行为发生的理想状态与现实状态的差距上去理解组织免疫行为，而本研究认为，组织免疫能力是组织免疫行为的潜在基础，组织免疫行为发生过程中同时体现着组织免疫能力。在徐波（2005）的组织免疫力研究、吕萍（2008）的组织免疫行为和组织免疫绩效的研究，以及苏晓阳（2007）的组织免疫效能的研究基础上，为了更容易地理解和解释组织免疫保卫组织健康的本质，我们提出组织免疫能力的概念。

本研究认为，组织免疫能力是组织监视和识别外部与内部异己（有益和有害），排除威胁因素并进行学习和产生记忆，从而维护组织健康的能力。组织免疫能力是一种系统的、动态的组织能力。它以人的动态免疫能力为基石，以相宜的制度和文化为保障，在组织的中枢、专职、周边免疫体系中孕育，在与各类危害组织健康的内外因素抗衡的过程中成长，它是组织免疫行为有效的潜在基础。

二、组织免疫能力的维度

组织免疫能力是保证组织健康的基础。基于行为视角,本研究将组织免疫能力分为组织监视能力、组织识别能力、组织防御能力、组织学习能力和组织记忆能力。

1. 组织监视能力

组织监视能力是组织能够扫描和发现内外部环境中影响组织健康的重要问题的潜能,可以用监视行为有效程度来测量。组织监视是组织扫描外部环境以识别可能会影响组织的重要事项或问题的行为 (Daft & Weick, 1984),它是组织适应性的重要步骤。管理者通过监视感知外部事件和趋势来降低环境不确定性 (Hambrick et al., 1984; Hitt & Ireland, 2001; Nadkarni & Barr, 2008)。监视包括外部信息搜集和内部信息搜集,它先于解释和行动。组织内部可能有很多人会参与扫描或信息收集,在组织层面,只有高层管理者有信息收集和信息整合的行动 (Thomas et al., 1993)。组织还需要监视内部能力以及能力的应用和发展,通过持续观察和扫描能力,识别实践中存在的问题,从而在决策中充分考虑环境变化的信号。

Goodstein 等 (1991) 认为,监视组织内部环境是战略计划的重要部分。对于管理者来说,在识别外部机会和威胁、执行战略变革、达到组织/环境整合的过程中,环境是一个主要的不确定因素。Miles 和 Snow (1978) 认为管理者主要是对他们感受到的环境做出反应。当决策者没有意识到变化变得非常重要或者曲解了变化时,他们可能就无法对战略或结构进行必要的调整 (Pfeffer & Salancik, 1978),然后就会使环境和战略之间不够匹配,从而导致业绩下降等问题出现 (Lawrence & Lorsch, 1967)。Bourgeois (1985) 指出,经理人对环境不确定的感知与环境的变化越契合,公司的绩效越高。因此,组织需要及时和全面地发现环境中有可能对组织产生重大影响的变化,这就要求高层管理团队具有较高的监视能力。监视能力是组织成员致力于了解组织所面临的环境以及环境变化趋势的程度 (Daft, Sormunen & Parks, 1988; Danneels, 2008)。监视和分析环境变化能够增强组织对新市场和新技术机会的认知 (Daft et al., 1988)。组织通过各种渠道搜集环境中的信息,比如通过个人关系、专业文献、行业协会或者交易活动等 (Lee et al., 2001)。外部的专业活动能够使组织成员给组织带来更多的信息,从而提高组织内部知识的丰富性,提高组织对环境的监视能力、对机会的发现能力

组织免疫理论

以及组织的吸收能力（Cohen & Levinthal，1990；Cockburn & Henderson，1998）。但是，因为环境的复杂性和管理者的有限理性，高层管理者被巨大的战略信息所包围，这些信息经常超过他们的认知能力，所以环境扫描是非常困难的组织过程（Simon，1991），因而他们经常有选择性地对环境进行扫描，并将特定的信息应用于战略决策过程中（Bogner & Barr，2000；Daft & Weick，1984；Fiol & O'Connor，2003）。关于这一方面的研究就是战略管理领域的注意力（Attention）理论（Ocasio，1997）。Kabanoff 和 Brown（2008）将注意力定义为：组织将信息处理能力在环境刺激上进行分配的过程。管理者在他们的注意力方面是存在差异的，他们注意哪里、关注什么以及他们的解释在不同管理者之间可能是不同的。这些注意力的差异会在战略差异中体现出来（Cyert & March，1963；Hambrick & Mason，1984），如 Cho 和 Hambrick（2006）发现注意力部分地调节 TMT 特征和企业战略之间的关系。

2. 组织识别能力

组织识别能力是在复杂和动荡的环境中，组织给予模糊信息以有意义和准确解释的有效程度。组织识别过程就是组织解释环境变化的过程，因此，在有些学者那里，识别过程又被称为解释过程（Daft & Weick，1984）。这些解释和识别对于组织的成功甚至生存都是非常关键的，管理者对环境中的机会和威胁的识别过程在环境和战略行动之间起着重要的调节作用（Kaplan，2008），识别过程会影响战略选择和结果（Thomas，Clark & Gioia，1993）。识别是管理者个人对信息给予有意义标签的过程，组织本身也可以被看作是一个识别体系（Daft & Weick，1984），但是，高层管理者在信息解释方面起着最关键的作用。识别能力就是识别过程中高层管理者对环境进行解释和识别的及时性和准确性。在 21 世纪的竞争格局中，高层管理人员的解释和判断能力会成为一种尤其重要的竞争优势来源（Hitt，Ireland & Hoskisson，2001）。管理者对来自组织内外部信息的解释通常进行分类，最主要的两个类别是机会和威胁（Dutton & Duncan，1987）。Jackon 等（1991）提出了评估战略相关机会和威胁的三个维度：①管理者用积极还是消极术语来评估这些问题；②管理者认为这些问题会给组织带来的是潜在收益还是潜在损失；③管理者认为这些问题是可控的还是不可控的。Thomas & Mc-Daniel（1990）提出，"积极—消极"和"收益—损失"在操作上是很难分开的，所以他们将这两个维度结合在了一起，Thomas、Clark 和 Gioia（1993）也如此处理。

3. 组织防御能力

组织防御能力是指组织抵抗和消灭内外部有害因素和老化因素，以清除可能会对未来发展机会造成威胁的行为有效性。开发阶段是为了解决识别阶段所发现和界定的问题，即开发问题解决方案的阶段。有两种开发解决方案的方式：①搜寻（Search Routine）：在组织现有的解决方案集合中寻找解决问题方案；②设计（Design Routine）：当问题以前没有出现过，无经验可以借鉴时，要提出一个特定的方案来解决这个问题。当高管团队通过监视和识别的过程，发现和识别了环境变化中的机会或威胁，那么进一步的工作就是找出可供选择的方案和做出选择。可选方案建立在组织外部刺激与企业惯例所产生的信息联合的基础上，个人和群体可以用老方法解决新问题，这被称为搜寻（Mintzberg et al.，1976），或面对新挑战产生一系列想法，这被称为设计（Mintzberg et al.，1976）。可选方案的提出过程就是要发现内外部环境变化，并将这种变化进行合理解释，然后提出各种应对方案。行动和方案的必要变异（Requisite Variety）是组织应对环境变化的基本条件之一。组织可供选择的行动方案越多，则越能够积极地应对环境变化。在这个过程中，团队通过资源的发掘和重新配置，探索不同的可供选择的对策方案，并通过对策方案的多样性实现组织的适应性和稳定性（吕萍，2008）。有的企业行为域很窄，而有的企业能在更广泛的行为域中采取行动，企业可以采取的竞争性行为数量和多样性与对市场变化做出有效及时反应的能力具有很强相关性（Ferrier et al.，1999）。多样性的选择为组织提供了更多可供考虑和选择方案，增强了组织应对变化的能力（Milliken & Martins，1996）。

选择阶段是选定解决问题方案的阶段，包括三种方式：①排除（Screen Routine）。在有限的时间制约下，首先应当是排除不可行的方案，而不是找出合适的方案。②评估—甄选（Evaluation-Choice Routine）。有时候是在多个备选方案中选择一个方案，有时候是对上一阶段设计出的方案进行评价。甄选有三种方式：评估—判断、分析和协商。判断是由单个决策者基于个人经验做出的选择；分析是对多个备选方案进行系统分析和评价；当选择涉及多个决策者并且决策结果对每一个决策者的利益影响不同时，此时应以协商的方式进行决策。③授权阶段（Authorization Routine）。当某项决策被接受，则进入授权阶段，即决策沿组织层级进行执行。

在机会或威胁面前，组织会提出多种对策方案来抵御威胁或抓住机会，高层管理团队进一步的任务就是寻找特定情形下的最优解（吕萍，2008）。管理者经常很难判断决策结果可能对组织产生的影响程度甚至影响方向，所以组织经常会在找不到最优解，或者高管团队以及利益相关者在意见不一致的情况下，进而选择比较满意的而不是最优的对策（Daft et al.，1988）。

4. 组织学习能力

关于组织学习能力的定义和概念非常多。Cohen & Levinthal（1990）提出组织学习能力是组织从外界识别、消化、开发知识的能力；Meyers（1990）从组织对环境的应对视角提出组织学习能力是组织对外部和内部环境刺激进行观察、评估和行动的能力；陈国权（2007）将组织学习能力定义为组织成员作为一个整体不断获取知识、改善自身行为、优化组织体系以在不断变化的内外环境中使组织保持可持续生存和健康和谐发展的能力。基于以上定义，根据组织免疫的特征，我们基本上采取陈国权的定义，将组织学习定义为组织成员不断获取知识、改善自身行为、优化组织体系以在不断变化的内外部环境中保持生存和健康发展的能力。

5. 组织记忆能力

组织记忆能力是指组织对已有的有效或失效的监视、识别、防御以及学习行为进行总结以提高企业未来应对环境变化的有效程度。

组织记忆是通过能够存储过去决策信息的容器和空间形成的企业储存知识的方法和手段（Stein & Zwass，1995）。组织记忆一直被看作体现企业以往经验的知识，这些知识被保存和共享，包括保存的记录（如企业手册、数据库等）、隐性知识（如经验、直觉和信念等）、工作和技术、员工和工作地点。现有文献还提到了多种保存知识的方法，包括惯例和生产规则、企业文档、组织文化以及以计算机为主的信息系统。

第二节　组织免疫能力与现有企业能力理论的关系

一、组织免疫能力是一种动态能力

苏晓阳（2007）曾经提出组织免疫效能具有三个极限性，即企业的免疫效能对企业持续生存与发展的贡献度存在极限。第一，企业免疫系统的功能属性决定免疫效能的作用极限性。企业免疫效能的极限最多只能保证企业系统有一个理想运行状态，不能保证企业系统具有一个理想的输出结果，即企业维持自身系统健康运行状态的能力大小只是企业能够生存的必要条件，而不是充分条件。从企业核心竞争力的视角来看，企业的免疫效能只能增大企业具有核心竞争力的可能性，而本身并不能衍生企业的核心竞争力，企业免疫系统只是企业生存与发展的保障系统，而不是动力系统，并不决定企业生存与否、发展与否。第二，企业免疫系统可支配资源的极限性决定其自身的极限性。企业免疫系统的支配力最多只能限制在组织内部的范畴，而对于组织外部的影响与支配能力即使存在也有其局限性。这样就决定了企业所遭受到有害异己攻击的一部分是自己可以利用支配力控制并有效防御的，而也必然存在一部分有害异己的攻击是企业免疫系统的支配能力所不可控制和无能力防御的。比如当一个国家遭遇战争、政治危机、经济危机等不可抗力的时候，企业的自身免疫效能高还是低已经不足以左右企业是否能继续生存下去，这就如同人有正常病故和意外死亡一样，当一些有害异己的发生概率不由企业控制的时候，当一些有害异己的破坏力大到超过企业所拥有的资源与条件所承受极限的时候，企业免疫系统效能的大小已然对企业维系生存没有了贡献。第三，企业免疫系统的人工打造主观性决定了其自身的极限性。相对于生物免疫系统历经亿万年进化过程后形成的完美特性，人工打造的企业免疫系统的实际状态具有无法回避的现实局限性。这种局限性表现在企业免疫的功能、结构、要素以及层次等各个维度上。因此，不具有与生俱来相对完美性的企业免疫系统，并不能保证绝对完美地满足企业对免疫理想状态的需要，即达到免疫理想质态与免疫理想量态。因此在某种程度上，企业的实际免疫状态永远无法达到企业的理想免疫状态，即实际上企业的免疫效能存在相对的极限值。从苏晓阳（2007）的分析可以看出，他认为组织免疫能力相对于动态能力理论而言，是一个"较弱"的能力：①组织免疫能力只能保证组织的生存，而无法给企业提供获取持续竞争优势；②组织免疫能力对于组织内部"有害"异己的监视和清除作用比对于外部"异己"的作用更直接和有效。

但是，本研究认为，对于政治危机和一些不可抗力，不仅是组织免疫能力，任何能力可能都无法避免这些因素对组织的影响。组织免疫能力一方面能够保障组织的健康生存；另一方面通过正确地识别有害异己和有益异己，能够为组织获取竞争优势创造有利的内外部环境。有效的识别能力提升了组织重新配置资源并抓住机会和抵御威胁的能力。此外，组织免疫能力通过自身的制度规则和免疫行为，也能积极地影响和作用于外部环境。组织免疫能力的监视、识别、防御、学习和记忆也体现了动态能力理论的感知/搜寻、决策/选择、重构/配置的机制，因此，组织免疫能力能够保证组织识别机会和威胁，并通过资源重新配置抵御威胁，给企业的发展提供更好的内部环境。所以说，组织免疫能力是动态能力的一种。

二、组织免疫能力与组织学习能力

组织学习的概念由 Argyris & Schon（1978）正式提出，20 世纪 90 年代以来，组织学习（Organziational Learning）和学习型组织（Learning Organization）受到学术界和企业界的广泛关注。学者们从多个方面开展了研究，包括组织学习的内涵、组织学习的层次（单环学习、双环学习和三环学习等）、组织学习的过程、组织学习的范围（个人、团队、组织和组织间等）、组织学习的方法和工具、组织学习的案例以及建立学习型组织的具体方法等（陈国权，2007）。

组织免疫与组织学习理论的区别在于：首先，对于组织学习理论，学者们较少考虑组织结构、制度规则等要素与组织学习的关系，忽略了企业组织的系统视角，单纯从学习行为、过程和工具的角度来研究企业，而这是不完整的；组织免疫则强调了组织是各种要素和行为构成的动态系统。其次，对组织学习的研究强调的是"刺激—反应"模式，而组织免疫既强调组织的设计视角，又强调组织行为的"防御—调节"模式，而且这是一种经常性行为。最后，组织学习并未强调行为之间的关系，而组织免疫强调系统中任何一个要素的失灵都会导致免疫链条的断裂，从而导致企业产生疾病或者死亡。

组织学习能力从正向的角度分析了发现能力、发明能力、选择能力、执行能力、推广能力、反思能力、获取知识能力、输出知识能力、建立知识库能力（陈国权，2007）。具体到组织免疫能力与组织学习能力，本研究认为，组织免疫能力更加侧重组织对内外部异己的防御作用，组织学习能力是组织保持健康的重要因素之一，但它不是组织健康的充分条件，而是必要条件。因此，有必要更系统地研究组织免疫能力对组织健康的捍卫和保障作用（杨震宁，2009）。

第三节 组织免疫系统的作用客体

组织免疫的首要功能是识别异己和进行防御，异己是组织免疫系统的客体。借鉴医学免疫的理论，结合吕萍（2008）对于组织免疫行为和机制的研究，本研究将异己定义为影响组织生存和健康发展的个体、事件和趋势。我们可以从不同的角度对组织的"异己"进行分类。

一、内部和外部"异己"

已有的文献将组织异己从组织边界和是否对组织有害两个维度划分为四类，如图24-1所示。主要包括企业创新、战略风险、资源和机会、环境冲击等不同的内容。

	有益异己	有害异己
外部异己	资源和机会	环境冲击 恶性竞争
内部异己	企业创新	管理漏洞 战略风险

图24-1 组织边界和是否对组织有害对异己的划分

二、从时间上划分的"异己"

除了从内外部和有益有害的角度进行划分外，我们还可以将组织异己根据时间维度分为当前异己和未来异己。当前异己是组织当前所面临的可能会危害组织健康或有利于组织健康成长的内外部异己。比如组织内部的人员流动、财务漏洞、组织外部的竞争者行为等。未来异己主要是影响组织长远战略发展的异己，比如技术变化、组织创新、资源冗余等。对当前异己的应对与处置效果取决于组织免疫能力的迅速反应，对未来异己的应对与处置效果取决于组织免疫能力通过组织学习和记忆而形成的前瞻性。

三、常规和非常规异己

常规异己是经常和反复出现的事件，这些事件可能是有益的，也可能是有害的，组织免疫能力能够在学习和记忆的基础上比较容易地监视、识别和进行防御。非常规异己是没有出现过的事件，因为这些事件的相关特征和防御方式在组织学习和记忆过程中没有出现过，所以监视、识别和防御这类事件就需要更强的组织免疫能力。当组织经常面临的异己都是常规性异己时，高管团队每天处理的问题都非常相似，知识多样性和认知多样性都对组织免疫能力没有影响，组织免疫能力主要就取决于组织结构、制度、文化等方面的免疫作用。同时，由于认知惰性，常规异己的存在可能会使高管团队对组织免疫能力起到削弱的作用。而一个面临着大量非常规异己的组织，高管团队成员要花费大量时间和精力监视环境变化、识别环境中的机会和威胁、开发出应对方案来对有害的异己进行防御、进行组织学习和组织记忆等。这样的组织，高管知识多样性对组织免疫能力就具有正向的影响，因为丰富的知识能够带来更全面的监视、更多的识别角度和解释角度以及更多的防御方案，对于这一过程能够更有效地在不同的管理者个体之间进行学习和记忆。在这个过程中，也需要发挥认知多样性的优势，因为对于组织目标和实现目标方式的认知不一致，高层管理者会从各自的目标和立场去关注环境中的变化，从而带来与知识多样性相似的作用。

如果将上述异己的分类放在同一个坐标中，如图 24-2 所示，我们可以看到，越是远离原点的异己，越需要强大的组织免疫系统和较强的组织免疫能力。在当

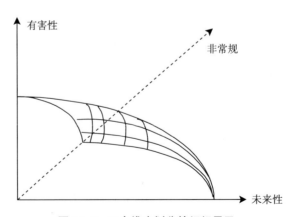

图 24-2 三个维度划分的组织异己

前环境动荡性和复杂性都非常高的背景下，企业必须具有强有力的组织免疫能力才能够应对来自环境各方面的冲击。

案例6

"小肥羊"的免疫能力

"小肥羊"公司的监视行为与能力

"小肥羊"公司在第一阶段并没有设立指标系统对管理目标进行量化，在对组织进行内外监视的过程中，因为高管团队知识多样性程度较低，所以无法及时发现公司成长过程中的大量问题，相同的视角和认知能力使他们过多关注于公司的规模发展，对客户反映的质量问题熟视无睹、不以为然、任其发展。因此，这时候的公司不能及时发现问题，即监视能力较弱。

到了发展的第二阶段，职业经理的引入给组织带来了知识多样性和认知多样性。具有多年企业管理经验的职业经理人成为公司的高级管理者，多年的经验和知识积累使其能够很快地发现问题的关键，从而着手从放慢公司的扩张速度开始来解决这些积累已久的问题。

"小肥羊"公司这一时期也从仅仅关注规模的扩张演变为既要求规模又要求管理水平的提升。认知多样性使公司能够兼顾外部发展与内部管理两方面问题，这样在企业发展过程中，管理水平得到了提高，已有的很多问题也逐步得到解决。

"小肥羊"公司的识别行为与能力

面对第一阶段经营中的问题，高管团队意识到，旷日持久的客户质量抱怨已经影响了企业信誉，而且势必会给公司的生存发展带来极大的威胁。鉴于这一判断，公司开始致力于大刀阔斧的改革。这种对问题性质和严重程度的认识，来自于高层管理团队中具有丰富管理经验的人员的加入，从而使公司高层管理团队既具有企业家精神很强的创业者，又具有管理经验丰富的职业经理人。

"小肥羊"公司的组织防御能力

现任CEO卢文兵的到来，为"小肥羊"带来了现成的管理本土企业的经验。在国内多家企业从事过管理工作的卢文兵深深了解盲目扩张规模给企业带来的危害，了解如果内部管理不能及时提升，不仅会使增长规模受到影响，还会损害到公司的长远发展，甚至威胁公司的生存。因此，他加入"小肥羊"之后，高层管理团队的知识结构和认知结构得到极大的多样化，能够满足外部扩张和内部管理提升的双重要求。卢文兵大力提倡"客户至上"的价值观，建立了严格的管理制度，对原来通过加盟建立的渠道进行彻底改造，改为公司直接投资直接管理的直营餐厅网络。这种对于内外部机会和威胁的应对能力，是以前的高层管理团队所无法企及的。

为了更迅速地发展并最终达到公司上市的目的，股东还继续引进了来自于各个领域的机构投资者，这些机构投资者的代表进入高层管理团队，一方面使公司扩充了具有国际企业运作经验的管理者，另一方面又使企业拥有了懂得资本市场运作经验的高管人员。这次高管成员的结构调整，避免了公司在国际化市场上运作可能出现的水土不服以及管理跟不上的问题，也避免了公司上市过程中可能出现的障碍，从而为公司国际化和最终在香港上市打下了坚实的基础。

"小肥羊"公司的知识多样性对于组织防御能力的影响还表现为充分授权。授权主要分两个层次：一是董事会对高层管理者的授权；二是公司管理者对下属子公司的授权。在公司，董事长以及董事会其他成员除了重大事项外，给予了CEO、COO和CFO很大的决策自主权，董事长坚持"用人不疑、疑人不用"的原则，在卢文兵到"小肥羊"后不久，就放手让卢文兵按照自己的思路和方式管理企业。以前，很多区域的管理者都是董事长的朋友，有的人还持有公司股份成为合伙人，所以导致很多决策无法在这些管理者层面上执行。当卢文兵将执行中的现实问题分析和报告之后，董事长开始不再干预对合伙人的管理，放弃了过多的"人治"，从而理顺了各级管理者之间的责任和权利。第二层授权来自于公司管理者对下属肉类公司、调味品公司、物流公司和销售公司的放权。肉类和调味品公司都是独立运营的法人企业，除了满足"小肥羊"店面的需求外，还自主在市场上运营和销售，享有很大的独立性和权限。因此，这种授权充分保证了下属公司的活力和积极性。

"小肥羊"公司的学习行为与能力

"小肥羊"在发展过程中，提出了"品质为本、诚信至上、伟业恒基、决胜千年"的企业精神和愿景。为了达到这一愿景，公司不断加强学习能力和适应变化的能力，从而推动了公司的股权、经营模式等一系列的改革，成为中国的"成长冠军"。这一系列的改革，与公司高层管理者的变化是相辅相成的。公司扩张的同时伴随着资本的加入。在这个过程中，创始人的股权被逐步稀释，但是这种稀释并没有使他们失去控制权。第一次高管团队结构由"创始人"变为"创始人+国内管理精英"，说明了公司善于向其他公司学习，通过引进具有丰富管理经验的高层管理人员，来弥补自己管理上的缺陷。第二次高管团队结构的变化更是体现了公司善于学习的能力。因为要进行国际化和完成上市的目标，所以公司一方面引进国际风险投资者，获得了发展所需要的资金；另一方面也为公司带来了具有丰富的国际餐饮行业运作经验的高管人员。为了达到在香港上市的要求，公司还在国外注册了两家公司，通过一系列交叉持股的安排，创始人在掌握对公司控制权的同时，也达到了上市要求，并且这很大程度上来自于公司三方面管理者的需要：创始人需要扩张和发展，国内的职业经理人需要股份的流动能力，机构投资者需要盈利。

"小肥羊"成立之初依然遵循了许多企业传统的成长理念和指导思想，就是单纯地以做大为目标和指导方针。在这一原则和目标指导下，公司经历了一段快速扩张和发展的时期，通过加盟，使得店面数目一度达到了700家。但这样快速扩张和盲目扩大的指导思想也使得"小肥羊"的发展陷入了成长的困境，一些问题也逐步地显露出来。而现在，公司成长战略的指导思想已经由原来的单纯追求做大转变为先做强，再做大，最终做成百年老店。在这一战略思想指导下，公司调整了其整体发展和成长的战略和重点，使得竞争能力、品牌知名度和市场业绩得到持续提升。

"小肥羊"上市后，把提升团队管理能力以及职员职业技能作为最为重要的一项投资。为此，"小肥羊"成立了职业培训学院，围绕公司的主营业务展开职业技能培训，目前，为公司快速扩张储备人才。目前，公司成为国内少数几个，甚至独一无二的设有培训计划学院的餐厅运营商。

"小肥羊"公司的记忆行为与能力

"小肥羊"公司最早的管理者只注重规模扩张，后来经过两次高层管理者结构的大调整，公司一方面继续快速扩张规模和市场，另一方面努力完善公司的管理水平，尤其在向国际化标准迈进的过程中，更是体现了一个扩张和管理都全面发展的大公司的平衡能力。

当前，为了维护餐饮业所要求的"产品品质是餐饮企业立身之本"，公司实现了较高水平的服务标准化。小肥羊公司的服务标准化是依靠《运营手册》、《服务手册》和《操作手册》来规范的，这些手册里的内容大多来自于多年的经验提炼，其核心精神反映的是公司"顾客价值最大化"的理念。

根据公司发展过程中的鲜活实例，公司编印了《案例手册》。这本书员工人手一本，几乎每一个在工作中遇到的问题和困难都能够在这本书中找到解决的方案。这本案例集分为六个部分：预定、仪容仪表及迎客；餐前；餐中；餐后；开市前准备；投诉与危机处理。全书一百一十六个案例，是公司已有经验的记录和写实，它直接为公司新员工乃至新的管理者迅速适应环境提供了良好的借鉴和学习方向。

卢文兵提出，管理的国际化是中国民营企业走向世界的前提，中国之所以没有很大的民营企业，原因在于"草根团队"。只有拥有具备多样化知识和多样化视野的高管团队，才能够使企业应对更多的变化、机会和威胁。

图 24-3 列出了公司发展过程中高管团队知识和认知的变化以及组织应对内外部异己时的表现。

图 24-3 公司高管团队多样性变化与组织免疫能力

第二十五章 多样性与组织免疫力

吕萍（2008）的研究阐释了组织结构、制度规则、组织文化、组织监视、组织防御和组织记忆与组织免疫绩效和组织绩效的关系，杨震宁（2009）的研究侧重于组织免疫系统对组织健康的捍卫机制和两者之间的关系。现有关于组织免疫的研究缺乏对于免疫系统中起着决定性作用的中枢免疫系统的研究，一个企业的高层管理团队就构成了组织的中枢免疫系统。因此，本研究试图弥补这一不足，从高层管理团队多样性角度来研究的中枢免疫系统与组织免疫能力的关系。

如图25-1所示，对组织免疫能力的发挥起核心作用的是企业的人力资源（包括高层管理团队和员工），而高层管理团队是核心中最重要的，因此被称为中枢免疫系统。个人作为具有主观能动性的个体，其自身的知识结构和认知水平影响着免疫能力的作用大小。除了人的因素之外，组织的制度和文化也发挥着组织免疫的作用，但是组织制度和文化所体现出来的组织免疫能力，最终还是要靠人的作用来影响组织免疫能力。

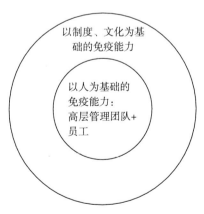

图25-1 由人、制度和文化组成的组织免疫系统

具有不同知识结构和认知模式的高层管理团队看待世界可能会有不同模式和方式（Michel & Hambrick，1992），来自不同职能部门的管理者在看待组织问题上会有不同的观点（Walsh，1991），来自不同国家的人也会有不同看问题的框架。当某个人具有某种背景时，他就容易因为背景而被团队其他成员认为他具有某类知识并且具有某种行动倾向（Cramton，2001）。背景的不同也与社会分类相关，高层管理团队成员会倾向于将背景相同的人划分为相同团体，因此，背景差异会导致关系冲突。但是，Kilduff 等（2000）研究发现，人口统计特征多样性是认知多样性前因变量的假设没有得到支持，在他们所做的任何一次回归中，两者之间都没有显著的相关性。之所以出现这样的结果，他们认为，可能是因为组织的最高目标能够使不同社会背景的人有效地聚合在一起，尽管他们有着不同的知识结构和目标偏好，但他们的目标聚焦在组织目标上，因此在存在外部竞争的情况下，人口统计特征多样性对认知多样性的影响可能会降到很低。因此，我们将从知识多样性和认知多样性两个角度分析多样性的高管团队对组织免疫效果的影响。本研究提出的理论模型及相关假设，可概括为如图 25-2 所示的概念模型。

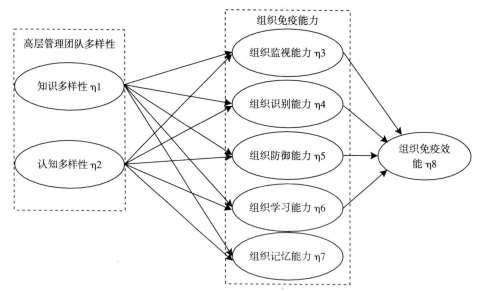

图 25-2　高层管理团队多样性与组织免疫能力概念模型

一、知识多样性与组织免疫能力

1. 知识多样性与组织监视能力

要在迅速变化的市场环境中感受机会和威胁，需要扫描环境、搜寻信息和进行探索。个人背景和历史绩效都会导致管理者不同的选择性关注（Selective Attention）（Cho & Hambrick，2006）。管理者在复杂动荡环境中所发展起来的知识结构帮助他们聚焦关注点、解释和行动（Kabanoff & Brown，2008），因为理性和精力的有限性，管理者必须投入到重点应关注的扫描活动中，所以具有相同背景的人可能会停止调整组织适应性的行为，他们可能会固守原来的组织目标和达成这些目标所采取的方式。原因在于：①多年组织惯例所形成的个人知识的相似性会使他们进行更加有限的环境扫描；②他们需要更多的证据和数据来验证新的趋势；③他们本身是不希望变化的，因此产生团队的惰性。但是，具有不同知识背景的管理者会对环境中的信息进行过滤，他们每个人都会选择关注自己认为重要的和关键的环境层面（Nadkarni & Barr，2008），这种关注的多样化和多角度，使得多样性的高层管理团队具有更高的复杂性，能够使公司关注和应对更多的环境刺激，从而提高公司的适应能力。组织生态学的理论对此持有相同观点，该理论认为，由于组织结构的惰性，已经成功的组织可能很难适应环境变化，组织要实现真正的转型是很难的，当环境变化到一定程度，原有组织就会消亡，产生能更好适应环境的新组织。但是，从另一个角度上讲，知识多样性可以解决组织惰性。

2. 知识多样性与组织识别能力

关于组织识别的一个基本前提是：战略行动是由特定导向所激发和约束的，不同的识别结果会产生不同的战略行动，因此，识别环境中的机会和威胁对战略决策能力是至关重要的。Dutton 和 Jackson（1987）发现，对环境变化选择不同的解释会影响管理者的风险承受水平、参与水平和承诺。因此，识别行为在开发和维持必要的适应性认知框架方面是重要的（Gioia & Chittipeddi，1991）。战略管理的关键是使环境状况和组织能力与资源相匹配，这个匹配对于组织获取高的绩效来说是非常关键的，管理者的工作就是去发现或创造这一匹配（Bourgeois，1985）。因此，机会和能力必须被精确地识别。由于高管团队的成员具有不同的背景，当环境变化时，不同背景的成员会有不同的感知和解释，从而使原有的成功惯例不会限制群体的思考，这样也会产生对当前环境的不同解释，这种解释又会导致组织应对环境所需要的多样化观点。

3. 知识多样性与组织防御能力

组织应该在其员工特征方面变得更加多样性以匹配市场多样性。决策团队的多样性会带来高质量的决策，因为群体思考是以现实和复杂的方式进行的。Dahlin 等认为，与任务相关的多样性所带来的收益会超过社会分类相关多样性的负面影响（Dahlin，Weingart & Hinds，2005）。在某种情境下曾经带来成功的同种要素会变成惯性的力量，会在不同的环境下限制组织的适应弹性和导致不理想的产出，而知识多样性的高管团队能够变异出更多的备选方案（Kaplan，2008）。在组织绩效较差、高管人员任期长、存在背景多样性的前提下，高层往往更可能做出战略变革和调整组织目标。更多类别的知识影响创造力以及执行新计划的能力，因此有助于培育快速创新和变化能力。其中，应对环境变化的选择能力具有重要作用（Nadkarni & Narayanan，2007）。具有知识多样性的高层管理团队，根据已有的经验知识，对于熟悉的问题和方案能够更好地分析其成本与收益，然后有助于从不同角度评估方案，降低误判的可能。

4. 知识多样性与组织学习能力

组织所面临的动荡和多变环境使得组织所要决策的问题变得越来越复杂，要求决策的速度更快。同时，由于环境的不确定性导致因果关系模糊，决策制定和实施中要求更多人的参与和更高程度的协作。对于不具有多样性的管理团队，在对环境信息进行解释的过程中，管理者相似的知识结构可能会使他们的解释受到扭曲（Ocasio，1997）。在高度复杂和模糊不清的环境下，管理者需要借助先前的经验和判断将各种难以明确的无形因素纳入问题识别和解决阶段（Adler & Kwon，2002），而高管团队的多样性能够更好地满足这一要求。

5. 知识多样性与组织记忆能力

学术界和企业界把组织记忆看作是企业成功运作和应对环境变化与挑战的一个重要因素（Huber，1991）。组织记忆能够提供信息降低交易成本，有助于有效率和有效果地决策。组织记忆是由分散的知识（分布在个人或文献中）和使其能够被利用的整合机制形成的（Olivera，2000）。高管团队多样性保证了组织记忆内容的多样性，在面临决策时，由于知识差异而导致的讨论能够使组织记忆被利用，从而更加有效地指导组织决策。

二、认知多样性与组织免疫能力

1. 认知多样性与组织监视能力

研究显示，战略类型相一致的群体在关注的问题上是相对稳定的（Kabanoff & Brown，2008）。因此，组织认知一致性程度太高会导致关注点的一致，从而难以适应扫描和监视多变和复杂环境的要求。认知是管理选择和行动的关键决定因素（Walsh & Ungson，1991）。小型组织通常只有一个战略决策者，而在大型多元化公司，会有很多高层管理者，除了总裁和其他高层管理人员（如首席运营官和首席财务官等），其他管理者负责各个单独的业务部门（Hitt, Ireland & Hoskisson, 2001），因此，高层管理团队的不同成员可能根据自己的职责和权限而具有不同的目标，而目标差异可能会产生对战略问题观点的不一致（Carson et al., 2003）。正是因为不同的管理者可能会倾向不同的组织目标，才有利于管理者关注环境中的不同侧面。比如说，有的管理者偏重于增长目标，有的偏重于盈利目标；有的更注重长期目标，有的更注重短期目标。因为面临着大量与机会和威胁相关的信息，管理者没有足够的时间、资源或认知能力来全面地分析全部信息（Eisenhardt, 1989; Hambrick, Finkelstein & Mooney, 2005），所以管理者倾向于关注那些符合他们认知模式的事项。当管理者的目标比较一致时，他们可能会忽略很多与他们的目标或信念不一致的环境层面，而目标多样性的团队能够避免这一缺陷。

另外，信念对组织的感知过程起着重要作用（Carson et al., 2003）。环境监视和扫描作为组织学习的工具，其采取的形式依赖于信息环境。当经理对他们的信念非常自信的时候，就不太可能积极地搜寻和监视环境的变化。当对信念不太自信时，被动扫描就会变为积极地搜寻环境。这一积极搜寻的过程可能产生新的战略，并怀疑原有战略。组织所处行业以及组织规模的大小和在行业中的地位都会影响高层管理者的信念，但是，即使排除了上述因素，对于环境与战略关系信念的差异仍然会在同一个组织的高层管理者中存在。将上面的"环境—战略"与"战略—环境"两种不同的信念与信念的复杂性和聚焦性特征相结合，本研究认为，持有"环境—战略"信念的管理者，会将更多的精力和时间放到分析多变和复杂的外部环境上，监视环境中的变化，寻找机会和发现威胁，并选择合适的战略来应对这种变化，这种信念具有复杂性的特征。持有"战略—环境"信念的管理者，将更多的精力和时间放在组织内部的战略调整、创新和效率上，这种信念具有聚焦性的特征。这两类信念没有好与坏的区别，当公司能够保持这种信念多样性时，持有战略决定观的管理者可能会更加积极地致力于公司战略行动，持有环境决定观的管理者会更多地感知和识别环境中有可能对组织产生影响的因素，从这个意义上来讲，具有这两种信念的公司，可能既具有较好的效率，又能够保持足够的探索性，因此具有较高的双元性（O'Reilly, 2007）。同样，具有复杂性和聚焦性差异的高管团队，既能够在一个广泛的范围里扫描、解释和选择战略，又能够深入到具体的战略问题里去。

因此，认知多样性保证了高管管理团队视野的多样性，不同的管理者会因为不同的目标和信念，从而相信不同的游戏规则。信念会影响注意力、记忆和其他活动，具有不同信念的管理者，对环境不同层面的扫描频率和扫描范围也是不同的，这就提高了环境扫描的广泛性和全面性。因此，认知多样性能够使团队更全面和及时地发现组织内外部环境中的变化。

2. 认知多样性与组织识别能力

识别环境中的机会和威胁是解释行为的重要结果。只有进行了正确的识别和判断，决策者才能够采取下一步的行动。如果是机会，则可能采取进攻战略来扩大组织收益；反之，则会采取规避战略来降低可能带来的损失（Sharma，2000），因此，解释能力对于战略决策具有重要的作用。根据战略选择理论（Child，1972）和高级阶层理论（Hambrick & Mason，1984），高管团队是作为整体来为组织解释信息的。Amason（1996）提出认知多样性有产生高质量决策结果的潜力。在多样性的团队里，管理者因为具有不同的经历、目标和信念，所以在进行决策的时候，他们会更多地交换不同的观点，更广泛地理解任务的风险和不确定性，以保证对环境的解释和识别以及之后决策的质量。Eisenhardt（1989）发现，在决策过程中，管理者能够公开挑战其他人观点的团队能够提高决策中问题的认识，多样性对于正确地识别面临的问题具有正向的调节效应（Jehn & Mannix，2001）。这种解释的多解性允许高管团队成员以不同但又互补的方式感知相同的现实。高管团队的多样性对组织识别能力的影响体现为：因为管理者团队具有多重目标，从而能够保证团队多角度地看待同一个问题，能够更全面地解释这一问题对组织的影响，更及时地从各个角度提出自己的见解。

3. 认知多样性与组织防御能力

组织对内外部环境中的有害因素进行防御不仅受管理者个人目标的影响，还受到个人对自己执行这一战略的能力的自信程度影响（Knight、Durham & Locke，2001）。管理者将信念应用于需要解释的外部信息，利用这些稳定的知识结构来理解和从事认知活动（McKinley et al.，2000）。经理的信念和组织对环境的介入程度决定了不同的解释（Daft & Weick，1984），在不能确定环境变化性质的情况下，决策者可能会更倾向于将环境定义为威胁。高管团队的问题解决能力会影响到他们的判断（Thomas & McDaniel，1990），如果团队能够找到解决所出现问题的方案，他们就不会认为这种变化是一种威胁，如果不能找到有效的解决方案，他们就会更倾向于把这种变化看作威胁而不是机会（Dutton & Duncan，1987）。而当高管团队具有不同的目标和信念时，由此产生的必要变异对组织的成功具有

重要影响，可供选择方案的增加至少加强了产生期望结果的概率（McGrath,
2001）。同时，由于认知多样性，高管团队内部的冲突会导致对决策结果的充分
讨论，因此，可能会提高高管团队对决策结果的承诺水平，从而提高决策的执行
水平，有利于组织对有害异己的防御。

4. 认知多样性与组织学习能力

组织学习是组织发现错误，并通过重新建构组织知识基础和结构的过程
（Argyris & Schon, 1978）。认知多样性会降低认知惯性（Hodgkinson & Healey,
2008），但是冲突会导致交流、辩论和更深入的分析，从而有助于产生多样化的
解决方案。正如决策的垃圾桶理论（Cohen et al., 1972）所认为，组织对内外部
出现的问题都有一系列对策，这些对策都放在垃圾桶里，然后从垃圾桶中寻找合
适的或只是令人满意的方案来解决问题。高层管理团队越是多样化，它就越能提
供有效的战略领导来制定战略，这受益于对团队成员提出的不同观点的讨论和争
论。在很多情况下，这种讨论和争论也是组织学习的过程，从而提高了组织学习
能力和组织绩效。这个学习的过程能够使目标和信念不一致的团队相对于认知比
较一致的团队更容易发展新的知识和洞察力，从而具有更强的组织学习能力。

5. 认知多样性与组织记忆能力

组织记忆是指那些存储于组织内部可以用于当前决策的信息。这些信息并非
集中存储于组织的某一单元，而是分布、保持于各不相同的组织存储介质。过去
的事件、承诺、目标、假设和行动等都存储在组织记忆中。高层管理者认知水平
的不同决定了以往的信息在他们之间的分布是不一致的，这种差异必定会导致与
决策有关的组织记忆问题。

第二十六章　组织免疫能力研究的理论贡献和创新

一、研究的理论创新

在研究视角方面，首次将认知理论引入组织免疫理论的研究。尽管国外有了大量对高层管理团队多样性的研究，但是已有研究或者集中在知识多样性，或者集中在认知多样性，从知识多样性和认知多样性两个角度来研究高管团队对组织结果影响的文献相对较少。同时，国内对于认知多样性的研究更是少见，本研究首次将组织后向智慧（知识）和组织前向智慧（认知）对组织的影响进行了分析，并从知识多样性和认知多样性两个侧面进行了探讨。

本研究提出了组织免疫能力的概念。组织免疫的前期研究关注了组织免疫的功能、结构、行为机制和组织免疫效能。本研究将组织免疫行为的能力基础系统化和深化，并且将组织免疫效能的概念一般化和具体化，对于组织免疫理论具有一定的发展。

二、研究的实践意义

组织可能面临各种各样的问题，或者无法及时发现对组织产生重大影响的关键问题，或者无法快速和准确地识别和解释环境的变化，对于变化的环境感到无法应对，或者经常在相同的问题上犯错误。要解决这些问题，需要组织关注和增强自身的免疫能力。

首先，组织免疫能力是一种系统的、动态的组织能力。它以人的动态免疫能力为基石，以相宜的制度和文化为保障，在组织的中枢、专职、周边免疫系统中孕育，在与各类危害企业健康的内外因素抗衡的过程中成长。组织免疫能力是组织免疫行为有效的潜在基础。组织免疫理论对如何整合企业内部互不相关、各自为政的风险控制、质量管理、审计、监事等职能，建立一个有效的防范体系有重要的指导意义。

其次，组织的中枢免疫系统对整个免疫系统的效用具有决定性影响。高层管理团队的知识和认知水平，既可能正确引导和激励专职和周边系统的免疫行为，也可能错误引导和抑制专职和周边系统的免疫行为。因此，企业要重视高管团队的知识多样性与认知多样性问题，保持与环境风险和自身复杂性相适宜的多样性水平，从而使组织能够从更多角度看待所面临的问题。但是，高管团队的人员结构过于多样也可能给组织带来不利的影响，所以要正确处理好高管团队多样性水平与组织免疫能力的关系。

参考文献

［1］Adler P.S., Kwon S. W. Social Capital：Prospects for a New Concept ［J］. The Academy of Management review，2002，27（1）：17–40.

［2］Aguilar F. J. Scanning the Business Environment ［M］. Macmillan, New York, NY, 1967.

［3］Amason A. C. Distinguishing the Effects of Functional and Dysfunctional Conflict on Strategic Decision Making：Resolving a Paradox for Top Management Teams ［J］. Academy of Management Journal，1996，39（1）：123–148.

［4］Argote L., McEvily B., Ray R. Managing Knowledge in Organizations：An Integrative Framework and Review of Emerging Themes［J］. Management Science，2003，49（4）：571–583.

［5］Argyris C., Schon D. Organizational Learning ［M］. Reading, Mass, Addison–Wesley, 1978.

［6］Bogner W.C., Barr P.S. Making Sense in Hypercompetitive Environments：A Cognitive Explanation for the Persistence of High Velocity Competition ［J］. Organization Science，2000，11（2）：212–226.

［7］Bourgeois L.J. III. Strategic Goals, Perceived Uncertainty, and Economic Performance in Volatile Environments［J］. Academy of Management Journal，1985（28）：548–573.

［8］Carson S., A. Madhok, R. Varman, G. John.Information Processing Moderatorsof the Effectiveness of Trust–based Governance in Interfirm R&D Collaboration ［J］. Organization Science, 2003（14）：45–56.

［9］Child J. Organization Structure, Environment, and Performance：The Role of Strategic Choice［J］. Sociology，1972（6）：1–22.

［10］Cho T.S., Hambrick D.C. Attention as the Mediator between Top Management Team Characteristics and Strategic Change：The Case of Airline Deregulation ［J］. Organization Science，2006，17（4）：453–469.

[11] Cockburn I.M., Henderson R.M. Absorptive Capacity, Coauthoring Behavior, and the Organization of Research in Drug Discovery [J]. The Journal of Industrial Economics, 1998, 46 (2): 157-182.

[12] Cohen Michale D., James G., March Johan P., Olsen A. Garbage can Model of Organizational Choice[J]. Administrative Science Quarterly, 1972, 17 (1): 1-25.

[13] Cohen W.M., Levinthal D. A. Absorptive Capacity: A New Perspective on Learning and Innovation[J]. Administrative Science Quarterly, 1990, 35: 128-152.

[14] Cramton C.D. The Mutual Knowledge Problem and Its Consequences for Dispersed Collaboration[J]. Organization Science, 2001 (12): 346-371.

[15] Cyert R. M., March J. G. A Behavioral Theory of the Firm [J]. Prentice Hall, Englewood Cliffs, NJ, 1963.

[16] Daft R. L., Sormunen J., Parks D. Chief Executive Scanning, Environmental Characteristics, and Company Performance: An Empirical Study[J]. Strategic Management Journal, 1988, 9 (2): 123-139.

[17] Daft R. L., Weick K. E. Toward of Model of Organizations as Interpretation System[J]. Academy of Management Review, 1984 (9): 284-195.

[18] Dahlin K.B., Weingart L.R., Hinds P. Team Diversity and Information Use [J]. Academy of Management Journal, 2005 (48): 1107-1123.

[19] Danneels E. Organizational Antecedents of Second -order Competences [J]. Strategic Management Journal, 2008 (29): 519-543.

[20] De Geus A. P. Planning as Learning [J]. Harvard business review, 1988, March-April: 70-74.

[21] Dutton J. E., Duncan R.B. The Influence of the Strategic Planning Process on Strategic Change[J]. Strategic Management Journal, 1987 (8): 103-116.

[22] Dutton J.E., Jackson S.E. Categorizing Strategic Issues: Links to Organizational Action [J]. Academy of Management Review, 1987, 12 (1): 76-90.

[23] Eisenhardt K.M. Making Fast Strategic Decisions in High -velocity Environments[J]. Academy of Management Journal, 1989 (32): 543-577.

[24] Ferrier W. J., Smith K. G., Grimm C. M. The Role of Competitive Action in Market Share Erosion and Industry Dethronement: A Study of Industry Leaders and Challengers [J]. Academy of Management Journal, 1999, 42 (4): 372-388.

[25] Fiol C.M., O'Connor E.J. Waking up! Mindfulness in the Face of Bandwagons[J]. Academy of Management Review, 2003 (28): 54-70.

[26] Gioia D., K. Chittipeddi. Sensemaking and Sensegiving in Strategic Change Initiation[J].

Strategic Management Journal, 1991（12）：433–448.

［27］Goodstein L.D., Pfeiffer J.W., Nolan T.M. Applied Strategic Planning: A Revised Model for Organizational Growthand Vitality［J］. In Strategic Planning: Selected Readings, PfeifferJ.W. (ed).Pfeiffer: San Diego, CA; ix–xxxix.1991.

［28］Hambrick D. C., Finkelstein S., Mooney A. Executive Job Demands: New Insights for Explaining Strategic Decisions and Leader Behaviors［J］. Academy of Management Review, 2005（30）：472–491.

［29］Hambrick D. C., Mason P. A.Upper Echelons: The Organization as A Reflection of Its Top Managers［J］. Academy of Management Review, 1984, 9（2）：193–206.

［30］Hitt M. A., Ireland R. D., Hoskisson R. E. Strategic Management: Competitiveness and Globalization（concept）［M］. South–Western College Publishing, 2001.

［31］Hodgkinson G.P., Healey M.P. Cognition in Organizations［J］. Annual Review of Psychology. 2008（59）：387–417.

［32］Huber G. P. Organizational Learning: The Contributing Processes and the Literatures［J］. Organization Science, 1991（2）：88–115.

［33］Jackson S.E., Brett J.F., SessaV.I., Cooper D.M., JulinJ. A., Peyronnin K. Some Differences Make a Difference: Individual Dissimilarity and Group Heterogeneity as Correlates of Recruitment, Promotions, and Turnover［J］. Journal of Applied Psychology, 1991（76）：675–689.

［34］Jehn K.A., Mannix E.A. The Dynamic Nature of Conflict: A Longitudinal Study of Intragroup Conflict and Group Performance. Academy of Management Journal, 2001（44）：238–251.

［35］Kabanoff B., Brown S. Knowledge Structures of Prospectors, Analyzers, and Defenders: Content, Structure, Stability, and Performance［J］. Strategic Management Journal, 2008, 29（2）：149–171.

［36］Kaplan S. Framing Contests: Strategy Making under Uncertainty［J］. Organization Science, 2008, 19（5）：729–752.

［37］Kilduff M., Angelmar R., Mehra A. Top Management–team Diversity and Firm Performance: Examining the Role of Cognitions［J］. Organization Science, 2000, 11（1）：021–034.

［38］Knight D., Durham C. C., Locke E. A.The Relationship of Team Goals, Incentives, and Efficacy to StrategicRisk, Tactical Implement, and Performance［J］. Academy of Management Journal, 2001, 44（2）：326–338.

［39］Lawrence P., Lorsch.Organization and Environment［M］. Homewood, IL: Irwin, 1967.

［40］Lee C., Lee K., Pennings J. M. Internal Capabilities, External Networks, and Performance: A Study on Technology–based Ventures［J］. Strategic Management Journal, 2001（22）：615–640.

[41] McGrath R. G. Exploratory Learning, Innovative Capability, and Managerial Oversight [J]. Academy of Management Journal, 2001, 44 (1): 118-131.

[42] McKinley Z. Rust. Sociocognitive Interpretation of Organizational Downsizing [J]. Academy of Management Review, 2000, 25 (1): 227-243.

[43] Meyers P.W. Non-linear Learning in Large Technological Firms: Period Four Implies Chaos[J]. Research Policy, 1990 (19): 97-115.

[44] Michel J.G., Hambrick D.G. Diversification Posture and Top Management Team Characteristics[J]. Academy of Management Journal, 1992 (35): 9-37.

[45] Milliken F. J., Martins L. L. Searching for Common Threads: Understanding the Multiple Effects of Diversity in Organizational Groups [J]. Academy of Management Review, 1996, 21 (2): 402-433.

[46] Mintzberg H. D., Raisinghani, A.Theoret. The Structure of "Unstructured" Decision Process[J]. Administrative Science Quarterly, 1976 (25): 465-499.

[47] Miles R.E., Snow C.C. Organizational Strategy, Structure, and Process [J]. New York: McGraw-Hill Book Co, 1978.

[48] Nadkarni S., Barr P.S. Environmental Context, Managerial Cognition, and Strategic Action: An Integrated View[J]. Strategic Management Journal, 2008 (29): 1395-1427.

[49] Nadkarni S., Narayanan V.K. Strategic Schemas, Strategic Flexibility, and Firm Performance: The Moderating Role of Industry Clockspeed [J]. Strategic Management Journal, 2007 (28): 243-270.

[50] Nelson R. R., Winter S. An Evolutionary Theory of Economic Change [M]. Cambridge, MA: Harvard University Press, 1982.

[51] Ocasio W. Towards an Attention-based View of the Firm [J]. Strategic Management Journal, 1997 (18): 187-206.

[52] Olivera F. Memory Systems in Organizations: An Empirical Investigation of Mechanisms for Knowledge Collection, Storage and Access [J]. Journal of Management Studies, 2000, 37 (6): 811-832.

[53] O'Reilly C. A., Tushman M. L. Ambidexterity as a Dynamic Capability: Resolving the Innovator's Dilemma[J]. Working Paper, 2007.

[54] Pfeffer J., Salancik C. R. The External Control of Organizations: A Resource Dependence Perspective [M]. New York: Harper & Row, 1978.

[55] Sharma S.Managerial Interpretations and Organizational Context as Predictors of Corporate Choice of Environmental Strategy[J]. Academy of Management Journal, 2000, 43 (4): 681-697.

[56] Simon H.A. Bounded Rationality and Organizational Learning [J]. Organization Science,

1991，2（1）：125-133.

［57］Stein E.W., Zwass V. Actualizing Organizational Memory with Information Systems［J］. Information Systems Research，1995，6（2）：85-117.

［58］Thomas J.B., Clark S.M., Gioia D. Strategic Sense-making and Organizational Performance：Linkages among Scanning, Interpretation, Action and Outcomes ［J］. Academy of Management Journal，1993（36）：239-270.

［59］Thomas J.B., McDaniel R.R. Interpreting Strategic Issues：Effects of Strategy and the Information-processing Structure of Top Management Teams ［J］. Academy of Management Journal，1990（33）：286-306.

［60］Van Knippenberg D., De Dreu C. K. W., Homan A. C. Work Group Diversity and Group Performance：An Integrative Model and Research Agenda ［J］. Journal of Applied Psychology，2004，89（6）：1008-1022.

［61］Van Knippenberg D., Schippers M.C. Work Group Diversity ［J］. Annual Review of Psychology，2007（58）：515-541.

［62］Walsh J. P., Ungson G. R. Organizational Memory ［J］. The Academy of Management Review，1991，16（1）：57-91.

［63］陈国权. 学习型组织的学习能力系统、学习导向人力资源管理系统及其相互关系研究［J］. 管理学报，2007，4（6）：719-728，747.

［64］陈国权. 组织与环境的关系及组织学习［J］. 管理科学学报，2001，4（5）：39-49.

［65］吕萍. 组织免疫行为和机制研究 ［D］. 清华大学博士学位论文，2008.

［66］苏晓阳. 企业免疫效能探析 ［D］. 清华大学硕士学位论文，2007.

［67］王以华，吕萍等. 组织免疫研究初探［J］. 科学学与科学技术管理，2006（6）：133-139.

［68］徐波. 企业免疫力研究初探［J］. 清华大学硕士学位论文，2005.

［69］杨震宁. 组织健康捍卫机制研究 ［D］. 清华大学博士学位论文，2009.

第八部分　效能篇[1]

---

① 本篇内容主要选自清华大学经济管理学院苏晓阳同学 2007 年的硕士学位论文《企业免疫效能探析》，由王以华教授指导完成。

第二十七章　组织免疫与免疫效能

日益复杂、动荡的环境给企业生存发展带来了空前严峻的挑战。如何使企业适应环境的复杂与变化，持续健康发展，是企业界和管理学界共同关注的问题。

当前，某些学者主张"以变应变"，不断变革和快速创新，认为只要比竞争对手的认知与反应速度快，组织就能生存发展；另一些学者主张组织学习，认为只要积累了别人不能效仿的核心资源与能力，组织就能持续发展。尽管这些理论在企业适应理论中的地位与贡献毋庸置疑，但很难解释以下现象和事实：在风险环境中，最灵活的中小企业依然大批死亡，大量多元化创新的企业陷入了困境，拥有核心资源与能力的企业处境艰难。

其实，理论和实践都已证明：组织的变革、创新、学习是把"双刃剑"，组织存在惯性力量，在发挥变革、创新、学习的正面作用适应环境时，要掌握合理的"度"，尊重组织自身的"极限"。

那么，什么理论能给企业适应理论以新的启迪呢？我们将眼光投向了医学免疫理论。众所周知，人的健康长寿与免疫系统密切相关。尽管免疫系统不能避免人的自然衰亡，但是在人的整个生命周期中，免疫系统能够抵御各种内外因素的侵害，捍卫其健康长寿。

管理学中的仿生研究已经取得了长足进步（如人工智能、神经网络、生态系统等），但医学免疫依然是被忽略的领域，而对该领域的初步研究给了我们许多惊喜和启迪。我们发现：生物免疫系统具有维持系统稳定与促进系统适应的双重作用；生物免疫功能必须"适度"，否则免疫"过度"或免疫"不足"都会导致疾病；生物免疫系统自身的严重疾病（如白血病）必然导致人的死亡，等等。

自然造化的免疫系统所包含的深刻哲理和启发深深吸引了我们，我们相信生物免疫系统对组织适应性理论的借鉴意义。于是，开始了我们的"组织免疫"研究之旅。

通过长时间的试探性研究，我们梳理了现有组织理论和战略管理理论的主要流派及其基本观点，如组织学习理论、组织变革理论、危机管理理论等，找出了现有理论的不足，并把医学免疫理论和复杂系统理论作为组织免疫理论的理论基础，奠定了组织免疫理论的交叉学科性质（如图 27-1 所示）。

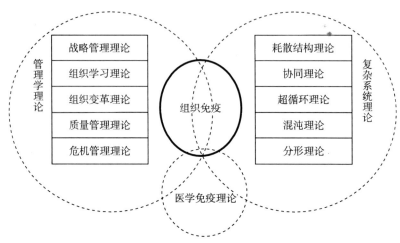

图 27-1　组织免疫理论的理论基础

到目前为止，组织免疫理论已经初步建立了自己的理论体系，在界定组织免疫、组织健康、组织异己等重要概念的基础上，探讨了组织免疫系统的结构、功能、应答方式、运行机制、影响因素，以及组织免疫系统演化与组织系统演化的关系。

本研究将在以往企业免疫理论研究的基础上，进一步从以组织异己，对异己的应答方式、机制、层次、分布，以及应答强度、频度、幅度等仿生概念为基础的免疫"新视角"出发，提出"企业免疫效能"的概念与相应的理论整合框架，探讨组织、环境、战略三者应如何相适匹配，以解决企业的健康运行、可持续发展这一"老"问题。

本研究希望通过新概念的提出与整合框架的构建，主要回答以下四个问题：

（1）衡量一个企业维持组织健康运行的能力，即企业免疫系统免疫能力的标准是什么？

（2）从企业免疫的过程来看，所谓企业免疫的适度性在组织、战略、环境三者相适的过程中可以通过哪些维度的哪些标准来衡量？

（3）企业组织要素、战略选择、生存环境的特征及其相适性与企业免疫的相关概念，如企业健康、组织异己，以及免疫系统的结构、功能、应答方式、运行机制、免疫强度等有哪些逻辑联系与影响关系？

（4）从免疫的视角看组织、战略、环境的相适关系可以给企业管理实践带来哪些启示？

第二十八章　企业免疫效能的概念

第一节　企业健康与组织异己

一、企业健康的衡量维度

人体健康表现为人体躯干、心理、社会适应和道德素质对外部环境的适应性表现，并且在医学领域的研究有临床医学和病理研究之分。临床医学注重研究病人的外部症状，对症下药；而病理研究重视病因形成的细胞运行机制。

Knott 和 Neilson（2006）在 *Ivey Business Journal* 上发表的《组织决策：基于组织的 DNA》一文，从组织的 DNA 角度研究了组织健康问题。他们认为组织不健康（Unhealthy Profiles）的 DNA 包括组织被动性选择（Passive-aggressive）、组织管理过度（Over-managed）、组织过度膨胀（Outgrown）和早期适应性（Fits and Starts）不良；而组织健康（Healthy Profiles）的 DNA 包括组织的精确性和适时性（Just-in-time）、战略精确度（Military Precision）和组织韧性（Resilient）（如图 28-1 所示）。

企业作为社会有机体的一种形态，具有和自然有机体相似的一些特征，如企业在与环境进行信息、物质、能量的交换过程中，不断追求成长，并自觉对外界环境发生反应，有出生及死亡的生命周期，表现出与生命相似的行为特征，因此，在企业与其所处的外部环境不断地进行物质、信息、能量交换和新陈代谢的过程中，也会有类似生物体健康或疾病的表现。企业组织作为一个人造系统，必然存在着系统组织与外界环境相适应的最佳运行状态，即企业的健康状态。

按照系统论的观点，任何人造系统都具有目的性、相关性、集合性、环境适

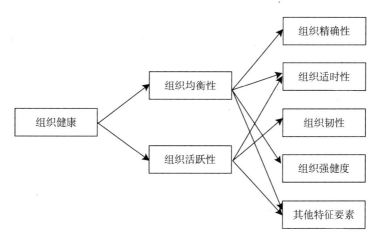

图 28-1 组织健康特征因素的高阶因子分解模型

应性四大特征。企业作为一个投入产出系统，只有持续不断地投入产出、新陈代谢、吐故纳新、变革创新，才具有生命力。一旦循环过程中断，就意味着企业陷入了困境或者面临倒闭。我们将这种特征称作系统的活跃性。按照"适者生存"的基本法则，企业系统能否生存下来，取决于其输出效率与效果，以及决定输出结果的输入要素和转换过程是否适合外部环境的要求。系统的上述四个特征不是孤立割裂的，系统的目的性、相关性、集合性必须与系统的适应性彼此协调。我们将这种特征称作系统的均衡性。活跃性和均衡性是系统健康的重要标志，二者互相促进，不可偏废。因此，组织健康是建立在目的性、相关性、集合性、适应性基础上的系统均衡性与活跃性。该概念如图 28-2 所示。

衡量企业健康的两个维度

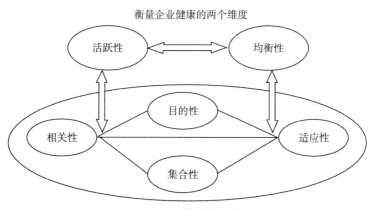

图 28-2 组织健康的概念分解

二、衡量企业健康的标准

企业健康的标准是企业系统的运行状态，即目的性、集合性、相关性、适应性所表现出的活跃度和均衡度要与企业所处的外部环境、内部条件相匹配，即企业系统的适度活跃与适度均衡。组织适度的活跃性保证了组织的开放性，使组织具备外部识别的敏感性，可以与外部环境进行功能正常的能量交换，因而这种活跃性保证了组织能从低级有序状态经历无序状态而跨越到高级有序状态，即组织活跃性是组织成长性的保障；组织适度的均衡性保证了组织的稳定成长和自适应调节。企业系统的活跃性、均衡性具有辩证的关系。在企业的各个发展阶段，这对矛盾的关系不断转化，或者以均衡为主，或者以活跃为主。

企业系统的活跃状态可以划分为三类：活跃适度即成长、活跃过度即亢奋、活跃不足即衰竭，后两种状态均不合理。企业系统的均衡状态也可以划分为三类：均衡适度即协调、均衡过度即僵化、均衡不足即失衡，后两种情况均不合理。一个适度均衡、活跃的企业系统将不断进步、不断升级，不断成长；反之，企业系统的进步、升级与成长将遭遇困难。

如表28-1所示，根据组织健康的均衡性和活跃性两个维度，可将企业组织划分为九种不同的状态。企业组织追求的是与内外部环境相适应的状态5，即适度均衡与适度活跃的健康成长状态。其他八类状态都属于系统的非健康状态。

表 28-1　组织免疫的九种状态

	均衡不足（失衡）	均衡适度（协调）	均衡过度（僵化）
活跃不足（衰竭）	1 失衡衰竭 （残缺衰亡）	2 协调衰竭 （正常衰亡）	3 僵化衰竭 （系统衰亡）
活跃适度（成长）	4 失衡成长 （系统残缺）	5 协调成长 （健康成长）	6 僵化成长 （缓慢成长）
活跃过度（亢奋）	7 失衡亢奋 （系统混乱）	8 协调亢奋 （波动成长）	9 僵化亢奋 （危机爆发）

三、组织异己与企业健康的关系

企业作为一个开放系统，具有高度的开放性。这也决定了企业系统在运行中必然会受到来自内外部扰动因素的影响。而这些扰动的作用效果是使企业系统偏离其原本所处的运行状态，即改变企业系统运行的活跃性和均衡性。

参照自然免疫对免疫客体的定义，我们将这种对企业自身运行状态产生影响和扰动的内外部因素定义为企业的组织异己（Organization Non-self）。

对组织异己的划分有两个维度：从企业组织的边界看，可以分为内部异己和外部异己；从异己对企业组织的利害关系看，可以分为有益异己和有害异己。

外部异己主要指企业边界外部影响企业均衡性和活跃性的因素，例如：①政治、法律环境的改变；②经济环境的改变，如供求关系、贸易形势的变化；③技术进步和创新；④竞争对手采取新的战略，如降价、促销等；⑤供应商采取新的战略；⑥消费者需求偏好、消费习惯、文化价值观的改变；⑦意外灾害和机会等。奠定了组织免疫理论的交叉学科性质，如图 28-3 所示。

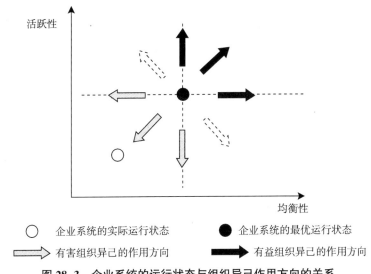

图 28-3 企业系统的运行状态与组织异己作用方向的关系

图 28-4 在上述两个维度的界定下对异己进行了细分：内部的有益异己是组织的创新力量，能够打破常规和组织惯例，促进企业的活跃性；外部的有益异己可以看作资源和机会，有利于企业保持活跃性和均衡性；内部的有害异己如同人体的肿瘤，阻碍企业组织的均衡性与活跃性，甚至使企业消亡；外部的有害异己指来自环境对企业组织的冲击，如同侵害人体的病毒。组织免疫关注的更多是维护企业的健康，然后才是企业的创新发展和核心竞争力的形成。

对组织"有害异己"的识别与应对是非常复杂的问题，对人类的认识和处理能力提出了严峻的挑战。组织是众多人的集合，人是组织系统中最具创造力、能动性、凝聚力的因素，同时又是最具破坏力、消极性与涣散力的因素，人的思想与行为带有不确定性，难以控制，这些特征增加了企业免疫识别与应对异己的难度。

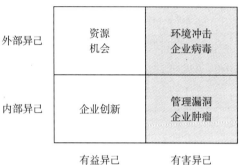

图 28-4　企业组织的异己

第二节　企业免疫状态

一、免疫理想状态——企业的客观需求

免疫理想状态的概念，是从企业的组织行为应与其生存环境相适应这一基本认识演绎而来。为提出企业免疫理想状态的概念，首先回顾一下组织理论与战略管理领域对企业生存环境与组织之间关系的相关论述。

早在 1938 年，巴纳德在其《经理人员的职能》中，就从组织与协作理论的角度，提出了"组织行为可以看作是对环境条件的反应"，组织的存在取决于协作系统平衡的维持。这种平衡开始时是组织内部的，是各种要素之间的比例，但最终和基本的是协作系统同整个外界环境的平衡。1966 年，本尼斯在《组织发展与官制体系的命运》中提出，由于环境的复杂程度急剧增长，企业不再能随心所欲地取得成功，被迫开始系统化地研究环境所能提供的机会，否则就无法实现组织的目标。他认为，未来的组织是"有机性—适应性"结构，以解决组织适应环境的问题。1979 年，卡斯特、罗森茨韦克在《组织与管理：系统方法与权变方法》中，运用系统观念和权变观念，研究组织及其管理问题，认为组织是个开放系统，每个组织都是一个环境分系统。现代社会中的环境正变得越来越复杂和不确定，未来的组织将更受外界力量的影响，组织必须不断地适应环境。管理者必须把各个子系统以及它们在具体环境中的活动结合起来，并加以平衡。雷恩在《管理思想的演变》中则更明确地指出：随着管理思想的各种学派日益增多，对管理环境的意识在日益加强。管理既是环境的产物，又是环境中的一个过程。

在战略理论和企业生态学理论中对企业与环境的关系的认识上，目前主要存在三种观点：环境决定论（Environment Determinism）、战略适应论（Strategic Adaptation）和战略选择论（Strategic Choice）。持环境决定论的种群生态学（Population Ecology）学者们套用生物学中的"变异—选择—保留"模式，将是否适应环境作为企业的最终检验，认为适者生存是最高法则。战略适应论则从权变的视角，认为企业可以根据环境的变化做出相应的组织结构上的调整。战略选择论更重视战略选择的作用，并把它视为一个受到多方面因素影响的过程。但这种选择是在既定环境下的选择，或者说是对现实环境的利用。

虽然不同的理论学派之间视角不同、观点各异，但针对企业与环境的关系问题，大部分理论学派在以下方面依然存在一定的共识，即企业选择受到多个来自外部环境的压力因素的制约，企业的生存取决于对外部需求和期望的回应，企业必须适应环境的需求。

由以上论述我们可以看出，企业所面对的不同复杂程度、稳定程度的生存环境和自身的战略选择要求企业的免疫应答状态与之相适应，而这种需求可以被理解为对企业免疫理想状态的一种客观需求。

"需求"是任何生物及有机组织最基本的特征。不管是人、动物、植物还是企业，都不可避免地产生与其生存目标一致的需求。动植物有维持新陈代谢、维护种群繁衍的需求；人类的需要则更为丰富，马斯洛早就提出了五种层次的需要，即生理需要、安全需要、社交和情感需要、自尊需要、自我实现需要。

在哲学意义上，需求作为一般的范畴，表明了有机物、人和整个社会的一种特殊状态，即摄取状态，这种状态就是它们生存和发展的客观根据和各种积极形式的来源。Steven P. Robins 在其 1997 年所著的《组织行为学》一书中，对需求作了这样的描述："需求在我们的专业术语中意味着使特定的结果具有吸引力的某种内部状态。"

本研究认为，在企业维护和追求其健康运行状态这一组织目标的驱动下，企业存在着一种对自身免疫理想状态的"摄取状态"。

根据前文对组织健康、组织异己及免疫效能的阐述，本研究将企业对自身免疫理想状态的"摄取"需求定义为：

企业系统为追求或维持健康的运行状态（适度均衡、适度活跃），应对内外部具有潜在威胁的或已产生实际破坏的有害异己，而对企业免疫系统的免疫理想状态产生需求。面临不同的内外部生存环境的企业对免疫系统理想状态的需求明显不同，即免疫系统的免疫理想状态与企业所面临的内外部环境及企业已做出的战略选择相适应。企业免疫系统的理想状态可以分别表征为企业免疫系统的理想质态与理想量态。企业免疫系统的实际状态可以分别表征为企业免疫系统的实际质态与实际量态。

二、免疫实际状态——企业的主观局限

根据上述对企业的免疫理想状态的界定，可以得知企业的免疫理想状态实际由企业所面临的内外生存环境所决定。对于一个企业来说，这一理想免疫状态会随着企业所处的组织外部环境、组织内部条件及企业自身的战略选择的变化而变化。

与企业的理想免疫状态的客观性相对，企业的免疫系统是人工打造的，免疫系统的实际状态具有现实性和局限性。在组织理论中，生存环境不确定性的一个方面的表述正是从组织对环境认知的局限性方面来定义的。组织理论及其相关问题的研究对"生存环境不确定性"最为通常的三种定义是：①没有能力对将来事件的可能性赋概率值（Duncan，1972）；②缺乏有关因果关系的信息（Lawrence et al.，1986）；③没有能力精确预测一项决策的结果（Hickson et al.，1971）。

由于企业的免疫系统不具有自然免疫系统与生俱来的相对完美性，所以企业的实际免疫状态并不能保证绝对完美地满足企业对免疫理想状态的需要，即达到免疫理想质态与免疫理想量态。因此，从某种程度上，对企业的实际免疫状态来说，企业的理想免疫状态是企业免疫系统优劣的判别标准和追求目标，是企业完善自身免疫系统、调整战略选择的参照物。

企业的实际免疫状态则是企业免疫系统通过认知、防御、记忆等动态机制，为企业运行系统提供免疫效能的输出。由于实际免疫状态是人造系统的产物，因此有其自身的局限性，这种局限性既由于对其自身内外部生存环境的不完全认知，也由于企业本身的资源、能力及组织结构的局限。

体现企业实际免疫状态局限性的另一个方面是企业免疫系统作为一个人造系

统，与自然免疫系统相比，在结构、要素、层次以及功能上具有局限性。

对于生物组织和社会组织之间的相似点和不同点，斯宾塞做过具体的归纳比较，指出了两者的相似点和不同点。相似点包括：都有一个发育与成长过程；随着规模扩大，其结构也在增加；结构的分化伴随着功能的分化；分化的结构和功能要求组织通过相互依赖实现整合；结构本身是个整体；各个子系统有微结构。而不同点包括：在结构连接上，社会组织比生物组织相对分散；社会组织的内部联系依赖于符号和语言；社会组织是由人类自己设计、制造的，而生物组织是自然形成的；社会组织的每个细胞（个人）都有独立意识，而生物组织的细胞不具有独立意识。

此外，自然免疫系统的构建经历了上亿年的物竞天择，如今发展到今天生存下来的适者已经在结构、要素、功能、层次等各个维度上与生物体的内外部环境完美适应，因此，自然免疫系统可以被看作是已达到免疫的理想状态，这种理想状态在自然界中表现为一种常态；而人造免疫系统则是由人一手建立的，某种程度上是随机的、多样的，由于受到建立者思维意识、对内外部环境认知以及对环境变化反应滞后的局限，人造免疫系统是不理想的，而这种不理想状态在社会环境中表现为一种常态。

在以往对企业免疫系统的研究中，研究者提出了生物免疫特征与组织免疫特征在形成与发展、意识性、边界、分割四个维度上的区别，具体如表28-2所示。

表28-2　生物免疫特征与组织免疫特征的区别研究

	生物免疫特征	组织免疫特征
形成与发展	·自然形成	·人工创造
	·免疫系统结构天生完整，伴随生物体的生命周期，基本稳定	·免疫系统结构的早期设计可能不完善，需要伴随组织的寿命周期，不断完善
	·非特异免疫能力与生俱来	·非特异免疫能力不一定与生俱来
	·特异免疫能力在"异己"的刺激下后天形成并不断沉淀	·特异免疫能力首先与免疫系统设计有关，然后与免疫行为的不断沉淀有关
	·伴随非特异、特异免疫反应与逐渐沉淀的组织记忆，生命体的综合免疫能力不断增强	·伴随非特异、特异免疫反应与逐渐沉淀的组织记忆，生命体的综合免疫能力不断增强
	·生物免疫的记忆沉淀具有稳定性、内在积累性、遗传外溢性	·组织免疫的记忆沉淀不一定具有稳定性、内在积累性，其外溢可能超出组织遗传和组织边界，并且未必能够遗传

	生物免疫特征	组织免疫特征
意识性	·无中枢指挥	·有中枢指挥
	·无意识的行为场	·有意识的行为场
	·网络化、扁平化的复杂动态演化系统	·网络化、层级化的复杂动态演化系统
	·免疫分工协作关系与免疫行为高度精确化	·免疫分工协作关系与免疫行为受理性和非理性因素干扰
边界	·肌体免疫系统不能超越生命体	·组织免疫系统可以超越组织边界，如聘请律师、会计师、顾问等
	·肌体免疫系统完全依附并镶嵌于生命体，完全独立于环境	·组织免疫系统部分依附并镶嵌于组织 ·组织免疫系统部分依附并镶嵌于环境
分割	·肌体免疫系统不能分割	·组织免疫系统可以部分分割（如审计外包）

　　根据以上论述，对于企业免疫系统这样一个人造系统来说，面对变幻莫测的环境因素，实际免疫状态的局限性理应是一种常态，而企业免疫的理想状态从长期来看可能永远是一个可以趋近但却无法达到的极限。

三、企业免疫状态的质态与量态划分

　　客观存在的一切事物都是质态和量态的统一体。任何事物都具有质态和量态两种规定性。因此，企业免疫系统的运行状态也必然存在质态与量态的两维划分。

　　在哲学范畴的界定中，所谓质态，就是某一事物区别于其他事物的规定性，它表明了该事物是一个确定的存在，即该事物是什么、怎么样，以及何时何地、以何种方式存在。质态是事物内在的规定性，但通过事物的具体特性外在地表现出来。所谓量态，就是表示有关事物的构成或某些性能的等级、程度、规模、范围等可以用数量表示的规定性。尽管质态和量态是两种不同的规定性，但它们不是独立存在的两类现象，而是既相互区别、相互对立，又相互联系、相互依赖。一方面，质态依赖于量态，通过量态才能获得其现实的存在；另一方面，事物的质态规定事物的量态，质态的存在是量态存在的基础，质态制约着量态，规定着量态的变化方向和范围，任何一种特定的质态，都要求有一个确定范围的量态与其相适应。以下归纳了量态与质态既相互区别又相互统一的辩证关系：

第一，量态与质态是相互区别的。在时空层次确定、对象是单一存在的情况下，质态是事物作为整体存在的区别于其他事物的规定性，而量态是事物作为局部及关系存在的规定性，它们各自描述事物的不同侧面。

第二，量态与质态是相互统一的。事物都是量态与质态的统一体。量态与质态是同一事物不可分割的两个方面。质态是量态的综合及表现，质态是一定量态的质态；量态又是质态的基础，量态是分解了的质态，量态是特定质态的量态。当我们将事物当成一个整体对象的时候，它所表现出来的规定性，对外表现为功能、方式、分布、层次等属性，就是事物的质态。当我们将事物看成局部的组合，看成多个要素的数量关系时，它所表现出来的规定性就是事物的量态。由于事物的整体与组成它的局部是不可分割的，所以对应事物的量态与质态的规定性也是不可分割的。

根据以上对一般事物在哲学层面的划分，我们同样可以找到免疫系统免疫状态的两维划分，即免疫状态的质态与量态。

企业免疫系统免疫状态的质态可以归结为免疫的应答方式、功能、层次以及分布等结构属性，而企业免疫状态的量态可以归结为免疫的强度、敏感度、规模范围等数量属性。企业免疫系统的免疫状态是其质态与量态的综合及表现。

免疫状态的具体划分如图 28-5 所示。

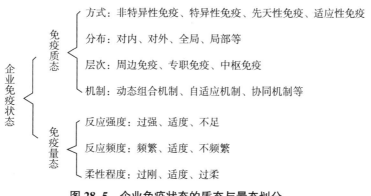

图 28-5　企业免疫状态的质态与量态划分

第三节　企业免疫效能的概念提出与性质假设

一、企业免疫系统的免疫效能的概念提出

绩效是一种整体的概念，可以代表组织运作的最终结果。绩效分析的层次包含了个人、群体（单位）、组织及社会。衡量绩效的时间架构分成短、中、长期，绩效的衡量也有主观、客观与定量、定性之分。绩效作为一个整体的概念，表现了一个组织活动的结果，而效率与效能则可视为绩效的组成元素。任何组织都有其欲追求的目标与使命，由于评估目的不同，因此在衡量不同企业或组织的绩效时，所选取的准则也因组织特性与注重要素而异。

衡量一个组织或一个系统的绩效实际上包含了全面性之考量，亦即必须将效率与效能加以分析并深入探讨。德鲁克认为，效能为成功的根源，亦即"做对的事情"（Doing the Right Thing）；效率则是把目前正在进行的任务做得更好，即"把事情做好"（Doing Things Right）。德鲁克认为，一个成功的企业也可能存在着无效率。然而效能与组织目标存在着密切的关系，故不同的组织可能对效能的贡献方向有着不同的要求。

罗宾斯也认为，效能是追求组织目标之达成；效率则在于强调投入与产出之间的关系，同时寻求资源耗费之最小化。但在资源有限理论下，效率问题更为管理阶层所重视，然而效率与效能两者之间具有相互关联的关系。当管理者以一定的投入而欲生产更多的产出，或产出固定而希望减少投入的资源时，我们称为有效率；当管理者达成组织所设定的目标时，我们则称为有效能。所以效率着重于方法的使用，而效能则为结果的衡量。因此，管理者除了考虑如何达成组织目标外，如图28-6所示，尚需注意到用以达成目标的方法是否更有效率。

对于企业来说，维持或追求一个健康的运行状态即适度活跃与适度均衡，是一个企业在生命发展周期的任何一个阶段都具有的组织目标。另外，根据以上对企业健康与组织异己的论述，我们可以判定虽然企业系统在客观上存在着与其内外部环境相适应的最优运行状态，但现实的情况是企业系统不得不面临内外部有害异己的实际危害或潜在威胁。而企业免疫系统的根本作用正是通过在

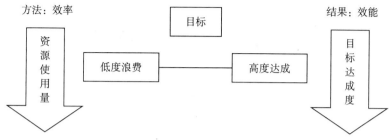

图 28-6　效率与效能的区别

企业内部输出免疫效能来有效地防御、消除这些有害异己的实际危害和潜在威胁，从而保证企业追求或保持与当前外部环境和内部条件相适应的系统最优运行状态。

企业组织免疫系统通过组织认知、组织防御、组织记忆的动态机制对组织产生影响，在行为结果上表现为对组织有害异己进行了防御和消除，从而实现企业维护自身健康的组织目标。企业免疫作为旨在实现这一组织目标的行为过程，必然存在该目标的达成度，即可以将这一达成度描述为企业的免疫效能，具体定义为：企业对破坏或潜在威胁组织健康状态的组织有害异己进行防御和消除的有效程度。

二、企业免疫效能的双向决定性

通过以上的论述可以看出，企业免疫的理想状态因企业所处生存环境的不同而不同，即面对不同环境的企业实际免疫状态的相对最优标准不同。这也就是说，企业免疫的理想状态是衡量企业免疫效能的一把来自客观层面的尺子，每一把尺子的刻度因企业所处的内外部环境而异、因时间而异、因空间而异，即为企业免疫效能的度量提供了一个相对标准，而不是绝对标准。因此，我们在这里把对免疫效能的衡量细化为对免疫实际状态与其理想状态接近程度的衡量，即企业免疫效能以达成度的形式表现。企业与企业之间免疫系统的实际质态和量态不具有绝对可比性，只具有相对可比性。

比如一家商业银行对组织有害异己的警觉与防范程度绝对要高于一家广告公司，但不能说商业银行实际的免疫状态就比广告公司的实际免疫状态更好，因为两者所处的行业环境不同，面对着不同复杂程度、危害程度的有害异己，因此两家企业的免疫标准，即理想免疫状态不同。因此，我们只能通过两家企业免疫实际状态与其理想状态的接近程度来判断两家企业的免疫系统的优劣。而免疫效能的衡量维度正是对于目标达成程度的衡量，是由企业免疫的理想状态和实际状态双向决定的（如图 28-7 所示）。

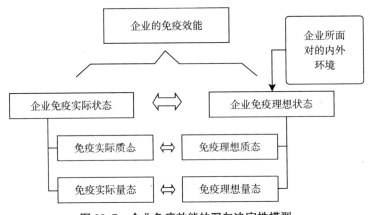

图 28-7　企业免疫效能的双向决定性模型

按照对企业免疫状态质态维度和量态维度的划分，又可以将企业的免疫实际状态和理想状态的趋近程度描述为免疫实际质态对免疫理想质态及免疫实际量态与免疫理想量态的趋近程度的综合效应，对此，不妨在把这一综合过程理解为一个加权平均。而根据前文对环境不确定性与组织异己显著特征和企业免疫理想状态显著需求的对应关系的描述，则可以推论得出企业免疫质态趋近度与量态趋近度的权重系数由企业所处不同环境的动荡程度与复杂程度的相对显著性关系来决定，即如果企业生存环境的动荡性更强，则企业免疫量态的趋近度对免疫效能的影响权重更大；如果企业生存环境的复杂性更强，则企业免疫质态的趋近度对免疫效能的影响权重更大。

根据以上论述，可以得出以下假设：

（1）企业的免疫效能由企业免疫的实际状态与企业免疫的理想状态的趋近程度决定，两者的趋近度越高，则企业的免疫效能越高。

（2）在企业免疫理想状态不变的情况下，当企业免疫的实际状态越趋近于理想状态，则免疫效能值越高。

（3）在企业免疫实际状态不变的情况下，当企业免疫的理想状态越远离实际状态，则免疫效能值越低。

三、企业免疫效能的作用极限性

根据前文所述，企业免疫系统的免疫效能的大小标志着企业免疫系统对企图破坏组织健康的有害异己进行识别、防御以及记忆的达成度。而问题是，是不是企业将所有有害异己完美地防御住就可以基业长青，永续发展？本研究认为，企业免疫效能对企业持续生存与发展的贡献度存在极限。

首先，企业免疫系统的功能属性决定免疫效能的作用极限性。企业免疫效能的极限最多只能保证企业系统有一个理想运行状态，不能保证企业系统具有一个理想的输出结果，即企业维持自身系统健康运行状态的能力大小只是企业能够生存的必要条件，而不是充分条件。从企业核心竞争力的视角来看，企业的免疫效能只能增大企业具有核心竞争力的可能性，而本身并不能衍生企业的核心竞争力，企业免疫系统只是企业生存与发展的保障系统，而不是动力系统，并不决定企业生存与否、发展与否。

其次，企业免疫系统可支配资源的极限性决定其自身的极限性。企业免疫系统的支配力最多只能限制在组织内部的范畴，而对于组织外部的影响与支配能力即使存在也有其局限性。这样就决定了企业所遭受到的有害异己的攻击一部分是自己可以利用支配力控制并有效防御的，而也必然存在一部分有害异己的攻击是企业免疫系统的支配能力所不可控制和无能力防御的。比如当一个国家遭遇战争、政治危机、经济危机等不可抗力的时候，企业的自身免疫效能高还是低已经不足以左右企业是否能继续生存下去，这就如同人有正常病故和意外死亡一样，当一些有害异己的发生概率不由企业控制的时候，当一些有害异己的破坏力大到超过企业所拥有的资源与条件所承受的极限的时候，企业免疫系统效能的大小已然对企业维系生存没有了贡献。

最后，企业免疫系统的人造主观性决定了其自身的极限性。相对于生物免疫系统历经亿万年进化过程后形成的完美特性，人工打造的企业免疫系统的实际状态具有无法回避的现实局限性。这种局限性表现在企业免疫的功能、结构、要素以及层次等各个维度上。因此，不具有自然免疫系统与生俱来的相对完美性的企业免疫系统，并不能保证绝对完美地满足企业对免疫理想状态的需要，即达到免疫理想质态与免疫理想量态。因此在某种程度上，企业的实际免疫状态永远无法达到企业的理想免疫状态，即实际上企业的免疫效能存在着相对值的极限值。

综上，本研究认为，企业免疫效能对维持企业生存与发展的贡献存在着极限。企业免疫效能是企业维持生存与持续发展的必要条件，但不是充分条件。企业免疫效能对企业的生存与发展只起到保障作用，不起决定作用。企业免疫效能对企业维系生存与持续成长的贡献度存在极限。

第二十九章　企业生存环境与企业免疫效能的关系探析

第一节　企业生存环境的不确定性特征

一、企业生存环境的空间维度界定

不同专家从不同的角度对企业生存环境有不同的描述和定义。著名的组织理论学家霍尔（Hall，1991）认为，组织的环境"对所研究的组织（群体）来说，是外在的且有着潜在的或实际影响的所有现象"。其定义虽然宽泛，但也突出了环境的影响特性，使企业组织的环境范围能得到有效的控制。美国学者达夫特（Daft，1995）在其《组织理论和设计》中对生存环境给出了新的描述："生存环境是存在于组织边界以外的全部要素，它们对组织的部门或全体有着影响的潜力。"

目前，理论界对企业环境的界定存在着各种各样的方式。有的以时间为基准，从过去、现在和未来三个角度描述；有的以空间为基准，从宏观、中观和微观三个层面分析。管理学文献将环境分为一般性环境和具体性环境：一般性环境是指具有普遍意义的因素，主要包括社会、政治、经济、技术、经济全球化等方面，它们对企业组织产生影响和作用的机制处于潜在和间接状态，具有宏观性；具体性环境（微观环境）是指具有特定含义和特殊意义的因素，主要包括竞争对手、客户、供应商、公众压力等，它们对组织的影响和作用是直接、持续的，具有微观性。

此外，还有的学者提出，企业环境又可以分为外部环境和内部环境。加雷思·琼斯在《当代管理学》中说："一些管理理论也指出了管理者必须理解和把握另外一种环境——内部环境。内部环境包括企业中来源于企业组织结构与文化的各种力量。虽然任务环境、一般环境与内部环境是相互关联、相互影响的，但我们在这里将主要讨论任务环境和一般环境。"Daft 在《管理学》一书中也提出了"需要注意，组织还有其内部环境，它是由那些处于组织内部的要素所构成的"。但实际上，他对内部环境的分析，着重于组织文化方面。乔治·斯蒂纳在《企业、政府与社会》一书中，提出了"企业内部环境中的利益相关方"图式，即把雇员、经理、所有者、董事会作为企业内部环境进行了分析。

在近几年对企业环境不确定性的来源进行论述的文献中，环境已经不仅是组织外部环境的代名词，组织内部环境同样也具有不确定性。早期 Duncan 的研究已经揭示了这一点，但并没有对后期的研究者产生重要的影响，最新研究重新加强了对组织内部环境的关注。Priem（2001）在对企业环境不确定性的研究中，将其所列举的人力资源和生产成本因素都看作企业生存环境的一个组成。在 Priem 的研究中所出现的人力资源具体包含了五个因素：员工离职、高级经理人改变、熟练的劳动力、教育水平、技术退化。

本研究认为，对于本研究的研究对象——企业免疫系统来说，企业的内部环境是与其相互作用、相互联系、相互影响的子系统，也是企业这一行为主体所赖以生存和发展的活动空间，同样具有要素、结构、层次等系统最基本的特征，且其中既有有形的条件，又有无形的氛围，是有形与无形、物质与精神、实体与氛围的有机统一体。

因此，为了使本研究的逻辑更为严谨，本研究所界定的企业生存环境既包括企业所处的外部环境也包括企业的内部环境。

二、企业生存环境的不确定性

在组织理论与战略理论的研究中，不确定性是一个重要概念，尤其是在解释组织与环境之间的关系上。不确定性作为生存环境的一个重要特征，对组织决策、战略选择、组织结构设计、激励体系、信息系统和会计系统设计等具有最重要的影响，因此，在研究企业免疫系统时当然也要对企业环境的不确定性进行深入的研究综述与探讨。Thompson 曾在他的经典著作 Organizations in Action 中断言，不确定问题是高级管理者必须应对的一个基本问题（Thompson，1967）。在四十多年的发展历史中，不确定性问题，尤其是企业环境的不确定性已经成为组织理论中的一个重要研究分支。与此同时，在现实世界中，基于信息技术的新的管理理念使企业所面临的环境、企业自身的管理活动发生了巨大的变化，而变化带来了更高的不确定性。

"环境不确定性"的定义和使用在组织理论的研究过程中曾经经历了"巨大的矛盾"（Milliken，1987）。Milliken 所指的"矛盾"是指"环境不确定性"的概念既被用作描述生存环境的状态，又被用作描述人的一种缺少有关环境的关键信息的状态。前者意味着我们有可能根据客观不确定性的实际来刻画环境，后者意味着环境的不确定性是一种目睹者眼中的知觉现象（Huber et al.，1975）。这揭示了学者们在对环境不确定性进行研究时所无法回避和割裂的"不确定性"的两重性。正如 Milliken 本人所言：对于"环境的不确定性"而言，大多数情况下它都好像被定义为一种知觉现象，而当它被用来详细说明人们所经历的不确定性的本质时，却又脱离了这层（知觉现象）意义（Milliken，1987）。但他同时认为，这并不表明主观不确定性和客观不确定性因素之间就存在一一对应关系，这是因为：知觉是情境因素的函数，由于认知推理能力的有限，我们感知的现实和客观的现实是不同的。

后来的研究者对不确定性概念的界定，加深了人们对环境不确定性概念的认识。不确定性不是一个一维的概念，而应被看作一个多维概念，或者一个启发式的结构。不确定性包含了事物多方面的特征与属性，例如，在研究环境的不确定性时，不确定性应包括：任务环境、一般的市场背景、规制环境、与激励和文化困境相联系的社会因素。Priem 等（2001）结合字典和经济学的定义，将环境的不确定性界定为不可预测的变化，这其中包含了决策研究中与不确定性相区分的风险和模糊性（Priem 等，2001），在此环境不确定性的动态性得到了关注。这些对不确定性概念的发展虽然并没有脱离 Milliken 的总结，但却把人们对生存环境不确定性的认识推向成熟。

三、评估企业生存环境不确定性的两维划分

从研究者对企业环境不确定性给出的定义中，我们不难发现：在对企业生存环境不确定性程度的评估度量中，难以用概率表示、缺乏因果关系、无法预知结果是不确定性事件的特征。这些都为人们能够合理地度量环境不确定性设置了障碍。但是，在环境的不确定性对组织行为影响的理论与实证研究中，作为自变量的环境不确定性必须通过合理的变量加以度量，因此，研究者们在对环境不确定性的度量上进行了许多尝试与总结。

生存环境的变化性、可预测性、复杂性、重要性都曾被研究者们用来度量生存环境的不确定性程度。其中，以 Duncan（1972）、Child（1972）、Daft（1995）的变化性—复杂性两维划分模型最为广泛接受和引用，并在此框架下根据研究问题的实际衍生出了一些更加容易度量的变量，因而大量的实证研究在验证并遵循这样的研究维度。

据此，我们可以按照 Duncan、Daft 等人对环境不确定性的划分模型，从变化性和复杂性这两个维度描述环境的不确定性，分别为：从动态变化的角度将环境描述为稳定的和不稳定的，从静态的角度将环境描述为简单的和复杂的。简单是指环境中影响因素数量少，而且因素间的关系比较简单；复杂是指环境中有大量的异己，而且异己与企业间的关系是复杂的，一般是非线性的。变化性和复杂性导致了环境的不确定性。Duncan（1972）将动态的稳定—不稳定与静态的简单—复杂两个方面结合起来评估环境的不确定性，构成四种不同的环境类型，如表 29-1 所示。

表 29-1　评估环境不确定性的框架

		环境的复杂性	
		简单	复杂
环境的变化性	稳定	1. 低度不确定性 （1）外部环境要素少且相似 （2）要素维持不变或缓慢变化	2. 低—中度不确定性 （1）大量外部环境要素且要素不相似 （2）要素维持不变或缓慢变化
	不稳定	3. 高—中度不确定性 （1）大量外部环境要素，且要素相似 （2）要素常变化且不可预测	4. 高度不确定性 （1）大量外部环境要素且要素不相似 （2）要素常变化且不可预测

资料来源：Robert Duncan. Characteristics of Perceived Environments and Perceived Environmental Uncertainty [J]. Administrative Science Quarterly, 1972（17）：313-327.

第二节　组织异己的显著特征与生存环境的不确定性的对应关系

一、组织异己的显著特征

本研究认为，组织异己作为环境对组织产生影响的一种方式也应该具有复杂性、变化性、危险性这三个不同维度的显著特征，而组织异己的来源——企业所处的生存环境，其不确定性也在一定程度上决定了企业组织异己复杂性、变化性的状态与程度，即生存环境的复杂性与变化性部分决定了组织异己的复杂性、变化性及其危险性。

组织异己的复杂性是指异己的客观质态属性（如来源、作用点、表形、机理等）的不确定性，表现为组织异己的多样性、多源性以及多层次性等质态指标。

组织异己的变化性是指异己的客观量态属性（如数量、利害程度、作用频率等）的不确定性，表现为组织异己的变化幅度与变化频率等量态指标。

组织异己的危险性表现为企业免疫系统对不应答及应答失效的概率大小及其不应答或应答失效后异己对组织健康产生作用的危害程度。

二、企业生存环境的不确定性与组织异己的显著特征的关系假设

由前文论述可知，在前人的研究中，企业生存环境的不确定性程度可以通过生存环境的变化性程度、复杂性程度来测度。

本研究认为生存环境不确定性的两个维度对组织异己显著特征的复杂性、变化性与危害性的影响程度并不是等效的，而是有直接影响与间接影响之分。

企业生存环境的变化性程度高，即企业生存环境相对动荡，则企业遇到来自其内外部环境的有害组织异己的变化幅度、作用频度、危害程度极值等指标越高，显著表现为有害组织异己的动荡程度越高。同时，环境的变化性程度也同样间接影响组织异己的复杂性程度及危害性程度。

企业生存环境的复杂性程度高，则企业遇到来自其内外部环境的有害组织异己的性质、表形、结构、机制、层次就越趋于多样，显著表现为有害组织异己的复杂性程度越高。同时，环境的复杂性程度也同样间接影响组织有害异己的危害性程度及变化性程度。

根据以上论述，可以将企业生存环境的不确定性与组织异己的显著特征对应起来，相关假设如下：

（1）企业生存环境的复杂性越高，则组织异己的复杂性越高，显著表现为企业内外部环境的组织异己的表形、结构、机制、层次等质态特征的多样性程度越高。

（2）企业生存环境的变化性越高，则组织异己的变化性越高，显著表现为企业内外部环境的组织异己的危害程度极值、作用频度、变化幅度等量态特征指标

越大。

（3）企业生存环境的复杂性、变化性越高，则组织异己的危害性越高，显著表现为企业免疫系统对组织异己不应答或应答失效的概率越大，组织异己不应答或应答失效后对组织健康的破坏程度越高。

第三节　企业免疫与生存环境的适应关系

一、生存环境、组织异己与企业免疫状态的逻辑关系

企业免疫系统的免疫状态是其质态与量态的综合及表现。免疫状态的质态可以归结为免疫的应答方式、机制、层次以及分布等结构机制属性，而免疫状态的量态可以归结为免疫的强度极值、调整柔性、应答频度等指标属性。

企业组织异己的显著特征可以分为组织异己的质态特征与量态特征。其中，质态特征表现为异己的不可预知性（免疫失效概率）、多源性、表形多样性、多层次性，量态特征表现为异己的危害程度（免疫失效成本）、变化频度、变化幅度等。

本研究认为，企业免疫状态的质态属性、量态属性只有与组织异己显著特征的质态特征、量态特征相匹配，才能使企业的免疫效能达到最大，即与组织异己显著特征的质态、量态分别匹配的免疫质态与量态就是企业的免疫理想质态与理想量态，其对应关系如图 29-1 所示。

根据以上论述，可以得出以下假设：

（1）组织异己的质态显著特征决定企业免疫的理想质态。

（2）组织异己的不可预知程度决定企业免疫的理想应答方式。

（3）组织异己的多源性结构决定企业免疫的理想分布状态。

（4）组织异己的多样性结构决定企业免疫的理想应答机制。

（5）组织异己的层次结构决定企业免疫的理想层次结构。

（6）组织异己的量态显著特征决定企业免疫的理想量态。

（7）组织异己的可能危害性程度的极值决定企业免疫的理想强度与频度。

（8）组织异己的变化幅度与作用频度决定企业免疫的理想柔性程度。

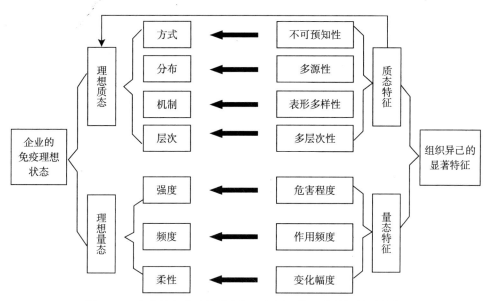

图 29-1　企业的免疫理想状态与组织异己的显著特征的对应关系

进一步结合生存环境不确定性与组织异己显著特征，及企业实际免疫状态与理想免疫状态的关系，可将生存环境、组织异己（质态、量态）、企业免疫状态（实际状态、理想状态）之间的逻辑联系整合在一起。详细关系如图 29-2 所示。

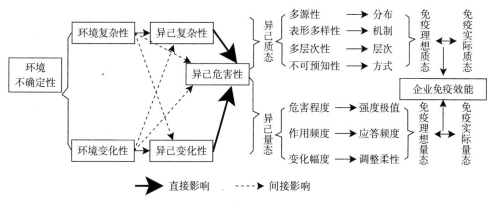

图 29-2　生存环境、组织异己与企业免疫状态之间的逻辑关系

二、企业免疫理想状态与生存环境的对应关系

组织异己的显著特征由企业生存环境的不确定性引发，因此企业的免疫状态对组织异己显著程度的适应也表现为企业的免疫状态对生存环境不确定性的适

应。根据 Duncan（1972）对生存环境不确定性测度标准的两维划分，可以将生存环境按照其复杂性、变化性划分为四种基本类型，如表 29-2 所示。

表 29-2　评估环境不确定性的框架

环境的变化性		环境的复杂性	
		简单	复杂
	稳定	Ⅰ. 稳定简单型 不确定性程度：低度不确定性	Ⅱ. 稳定复杂型 不确定性程度：低—中度不确定性
	不稳定	Ⅲ. 不稳定简单型 不确定性程度：高—中度不确定性	Ⅳ. 不稳定复杂型 不确定性程度：高度不确定性

资料来源：Robert Duncan. Characteristics of Perceived Environments and Perceived Environmental Uncertainty [J]. Administrative Science Quarterly, 1972（17）: 313-327.

类型Ⅰ表示环境简单而稳定，说明环境中的异己数量少，它们的变化是渐进的、可以预测的，这类环境具有低度不确定性。在这种类型的环境中，企业的免疫效能很难成为对企业绩效的主要贡献力量，因此在这样的生存环境类型中，由于企业免疫对企业绩效的贡献度不大，因此企业也就对企业免疫状态与环境的相适性没有更多的要求。如一些靠财政拨款、政策支持，或在国内市场上业已建立起垄断地位的大型国有企业。在几乎没有竞争的市场环境及相对稳定的一般环境下，这样一类企业的免疫状态往往呈现高度的无序性和随机性，企业往往不重视对组织异己的监视与防御，同时也欠缺自稳与记忆，使得一些企业在内外部环境突然发生改变的时候，难以适应复杂、动荡的内外部生存环境，从而被内外部组织有害异己侵害，最终导致企业衰败和灭亡。

类型Ⅱ表示环境复杂但稳定，说明环境中存在的异己显著表现为异己质态的不确定性，表现出形式多样、来源各异、多层次及隐匿性高等特征属性。这一类型的异己虽然质态上表现出复杂多样的特性，但危害性极值不大。这类环境具有偏低度的不确定性。

类型Ⅲ表示环境简单但不稳定，说明环境中存在着危害性极值较高的异己，它们的利害程度、作用频度、变化幅度等量态指标相对较高，但又表现为形式、来源、层次等质态属性大致相似的简单特征。这类环境具有偏高度的不确定性。

类型Ⅳ表示环境既复杂且不稳定，说明环境中不仅存在大量的质态不确定性高的异己，而且它们的作用强烈，变化幅度、频度巨大，隐匿性高，动态适应组织免疫的能力强，很难预测。这类环境具有高度不确定性。

三、对企业免疫效能双向决定性质的补充假设

根据前文企业免疫效能的双向决定性模型，以及企业免疫状态质态维度和量态维度的划分，又可以将企业的免疫实际状态和理想状态的趋近程度描述为免疫实际质态对免疫理想质态及免疫实际量态与免疫理想量态的趋近程度的综合效应，对此，不妨把这一综合过程理解为一个加权平均。而根据前文对环境不确定性与组织异己显著特征和企业免疫理想状态显著需求的对应关系的描述，则可以推论得出企业免疫质态趋近度与量态趋近度的权重系数则由企业所处不同环境的动荡程度与复杂程度的相对显著性关系来决定，即如果企业生存环境的动荡性更强，则企业免疫量态的趋近度对免疫效能的影响权重更大；如果企业生存环境的复杂性更强，则企业免疫质态的趋近度对免疫效能的影响权重更大。

可以将企业免疫效能的逻辑框架扩展如下（如图 29-3 所示）。

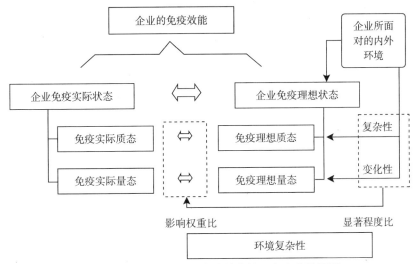

图 29-3　扩展后的企业免疫效能的双向决定性模型

根据以上论述，可以得出以下假设：

（1）企业免疫效能值等于免疫实际质态对免疫理想质态的趋近程度及免疫实际量态与免疫理想量态的趋近程度的加权平均。

（2）企业免疫质态趋近度与量态趋近度的权重系数由企业所处不同环境的动荡程度与复杂程度的相对显著性关系来决定。

（3）企业生存环境的动荡性越显著，则企业免疫量态的趋近度对免疫效能的影响权重越大。

（4）企业生存环境的复杂性越显著，则企业免疫质态的趋近度对免疫效能的影响权重越大。

第三十章　组织要素、战略选择与
免疫效能的关系探析

本章着重分析了企业所处的生存环境与企业免疫效能的关系及影响因素。本章将分别从企业可控的组织要素、战略选择两个维度探讨它们与企业免疫实际状态、理想状态以及免疫质态、免疫量态的逻辑关系，并综合前文所述，抽象构建数理模型。

第一节　企业的战略选择对企业免疫效能的影响

一、企业战略选择理论综述

战略选择理论认为，企业的战略行为及其变化不仅是组织对外部环境的消极适应，同时也是通过战略主体选择主动改变、塑造外部环境的过程（Child，1972）。

Child 被认为是战略选择理论的代表性学者，他在 1972 年发表的经典论文《组织结构、环境与组织行为：战略选择的作用》中，使得组织行为学的研究重点实现了从结构决定论到重新注重管理者领导能力作用的转变。在该文中，Child 首先回顾了当时对组织结构差异讨论的不同理论，将它们归结为组织环境、技术和规模三个方面，并通过对企业环境和绩效两方面的论述强调突出了组织管理者的作用：①就组织环境而言，Child 认为对组织环境的分析必须认识到组织决策者决策活动的作用，因为他们拥有"设定"环境的权力。"组织经营范围如何"服务对象是谁？选择什么样的员工队伍？决策者们对上述问题做出的决策都决定了环境影响力的限度。也就是说，组织与环境的边界在很大程度上是决策者定义的，从这些重要的战略和政治因素的观点看来，环境条件不能被视为影响组织结构差异的一个直接因素。②从组织绩效方面来看，Child 认为组织绩效不仅是组织的一个结果，也是组织的一个输入。由组织决策者确定的组织绩效标准及其实现程度是影响组织结构差异的重要原因，而组织结构对组织绩效的影响则不一定明显，因为组织绩效更大程度上受到了诸如环境选择、市场战略、技术水平等战略选择因素的影响。

在此基础上，Child 深入探讨了战略选择和组织当权者（Dominant Coalltion）的问题，所谓当权者是特指那些在某一特定时期恰好握有组织结构基础决定权力的群体，但他们不一定与正式组织结构中的高层管理者重合。本概念的引入使得关注点转移到"是谁在做出决策"这一问题上，这一点恐怕是Child 的论文给人们的最重要的启迪。该文同时指出，组织结构的设计并非完全为技术所决定，而是一个受到多方面因素影响的过程，是在一定的约束条件下做出的，其中可能掺杂有当权者的政治考量和价值判断因素。组织内部的政治决定了组织对组织结构形式的选择、组织对环境特征的驾驭能力以及相关标准的确定方法等，而组织决策者的个人价值观等因素也纳入了战略选择的理论范围之中。

此外，经理人的行动虽然必须受制于其所面对的局限，但他们可以自由选择在哪种局限下行动。或者说，组织的当权者决定哪些是、哪些不是需要进行战略选择的问题。

毫无疑问，这种战略选择是在有限理性的基础上进行的，这意味着组织所进行的战略选择不一定是最优选择，而是令组织当权者满意的选择。

在 1997 年的论文中，Child 强调，战略执行者的基本信仰和思想，以及固有的成见是相对稳定的。学识是有时间性的，并定位于特定事件及联结组织与组织结构的社会环境。环境被认为是内部结构化和外部结构化的循环，在社会经济范围内需要满足的供应和需求的条件下，这些循环是战略执行者在决定组织是做什么的时候所依据的参照系的重新概念化过程。

另一些值得关注的学者是 Miles 和 Snow，在 1978 年出版的经典著作《组织的战略、结构和过程》一书中，他们继承了 Child 的战略选择模型，同时也强调了最高决策者和领导者作为组织和环境的主要联系的作用，并将这种作用总结为以下三个方面：①当权者决定了认识，组织对其管理者认为重要的事物作出反应，但会忽视他们认为不重要的事物；②他们还负责审查环境并决定应该考虑哪些因素；③他们进行的决策确定了战略、结构和业绩的界限范围。

综上所述，战略选择理论认为企业不仅能适应环境，还能改变和创造环境，这一点与有环境决定论倾向的权变理论和种群生态学有着很大的不同。此外，战略选择理论强调了组织内的政治过程和当权者的个人价值观等因素，这对企业免疫理论的中枢免疫研究具有重要的指导和借鉴意义。

二、战略选择对企业免疫效能的影响分析

依据战略选择理论，对企业所处生存环境的分析必须认识到组织决策者决策活动的作用，因为他们拥有"设定"环境的权力。"即企业的当权者一定程度上可以设定企业生存环境对企业影响力的限度，也就是企业的所处生存环境不等于企业面对的生存环境。

从另一方面来看，企业战略选择对环境的设定权力会受到诸多因素的限制，处于不同行业、不同所有制、不同规模、不同治理结构的企业，其当权者设定环境影响的权力明显不同。例如，一家小型民营企业的老总对公司所面对环境的设定权力就要远大于一家大型国企老总对环境的设定权力。因此，战略选择对环境的设定不仅取决于企业的主观决策和意愿，还取决于客观条件的限制。

结合以上对企业所面对生存环境、组织异己与企业免疫的理想状态对应关系的论述，可以得出以下假设：

企业所面临的生存环境的不确定性由企业客观生存环境的不确定性和企业战略选择对企业生存环境的设定权力共同决定。

可以将前文企业免疫效能的双向决定性模型和主观局限模型进一步扩展，如图 30-1、图 30-2 所示。

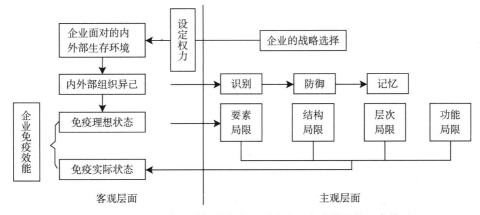

图 30-1 考虑企业战略选择的主客观影响企业免疫效能的因素模型

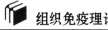

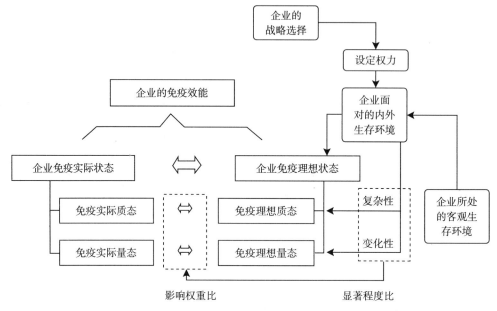

图30-2 考虑企业战略选择的企业免疫效能的双向决定性模型

第二节 企业的组织要素对企业免疫效能的影响

一、企业免疫组织要素的界定

对于战略更新的问题，也就是企业内什么可以被改变和更新，Mintzberg（1998）提出了一个"变化方图"，他认为企业内的全面变化包含了战略和组织，并从概念到具体，从高度正式的行为到非正式的行为，如图30-3所示。

在组织维度的要素选取上，Mintzberg选择了文化、结构、系统、人员这四个维度作为与战略共同演进更新的匹配要素。

此外，查理德·帕斯卡尔和安东尼·阿索斯用四年的时间对34个美国和日本的公司进行了调查研究，分析比较了它们成功的经验和失败的原因，并从中总结出组织管理的7个要素，即"麦肯锡7S模型"（如图30-4所示）。

"7S"理论认为，这7个方面是企业成功不可缺少的因素，其中战略、结构和体制是"硬"性的，作风、人员、技能和共同的价值观则是"软"性的。

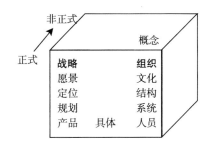

图 30-3 变化方图

资料来源：Mintzberg（1998）.

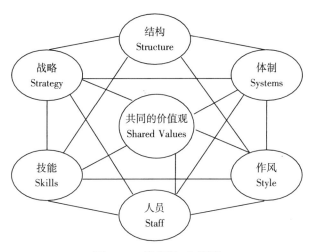

图 30-4 麦肯锡 7S 模型

在综合以上研究成果并对企业实际免疫过程进行分析后，本研究将影响企业免疫系统免疫效能的组织要素定义为：企业免疫行为的个人行为，简称"个人免疫行为"；企业正式制度及非正式惯例中对企业免疫起正面作用的部分，简称"免疫制度与惯例"；管理信息技术及组织结构设计与机制中对企业免疫起有效作用的部分，简称"免疫管理技术"；企业文化及隐性知识中对企业免疫行为产生正向推动作用的部分，简称"免疫文化"。

各免疫组织要素来源于企业各维度的组织要素范畴，依照其对企业免疫系统的作用方式与外部性来界定其是否为企业的免疫组织要素。例如，在文化要素方面，企业内部可能存在很多种文化导向，例如，强调创新、激情的文化与强调稳健、均衡的文化可能同时以显性和隐性的形式反映在企业内部，这时对企业来说，若企业处于过度活跃亢奋的状态，无疑企业中强调稳健和均衡发展的文化就是企业的免疫组织要素，而创新、激情的文化可能在企业的这一阶段就不能成为企业的免疫组织要素。企业内的各免疫要素在企业内部协同配合，形成耦合关系，共同作用于企业的各个层面（中枢、专职、周边），决定了企业免疫的实际状态，即质态与量态。企业免疫组织要素的划分及耦合关系如图 30-5 所示。

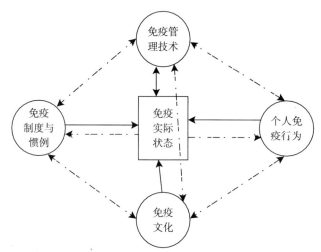

图 30-5 企业免疫组织要素的划分及耦合关系

二、组织要素对企业免疫效能的影响

根据前文论述，企业中的组织要素（人、制度、技术、文化）通过其中对提高免疫效能有正向作用的部分，即个人免疫行为、免疫制度与惯例、免疫管理技术、免疫文化，来对企业免疫效能的提高进行支持和推动，而这种推动作用中最基础的作用，就是对各自组织要素及其他组织要素维度内的异己组织要素进行内部的遏制、防御和消除。例如，企业内部参与免疫行为的人越多，自然对组织产生破坏性行为的人越少；企业中若免疫文化占主流，便自然会遏制异己文化的滋生与蔓延。

另外，对企业的实际免疫状态来说，企业免疫组织要素的完备、有效会为组织实际免疫状态中的量态与质态提供贡献，而不同形式的免疫组织要素，其对免疫质态、量态的贡献度比例是不同的。如免疫文化、个人免疫行为属于相对软性的要素，而组织管理制度、组织管理技术则为相对硬性的要素，在通常情况下，软性的组织要素对企业免疫的柔性贡献较大，而硬性的组织要素对企业免疫的刚性贡献较大。

若一个企业的组织要素对免疫量态特征的贡献如图 31-6 所示，则可以看出，人的免疫行为、免疫文化具有免疫频率较低、柔性较大的特点，而免疫制度、免疫管理技术则具有频率较高、柔性相对较小的特点。而且在强度的极值与均值方面，四种免疫组织要素的贡献特征也不相同，同理，免疫组织要素对免疫质态的各分属性的影响与贡献也不尽相同。具体某种免疫组织要素对免疫实际质态、量态的某个分属性的影响情况，则与企业所处行业的规范、惯例，企业的路径依赖，整合相关资源的能力，以及资源的优质与否具有相关性，本研究暂不讨论具体的影响对应关系，但至少可以做出以下假设：

（1）个人免疫行为、免疫制度与惯例、免疫管理技术、免疫文化四个免疫组织要素都分别对企业免疫实际状态的量态水平与质态水平两个维度产生影响，但每种要素在两个维度上的影响力都存在一定程度的局限。

（2）个人免疫行为、免疫制度与惯例、免疫管理技术、免疫文化四个免疫组织要素所占各自组织要素的比例越大，则企业组织要素的免疫有效性越强，企业实际免疫状态越好，在企业理想免疫状态不变的情况下，企业免疫效能越高。

（3）个人免疫行为、免疫制度与惯例、免疫管理技术、免疫文化四个免疫组织要素具有耦合性，免疫组织要素越完备，则企业组织要素的免疫完备性越强，企业实际免疫状态越好，在企业理想免疫状态不变的情况下，企业免疫效能越高。

根据以上假设，可以将免疫组织要素对免疫效能的贡献方式以图 30-6 的形式示意出来。

根据以上论述，可以将免疫效能双向决定性模型进行拓展（如图 30-7 所示）。

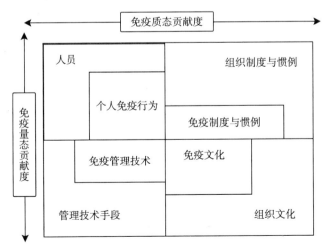

图 30-6　免疫组织要素对免疫效能的贡献方式

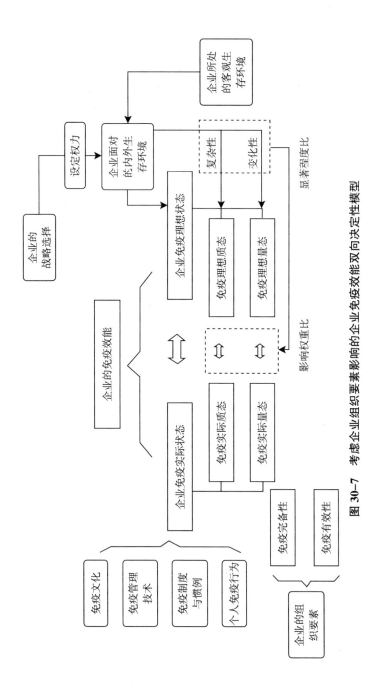

图 30-7 考虑企业组织要素影响的企业免疫效能双向决定性模型

第三十一章　免疫效能研究结论

第一节　主要研究结论

本研究在生物免疫理论、企业免疫理论的基础上，对企业免疫效能和企业免疫效能与企业生存环境、企业组织要素、企业战略选择的关系进行了讨论。得出以下结论：

第一，通过对以往免疫研究的总结归纳与概念梳理，从及对企业与环境相互作用的实际分析，本研究认为企业存在免疫效能，并且将免疫效能界定为企业对破坏或威胁组织健康状态的组织有害异己进行防御和消除的有效程度。企业免疫效能标志着企业免疫系统免疫能力的大小，且企业免疫效能的大小与由生存环境及战略选择决定的免疫理想状态与由实际企业免疫系统决定的免疫实际状态的趋近程度决定。企业免疫实际状态与免疫理想状态的趋近度越高，则企业的免疫效能越高。

第二，本研究提出企业的免疫状态可以划分为免疫质态与免疫量态两个维度。企业免疫效能的大小由免疫实际状态与免疫理想状态在这两个维度上的趋近度共同决定，企业免疫质态趋近度与量态趋近度对企业免疫效能贡献度的权重系数则由企业所处不同环境的动荡程度与复杂程度的相对显著性关系来决定。

第三，企业免疫效能是企业维持生存与持续发展的必要条件，但不是充分条件。企业免疫效能对企业的生存与发展只起到保障作用，不起决定作用，即企业免疫效能对企业的生存与持续成长的贡献度存在极限。

第四，企业的实际免疫状态受企业组织要素中人的免疫行为、组织免疫制度与惯例、组织免疫管理技术、组织免疫文化所占各自要素的比例及有效性、完备性的影响，即其所占比例越高、有效性越高、完备性越好，在免疫理想状态不变

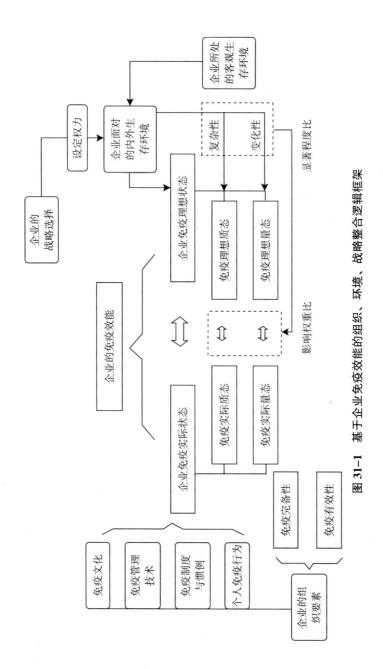

图 31-1 基于企业免疫效能的组织、环境、战略整合逻辑框架

的前提下，企业的免疫效能越高。

第五，企业所面临的生存环境的不确定性由企业客观生存环境的不确定性和企业战略选择对企业生存环境的设定权力共同决定。即企业的战略选择通过设定企业的理想免疫状态影响企业的免疫效能。因此，企业做出战略选择时，在考虑抓住商业机会、获取外部资源的同时，要充分考虑其对企业理想免疫状态的设定是否与企业的实际免疫状态相适应。

基于企业免疫效能的组织、环境、战略整合逻辑框架如图31-1所示。

第二节 研究局限与展望

本研究的局限主要包括以下几个方面：第一，本研究涉及的相关理论比较多，笔者在比较有限的时间内无法完全穷尽相关理论的最新成果，所以可能做出了一些重复性的研究。特别是本研究借鉴了生物学和组织适应相关理论，而这些理论本身也还处在迅速发展的过程中，笔者无法对其中比较新颖或非常复杂的观点做非常深入的探究，只能从已经被广泛接受了的、非常公理化的原理出发来研究本课题。第二，企业免疫理论是一个非常新的概念，笔者可以借鉴的理论基础和前人研究并不多。要在此基础上做一个比较深入的研究，必须要做比较多的理论构建和概念界定。由于这些理论尚在研究阶段，所以笔者的界定并不一定非常科学和完善，还有进一步锤炼的空间。第三，本研究的所有分析基本上都是理论演绎的过程，实证分析的内容不是很多。这主要是由于这个领域的研究还处在一个概念界定和理论体系构建的过程中，要在有限的时间内达到可以实证的量化阶段还很困难。所以本研究的实证分析只是在对一个案例进行深入剖析的基础上验证本研究所建立的理论体系。

在此研究的基础上，将来的研究可以进一步从以下三个方面着手：第一，界定免疫效能指标的评价体系，同时对与免疫效能相关的变量，如生存环境的不确定性、战略选择的设定权力、组织有害异己的质态与量态特征等进行比较精确的度量；第二，对企业组织要素的内容进行比较全面的分解与界定，建立可以度量的指标体系；第三，通过对一个行业的多个企业或多个行业的多个企业进行数据调查，获得可用于实证研究的数据集，并利用严格的数学过程来验证本研究模型和框架中的相关假设。

参考文献

［1］Child John. Organizational Structure, Environment, and Performance: The Role of Strategic Choice［J］. Sociology, 1972（6）: 1-22, 67.

［2］Daft R. L. Organization Theory and Design（5th Edition）［M］. Minneapolis/St Paul. Minnesota: West Publishing Company, 1995.

［3］Duncan R. B. Characteristics of Organizational Environments and Perceived Environmental Uncertainty［J］. Administrative Science Quarterly, 1972（17）: 313-327.

［4］Robert Duncan. Characteristics of Perceived Environments and Perceived Environmental Uncertainty［J］. Administrative Science Quarterly, 1972（17）: 313-327.

［5］Hall R.H. Organizations: Structures, Processes, 80 Outcomesl（5th Edition）［M］. Prentice-Hall, Inc., New Jersey, 1991.

［6］Huber G. P., O'Connell M. J., Cummings L. L. Perceived Environmental Uncertainty Effects of Information and Structure［M］. Academy of Management Journal, 1975（18）: 725-739.

［7］Hickson D.J., Hinigs C.R., Lee C.A., Schneck R.S., and Pennings J.M. A Strategic Contingencies Theory of Intra-organizational Power［J］. Administrative Science Quarterly, 1971（16）: 216-229.

［8］Knott D.G., Neilson G.L. Journal: Ivey Business Journal［J］. May/Jun, 2006（2）: 1-2.

［9］Lawrence, P. R., & Lorsch Jay W. Organization and Environment: Managing Differentiation and Integration［M］. Boston: Harvard Business School Press, 1986.

［10］Milliken F. J. Three Types of Perceived Uncertainly about the Environment: State, Effect, and Response Uncertainly［J］. Academy of Management Review, 1987, 12（1）: 133-143.

［11］Mintzberg H., Westley F. Cycles of Organizational Change［J］. Strategic Management Journal, 1998, 13: 39-59.

［12］Priem R.L., Butler J.E. Is the Resourece-based "View" a Useful Perspective for Strategic Management Research［J］. Academy of Management Review, 2001, 26（1）: 22-40.

［13］Tompson J.D. Organizations in Action［M］. New York: McGraw Hill, 1967.

后 记

合卷之时，我内心万分感慨。

回顾自 2005 年以来的探索之路，我真诚感谢我们团队全体硕士研究生和博士研究生，是他们以勇于探索的精神、认真负责的态度积极参与课题研究，才有了今天的成果。他们是：徐波、宋知程、苏晓阳、何登极、李之政、吕萍、杨震宁、刘雯雯、曹红军、杜德斌、赵剑波、伍春来。还要感谢参加每周学术讨论的各位同学的思路启发。徐波是第一个"敢于吃螃蟹"的人。他冒着论文不被接受、不能毕业的风险，第一个进行跨学科的类比研究，把生物免疫的理论首次引入组织理论的研究，为后续研究铺平了"初探"的道路。所有的论文题目都是学生自己最终确定的，论文内容也是学生自己的研究成果。感谢博士毕业生赵剑波把我们的研究成果编辑成册的创意和劳动。

自 2005 年以来的探索之路是坎坷而艰难的。它既充满希望又布满疑惑。由于我们的团队中没有生物专业、免疫研究方面的专家和学生，生物学底子比较薄，因此类比研究的深度和广度受到影响。最初，我们一方面坚信生活给予我们的痛苦启示，相信跨学科研究对组织理论的发展会有积极贡献；但另一方面，有时会有研究无从下手、难以深入的困惑，无法完美回答管理学界对这一新提法的怀疑，解释不清楚组织免疫理论与现有相关理论的区别与联系。

感谢所有对我们提出过问题的学者，是你们促使我们深入思考，力所能及地回答学界和企业界的疑问，思想日趋成熟。在如何定位这个学术领域的问题上，我们逐渐清晰了两个方向：首先，深化组织免疫自身和影响因素的基础理论研究；其次，强化组织免疫理论与现有管理理论与实践衔接的应用理论研究。在数次 AOM 年会上，我们不仅就组织免疫进行交流，而且了解管理学的发展动向，发现了与组织免疫机制密切相关的组织认知领域，基于管理学理论深化了组织免疫的研究。另一些同学则根据各自的研究兴趣和实践经验，总结提炼不同行业、不同类型企业活动的组织免疫特性，例如复杂工程管理、中外合资企业管理、并购过程管理等（研究成果将在第二卷中展示）。

完成首卷之际，我们要特别感谢国内外学者一路上对我们的学术指教和精神支持。他们是：美国加利福尼亚大学洛杉矶学院的李明芳教授，美国斯坦福大学的 Kathy Eisenhardt 教授、Burgelman 教授，加拿大麦吉尔大学的 Minzberg 教授，以及在加拿大的中国学者张静、马振中和王晓云（她已经去世）；中国南京大学管理学院的刘洪教授，中国浙江大学管理学院的魏江教授，中国西安交通大学管理学院的李垣教授，中国人民大学商学院的李占祥、王凤彬和秦志华教授，北京大学光华管理学院的许德音、周长辉教授和冯米讲师，清华大学经济管理学院的陈国权、李子奈、陈彰武、刘丽文、吴维库、李东红等教授和副教授。我们还要感谢国家自然科学基金的两次项目经费支持（70571044，71012008）及冯芷艳处长和所有匿名评委的肯定和辛勤劳动。

最后，我要感谢父亲王玖兴和母亲范祖珠，是他们给了我生命。是父亲患白血病后以生命的代价给了我们学术上的启示和探索的勇气。父母新中国成立前均是西南联大和清华大学的研究生，后成为清华哲学和心理学讲师。1947 年父亲考取公费留学，与母亲一同赴瑞士留学。他们在子女心中自幼种下了"爱祖国"的种子，教育我们"好好学习、有礼貌、不能给中国人丢脸"。少年时教给我们的第一首中国歌曲是"义勇军进行曲"。在新中国被孤立和遭封锁的欧洲，他们是瑞士唯一更换了中华人民共和国护照的中国留学生，勤工俭学之余为我驻瑞士使馆做了大量资料翻译和信件传递工作。1957 年，在周恩来总理的亲自关怀下，他们取道布拉格和莫斯科回到祖国。之所以写下这些与"组织免疫"似乎无关的话，是希望大家理解我们研究动力的源泉。

之前，任何国内外的学者都没有系统研究过组织免疫的概念、体系、机理等。如今，不管还多幼稚、不成熟，但它已经初步形成一个研究架构。我们依然欢迎各位学者与企业家的批评指正，帮助"组织免疫理论"走向成熟。这是中国人自己提出的研究命题和做出的研究成果。它属于我们的"中国梦"的一部分。我们愿把它献给中国与世界的管理界和管理学界，希望它对仍然没有摆脱危机的这个世界带来些帮助。希望明天的世界更美好，百姓的生活更幸福安宁。